日銀日記

五年間のデフレとの闘い

岩田規久男

Kikuo Iwata

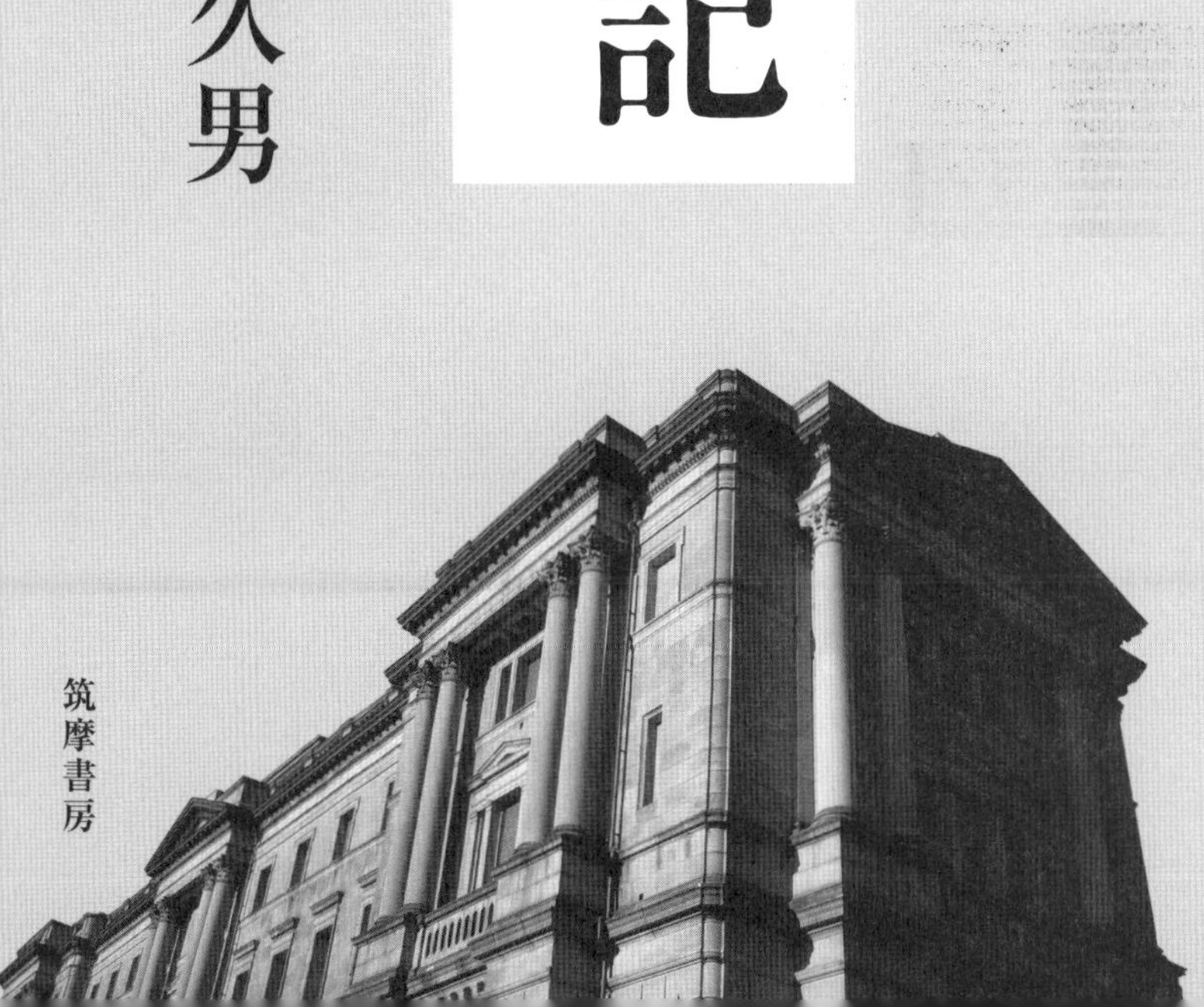

筑摩書房

本書を亡き岡田靖氏に捧ぐ

日銀日記【目次】

は？／「非ケインズ効果」への過剰な期待／追加緩和すべきかどうか／ユーロ経済のデフレ・リスク／マイナス成長へ転落／アベノミクスに足りないもの／メディアはなぜ真実を伝えないのか／消費税増税に対する様々な懸念／デフレ型ビジネスでは生き残れない

的外れな質問を繰り返す議員たち／数少ないリフレの意味をわかっている人たち／物価の正しい見方／バーナンキ発言の意味がなぜわからないのか／繰り返される不毛な質問／円安で企業はどうなるのか／賃金の変化を正確に読み取るために／消費低迷の真相／金融政策ですべて解決できるとは言っていない／日銀執行部のレジーム・チェンジ

円高の始まり／マイナス金利の巧妙な仕掛け／米経済学者の柔軟さが日本にはあるか／マイナス金利でも円高に／財政と金融のバランスをどうとるか／確信的な方針が打ち出せない／株価を大きく下げるリスク／イールドカーブをコントロールするべきか／円ドルレートの決まり方／イールドカーブ・コントロールの実行へ／マイナス金利

はじめに

私は、雑誌『週刊東洋経済』一九九二年九月一二日号に「「日銀理論」を放棄せよ」という論文を寄稿して以来、二〇年余りの間、日本銀行の金融政策を批判し続けてきた。その私が二〇一三年三月に、安倍晋三首相に指名され、国会で承認されて、日本銀行副総裁になり、金融政策を運営する立場になるという、信じられないようなことが起きた。

日本銀行副総裁に任命されてから、数日も経たないうちに、私の著書を何冊も企画・編集し、出版して頂いてきた筑摩書房の山野浩一氏（二〇一八年六月に、筑摩書房代表取締役社長を退任）から、筑摩書房からの出版に備えて、日記をつけるように依頼された。私が古くから、金融政策について議論してきた仲間の一人であり、経済学説史研究者である若田部昌澄氏（当時、早稲田大学政治経済学術院教授。現在、日本銀行副総裁）からも「歴史的価値があるから、是非、日記をつけるといい」と助言された。本書は、こうした依頼や助言を受けて、五年の任期の間に書き留めた日記を縮小・整理したものである。

黒田東彦総裁と中曾宏副総裁及び私の日本銀行新執行部と前執行部時代からの六名の審議委員は、二〇一三年四月四日に、二年程度を念頭に、できるだけ早く、二％の「物価安定の目標」を達成するために、「量的・質的金融緩和」という、それまでの日本銀行の金融政策とは異次元の金融政策を決定した。

「量的・質的金融緩和」は、最初の一年は、私が当初想定していた通りの効果を発揮し、消費者物価（生鮮食品を除く総合。以下同じ）は二％の「物価安定の目標」に向かって順調に上昇した。しかし、二〇一四年四月に、消費税の税率が五％から八％に引き上げられ、さらに同年夏頃から、原油価格の急落が始まってからは、企業収益と雇用の改善は続いたが、消費者物価の上昇率は鈍り始め、一時は、下落に転じ、私の在任期間中には、二％の「物価安定の目標」を達成できなかった。

この日記は、こうした経済と物価の展開の中で、私がどのように、日本と世界の経済をとらえ、「物価安定の目標」の達成のために何をし、最終的に、どのような結論に達したかを語ったものである。

この日記が多少とも歴史的価値を持ち、今後の日本経済と金融政策を含めた経済政策を考える上で、少しでも参考にできるものを提供できたならば、この上ない喜びである。

第一章　異次元の「量的・質的金融緩和政策」の船出

新たな日銀の歴史が始まる

二〇一三年三月二一日

いよいよ始まる。一〇時過ぎに、首相官邸で副総裁の辞令交付を受ける。

それからが大変だ。国会議員に就任挨拶のために、黒田東彦総裁、私、中曽宏副総裁の順番を守りながら、国会内をぐるぐる回る。先導する日本銀行職員の歩く速度について行くのが大変だ。夕方四時頃にやっと「御挨拶回り」が終わる。誰かの案内なしにはどこにも行けなくなる日々の始まりだ。

夕方、職員向けの就任挨拶をする。挨拶では、私のデフレ脱却のための金融政策に関する考え方を述べた。

翌日の新聞では、ある日銀幹部が「この私の講義にうんざりした」と述べたとあり、いやな印象を持った。当時は、「短期政策金利がゼロになると、銀行貸出金利が低下して、銀行貸出が増える、という金融緩和政策の経路がなくなるので、量的緩和にはデフレ脱却効果はない」という見解が支配的であった。私の職員向け挨拶の目的は、こういう見方に染まった日銀職員の意識を変えることにあったが、日銀職員にはなかなか理解されなかったようだ。

その後の正副総裁の就任記者会見には、日銀始まって以来、最多ではないかと思われるほどの記者が押し掛け、熱気にあふれ、私たちの就任に対する関心の高さがひしひしと感じられた。

私に対する記者の最大の関心は、私が衆議院での所信聴取で述べた「二年で二%インフレに達しなかった時の最高の責任のとり方は、辞任だ」という覚悟に変わりはないか、ということのようで、参議院の所信聴取でも聞かれたが、この日もこの質問が出された。

この二年辞任発言に対しては、前日に中原伸之さん（元日本銀行審議委員）や若田部昌澄さん（当時、早稲田大学政治経済学術院教授。二〇一八年三月から日銀副総裁）などが目白の椿山荘で開いてくれた「私を励ます会」（そのほかの出席者は、片岡剛士三菱ＵＦＪリサーチ&コンサルティング株式会社経済・社会政策部主任研究員［二〇一七年七月から日本銀行審議委員］、安達誠司丸三証券経済調査部長、飯田泰之明治大学政治経済学部准教授など）で、注意を受け、「絶対に二年でやめてはだめだ。発言を取り消したほうがよい」と言われた。

ここでは、この国会での所信説明における辞任発言を正確に示しておこう。

二〇一三年三月五日、衆議院民主党（当時）の津村啓介議員から「そこで、お伺いしたいんです。一つは、二年とおっしゃるのは、この就任の三月から二年後、つまり再来年の春ということでよろしいかというのが一点。それから、もう一つは、全責任を負って市場の信頼をかち取るということですから、それが達成できなかった場合の責任の所在ということははっきりとさせていかなければいけないと思いますが、それは、職を賭すということですか」という質問を受け、次のように答えた。

「それは当然、就任して最初からの二年でございますが、それを達成できないというのは、やはり責任が自分たちにあるというふうに思いますので、その責任のとり方、一番どれがいいのかはちょっとわかりませんけれども、やはり、最高の責任のとり方は、辞職するということだというふうに認識はしております」

この回答で、私が「その責任のとり方、一番どれがいいのかはちょっとわかりませんけれども」と述べたのは、私の頭の中には、「責任のとり方は、達成できなかった理由によって異なり、その理由が軽い順に、叱責、減給、職務一時停止などがあるが、重大な自分の政策選択の誤りの場合には、最高の責任のとり方は辞職である」という考えがあった。

後から考えると、日本銀行法によれば、日銀副総裁としての内部組織運営上のミスであれば、叱責、減給、職務一時停止などの責任のとり方はあり得るが、「金融政策運営に関する責任のとり方は、説明責任しかなく、その説明が二年で達成できなかった合理的理由になっておらず、政策選択の誤りであった場合には、責任のとり方は最高の、つまり、それ以上の責任のとり方はありえない辞職である」と誤解のないように言うべきだった。端的に言えば、「説明責任が果たせない場合は、辞職」なのである。これが辞任発言の真意であるから、「二年で二％達成できなかった場合には、辞職する」とはいわず、「最高の責任のとり方は辞職だ」と言ったのである。ここで重要なポイントは、責任のとり方は、二％を二年で達成できなかった理由によって異なる、ということである。だからこそ、単に「責任」とは言わず、「最高の責任」というように、「最高の」という修飾語を付けたのである。

この辞任発言については、二〇一三年三月一二日の参議院議院運営委員会でも、自由民主党の渡辺猛之議員から「先般衆議院の質疑でもありましたけれども、一月の政府との共同声明で発表した目標が達成されなかった場合、要はインフレ率二％……が達成されなかった場合、岩田参考人の責任はどのように取られるおつもりなのか、あえてお尋ねをさせていただきたいと思います」という質問を受けた。それに対して、私は次のように回答した。

「最終的にはやっぱり辞職するというのが一番だというふうに思いますが、ただ、今日それが独り歩きすると困りますので、投げ出したというふうには思わないでいただきたいと思います」。ここでも、単に「辞職する」とはいわず、「最終的には」という条件を付けたのである。

記者会見では、以上の点を明らかにしておく必要があると考えて、「まず、説明責任を果たすことが先だ。説明責任が取れずに、自分のミスジャッジが原因の場合には、辞任する」と、誤解のないように「説明責任」を強調した。もっとも、学習院大学退任後の旅行やゴルフを楽しみにしていた身としては、副総裁の職に執着していないことには変わりはない。

二〇一三年三月二四日

明日は昼過ぎから、企画局と金融政策に関して初めて議論する。企画局が従来の日銀の金融政策の延長線上の案を出してきた時に備えて、以下の論点をメモにしておく。

岩田メモ　二〇一三年三月二四日

（1）長期国債の保有を銀行券の発行残高以下に抑えるという銀行券ルールの廃止。

（2）資産買い入れ基金を廃止し、資産勘定に統合。

(3)長期国債の月間買い入れ額を最低五兆円以上とする。この数値は、二〇一三年三月一四日(国会で私の日銀副総裁就任の同意の賛否が決まる前日)の髙橋洋一嘉悦大学教授、片岡剛士氏、安達誠司氏、飯田泰之駒澤大学経済学部准教授(当時)との研究会における片岡氏の消費者物価上昇率二%、三%名目成長を二年で達成するためのマネタリーベース(日本銀行券と金融機関が日銀に預けている日銀当座預金の合計)増加の試算による。片岡氏の試算はマッカラムというアメリカの経済学者が開発した手法(マッカラムルールと呼ばれる)によるものである。なお、髙橋教授の計算も片岡氏とほぼ同じである。

(4)購入長期国債の残存期間を五~一〇年に延ばす。

(5)満期が来たものは元利合計を長期国債に再投資する。

(6)以上の措置で、毎月のマネタリーベースの純増を五兆円以上に維持する。

(7)付利をどうするか。

(8)貸出支援基金は必要か。日銀はこのような白川日銀が実施した政策金融を続行すべきか。

二〇一三年三月二五日

明日から朝が早いので、三日間、東京駅のホテルメトロポリタンに宿泊することにする。午前中、経団連・米倉弘昌会長(当時)への挨拶。黒田総裁が、私が入る余地もなくよくお話しになるので、この種の挨拶が苦手の私にとっては実にありがたい。

午後、企画局から、金融緩和に関する考え方の説明を受ける。企画局の考えを初めて聞くので、どんな考えを示すのかやや不安で、緊張する。

議論のきっかけとして、企画局がいくつかの案を提示した。私は、私が昨日メモしたものと企画局の案とを比較しながら議論に参加した。

(日誌後記)

後日、知ったことであるが、嶋中雄二三菱UFJモルガン・スタンレー証券景気循環研究所長も「月例景気報告」(二〇一三年三月一九日)で、片岡氏と同じ手法を用いて、同様の結果を発表されている。

二〇一三年三月二六日

企画局と衆議院財務金融委員会での想定問答について話し合う。

委員会では、前原誠司民主党議員から、「二年で二%を達成できなかったら、辞任する」という考えに変わりはないかと聞かれる。同議員の私に対する関心はそれしかないようだ。

午後二時から一時間半、国際局から「世界経済・国際金融の展望」報告を聞く。アメリカ経済は回復に向かうが、ユーロ圏は弱い、という判断。この判断は私と同じである。

夕刻、木下康司財務省主計局長(当時)が訪ねてきた。私は上智大学時代に、大蔵省(当時)の経済理論研修の講師を務めていた。この研修は大蔵省入省三年目のキャリアを集めて、東大などの大学教授が出向して、経済学の講義やゼミを行うもので、木下氏は私のゼミ生だった。木下氏の目的は、日銀副総裁としての私に対する挨拶と「日銀副総裁になられたのですから、今後は消費税については発言を慎んでください」というものだった。

それで、私が学習院大学教授だった頃、木下氏が私の研究室を訪れて、「先生のこの論文のせいで、消費税増税は必要ないという人が多くなって、困っています」とクレームをつけに来たことを思い出した。

木下氏が指摘した論文で、私は財政再建のためには、デフレを脱却して名目成長率を三%から四%程度に引き上げ、それによって、税収を増やすことが先決で、税収が増えれば、消費税増税しなくても財政再建できる、という趣旨のことを書いた。

これに対して、木下氏は「景気は循環しますから、成長に頼って税収を確保するわけにはいきません」と反論した。

それにしても、私の論文が消費税増税論議に影響するとは思えなかったので、私が「私の論文の影響はないだろう」というと、彼は「いや、ありますよ」という。

いま述べたことからわかるように、私は消費税増税反対論者だったが、政府が日銀の政策手段に文句をつけることが許されないように、日銀副総裁も政府の財政再建の手段に対して文句をつけるべきではなく、中立を守るべきだと思ったから、「日銀副総裁になった以上は、中立を守るよ」といった。

その見返りというわけではないが、「日本には予想インフレ率の信頼できるデータがない。今後はもっと物価連動国債をだしてほしい。物価連動国債市場の厚みが増せば、信頼できる予想インフレ率のデータが取得できるから」と話した。

二〇一三年三月二七日

三月二五日の第一回目の打ち合わせに続いて、午前と午後の二回にわたり、金融政策執行部で金融政策について議論を交わす。

二〇一三年三月二八日

今日は、後日公表される三月二六日の衆議院と今日、三月二八日の参議院の国会議事録要旨を引用して、日銀総裁答弁の変身ぶりを示しておこう。三月二六日の衆議院財務金融委員会では、黒田総裁は冒頭の「通貨及び金融の調節に関する報告書」の概要説明で、それまでの日銀がとってきた金融政策手段を説明した後に、「これは中央銀行の伝統的な手法を踏み越えたものですが、その規模や具体的な買い入れ対象等については、できるだけ早期に二％の物価上昇を実現するという強いコミットメントを実現するために十分なものとは言えません」と述べている。

この日の答弁では、全部数え切れたかどうか確信を持てないが、一〇回近くも「コミットメント（約束）」という言葉を使っている。

三月二八日の参議院の財政金融委員会における金子洋一参議院議員（当時、民主党）の「これまで、日銀は、金融緩和をしてきたと主張してきたが、将来いつ何時引き締められるかわからない状態では、マネーをいくら増やしても、経済主体による金融緩和の継続期待を形成できないのではないか」という趣旨の質問に、黒田総裁は次の三点が重要であるという趣旨の回答をしている。

「第一に、二％の物価安定目標を一日も早く実現し、それが達成されるまであらゆる手段を講じていくという、強いコミットメントを日本銀行がするということである。第二に、こうした日本銀行の強い姿勢を、市場にわかりやすく説明していくことが重要である。第三に、市場の期待を裏切らないよう、実際に大胆な金融緩和を行っていく。このように、二％の早期実現に向けた強いコミットメントのもとで、質・量ともに大胆な金融緩和を継続していく必要があると考えている」。

黒田総裁は総裁候補として国会で所信説明した際に、一、二回、コミットメントという言葉を使っているが、三月二六日と三月二八日の国会での発言ほど、「コミットメント」を強調してはいなかった。「コミットメント」と「市場の期待を裏切らない」ということは、私が代表を務める昭和恐慌研究会のメンバーが、デフレ脱却の金融政策が成功する不可欠の条件として挙げてきたものであり、私が国会での所信聴取や正副総裁就任記者会見で強調した「二％インフレ目標達成の第一の必要条件」である。一方、私が日銀副総裁に就任する以前の日銀からは一度も発せられたことがなかった言葉である。

二〇一三年三月二九日

政策委員会メンバー全員と企画局メンバーで、金融政策について議論する。

審議委員がどのような考えを持っているのか見当もつかず、緊張する。

この会合では、果たして、私が考えているような金融政策にどれだけの人が賛成してくれるか、見当もつかなかった。

一八時三〇分学習院大学着。恒例の学習院大学経済学部の年度末の歓送迎会に出席する。日銀での生活について、「二人の秘書がいないとどこにも行けず、かごの鳥のような、土日しか休みがなく、日曜日にも出勤する日があるサラリーマン生活です」といった趣旨のスピーチをする。

二〇一三年三月三一日

八時二〇分に、自宅に迎えが来る。この日も政策委員会メンバー全員と企画局メンバーで、金融政策について議論する。議論は、午後四時過ぎまで続いたが、結局、四月二日に、総裁と私が衆議院予算委員会の質疑を終えて日銀に戻る予定の夕刻からもう一回、政策委員会メンバー全員で議論することになった。

二〇一三年四月一日

今日は、入行式だ。新入行員の名簿を見ると、総合職で本店勤務は東大卒が圧倒的に多いのに、びっくりする。京大、一橋、早稲田、慶応がパラパラいるだけで、早慶以外の私大卒はいない。私大卒は特別職で、地方採用ばかりだ。

入行式の後、三月の「全国企業短期経済観測調査（短観）」の説明がある。

「量的・質的金融緩和」の幕開け

二〇一三年四月四日

いよいよ、新正副総裁執行部にとっての最初の政策委員会金融政策決定会合の日である。

私が心配していたことと正反対のことが起こった。審議委員全員が議長案である「量的・質的金融緩和」の導入に、一部を除いて賛成したのである。

「量的・質的金融緩和」の概要は次のとおりである。

「量的・質的金融緩和」の導入

日本銀行は、消費者物価の前年比上昇率二％の「物価安定の目標」を、二年程度の期間を念頭に置いて、できるだけ早期に実現する。このため、マネタリーベース（日本銀行券と金融機関が日銀に預けている日銀当座預金の合計―岩田注）および長期国債・ETF（上場投資信託）の保有額を二年間で二倍に拡大し、長期国債買入れの平均残存期間を二倍以上に延長するなど、量・質ともに次元の違う金融緩和を行う。

①マネタリーベース・コントロールの採用（全員一致）

マネタリーベースが、年間約六〇～七〇兆円に相当するペースで増加するよう金融市場調節を行う。

②長期国債買入れの拡大と年限長期化（全員一致）

イールドカーブ全体の金利低下を促す観点から、長期国債の保有残高が年間約五〇兆円に相当するペースで増加するよう買入れを行う。

また、長期国債の買入れ対象を四〇年債を含む全ゾーンの国債としたうえで、買入れの平均残存期間を、現状の三年弱から国債発行残高の平均並みの七年程度に延長する。

③ETF、J-REITの買入れの拡大（全員一致）

ETFおよびJ-REIT（上場不動産投資信託―岩田注）の保有残高が、それぞれ年間約一兆円、年間約三〇〇億円に相当するペースで増加するよう買入れを行う。

④「量的・質的金融緩和」の継続（賛成八反対一）

「量的・質的金融緩和」は、二％の「物価安定の目標」の実現を目指し、これを安定的に持続するために必要な時点まで継続する。その際、経済・物価情勢について上下双方向のリスク要因を点検し、必要な調整を行う。

木内審議委員は以上の政策の一部に反対した。すなわち、同委員は「物価安定目標を二年程度の期間を念頭に置いて、できるだけ早期に実現する」ことには反対で、「二年間程度を集中対応期間と位置づけて、「量的・質的金融緩和」を導入する」ことを主張し、右の④の「安定的に持続するために必要な時点まで継続する」ことに反対した。

要するに、木内審議委員は「量的・質的金融緩和」を二年間実施してその効果を見て、二年後にどうするかを改めて検討するという立場である。

この日決まった「量的・質的金融緩和」の方針のもとでは、マネタリーベース（二〇一二年末実績一三八兆円）は、二〇一三年末二〇〇兆円に、二〇一四年末二七〇兆円となる見込みであるから、二〇一二年末からの二年間で倍増することになる。

また、毎月の長期国債のグロス（新規長期国債買入れ額に、当月に予定されている日銀保有の長期国債の償還額を含めた金額）の買入れ額は七兆円強となる見込みである。

「量的・質的金融緩和」決定後の総裁記者会見では、総裁は「二％、二年、二倍、二倍以上」という、二尽くしのパネルを掲げて、新たに導入した金融政策を説明した。このパネルを用いて説明する総裁記者会見は、日銀にとって初の試みであったが、このアイディアを出したのは企画局であろう。

当日のロイター通信は、「黒田日銀の「バズーカ砲」に市場も驚いた。長期国債やＥＴＦの買入れ額は市場の予想上限さえ上回ったことで、ドル／円は二円以上円安に振れ、約二〇〇円安だった日経平均は二七二円高まで急反転。一〇年債利回りは史上最低水準を更新した」と伝えた。

二〇一三年四月五日

「量的・質的金融緩和」の発表から一夜明けた。安徳秘書に、副総裁室に設置されたブルームバーグのサイト専用のパソコンを開いてもらって、株価、外国為替相場、BEI（ブレーク・イーブン・インフレ率。市場で実際に取引する投資家の予想インフレ率を示すと考えられる）をリアルタイムで見る。株価は昨日の続きで、朝方急騰し、一万三〇〇〇円台に乗せた。円ドルレートの高値も九七円八九銭だ。しかし、BEIは意外に上がらず、横ばいだ。

昼前に、企画局の人が、国債金利が乱高下していることを説明に来た。「これだけのことをしましたから、金利は当分不安定な動きをするでしょう」という。

私にとっては、量的・質的金融緩和はマーケットにとっては大きなサプライズだったと思うが、審議委員がほぼ全員賛成したことのほうがもっとサプライズだ。

昼食から戻ってまたしばらく、株価や為替を眺める。為替は乱高下している。BEIがようやく一・四％まで上がった。

川田秘書がやって来て、「内閣府の……浜田様がおいでです」という。内閣府の浜田様とは誰かと思いながら、副総裁用応接室に入ると、なんと浜田宏一先生ではないか。黒田総裁に面会してからおいでになったとのこと。韓国でのカンファレンスに出席されてから、日本においでになったという。

昨日の「量的・質的金融緩和」に六人の審議委員がほぼ全員賛成するというサプライズが起きたことに触れると、浜田先生も理解できない様子だった。

浜田先生はこの後自民党本部に行って、石破幹事長（当時）にお会いになるそうだ。石破幹事長に会って何をお話しになるのだろうか。金融政策をまったく理解しない石破議員に会っても無駄なような気がする。

というのは、二〇一二年三月頃、石破議員にわれわれの金融政策に関する主張と日銀の主張のどちらが正しいかを判断してもらうため、石破議員の前で、浜田先生、髙橋洋一教授および私たちリフレ派と雨宮正佳氏（当時は、日本銀行理事で、現・日銀副総裁）との議論を聞いてもらったことがあったが、石破議員は二時間近い長時間にわたる議論を聞いた結果、「金融のことはよくわからない。雨宮さんにお任せするしかない」といって帰ってしまったからだ。

今日は日記をつけた後、小学校時代の恩師で、すでに九〇歳を超しておられる丸山康子先生に近況報告を書いた。

二〇一三年四月九日

私の頭の中は、「なぜ、これまでの日銀からは到底考えられない、あれほど思い切った政策案が打ち出されたのか。そして、なぜその案に、ごく一部の点で反対票は出たが、審議委員は基本的な部分で全員賛成したのか」という問いでいっぱいである。

いろいろな人に聞いてみると、だいたい次のようにまとめられそうだ。

第一に、白川方明前総裁の考え方は極端で、日銀の人が全員その考えに完全に同調していたわけではなかった。私（岩田）の考え方も極端であるが、白川前日銀総裁も、いわば、後期小宮隆太郎（東京大学経済学部名誉教授で、私の大学院の指導教官）派で、「ゼロ金利になると、金融政策には手段がなくなり、量的緩和は全く効かない」という極端な考えを持っていた。

「一九七三年前後の高インフレは日銀の金融緩和政策のせいだ」と日銀を激しく批判した小宮先生を

前期小宮とすると、「量的緩和は微益微害だ」と主張した小宮先生は、後期小宮になるわけである。

そうだとすると、日銀の少なからずの人は、後期小宮派の白川前総裁と私の両極端の間に位置していたことになる。しかし、今回の「マネタリーベースの年間六〇兆円から七〇兆円の純増加、購入国債の平均残存期間の七年強へ延長、長期国債保有残高年間五〇兆円増」は、私が日銀副総裁に就任する前まで考えていた以上に極端である。したがって、今回の「量的・質的金融緩和」と比較すれば、私の年来の主張は少しも極端ではないことになる。

第二に、審議委員も、前回（二〇一三年三月七日）の金融政策決定会合の議事録からうかがえるように、白川前総裁のもとでのような政策を続けていても、デフレは到底脱却できず、相当のことをしなければならない、と考えるようになっていた、ということのようである。前回決定会合では、白井審議委員が資産買入等基金と輪番オペの統合案を出したが、他の審議委員は反対した。しかし、他の審議委員は新しい枠組みは黒田新体制になってからにしようと考えていた節がある。

（日記後記）

以上の点は、この日の日記後の二〇一三年四月一九日における宮尾日銀審議委員（当時。現在は、東京大学大学院経済学研究科教授）の金融経済懇談会後の記者会見からもうかがえる。

この記者会見で、宮尾審議委員は「それまで、白川総裁案に賛成してきたのに、なぜ、四月四日の決定会合では、白川案とは全く異なる異次元の金融緩和に賛成したのか」という趣旨の質問を、記者から執拗に受けた。

それに対して、宮尾審議委員は、「私は過去二年半、包括緩和という枠組みのもとで、政策判断を行ってきました。包括緩和という枠組みは、ご承知の通り、非伝統的な緩和手段のメニューを揃え、政策の進め方としてはその効果を見極めながら緩和を強化していく、そういうアプローチで実施してきました。これにより景気の下支えに寄与してきたと私自身は考えていますが、残念ながらデフレの脱却には至らなかった点も事実です。私自身は、そういった包括緩和での経験があったからこそ、今回の「量的・質的金融緩和」に踏み出すことができたと考えています。異例の規模の国債買入れでもあり、この政策には相応のリスクが伴うことは事実ですが、それを上回る効果が期待できると考えています。また私自身は、この会合に至る以前から——具体的には一月以降——、追加緩和の提案もしてきています。そういった意味で、それまでの政策判断と今回の四月の政策判断との連続性は維持されていると考えています」と回答している。

さらに、宮尾審議委員は、日銀審議委員退任から一年半ほどたって出版された『非伝統的金融政策——政策当事者としての視点』（有斐閣、二〇一六年）において、「量的・質的金融緩和」に賛成した理由を次のように述べている。

「一つは、一般的な留意点ですが、政策決定会合における判断は、賛成か反対しかありませんが、その際、いつも「一〇〇％賛成」とか「一〇〇％反対」ではありません。……もう一点は、（二〇一三年四月の—岩田注）大規模緩和策の導入とその後の政策判断にとって、やはりベースとして重要だったのは、同年一月に二％物価安定目標の導入を日本銀行が自ら決定し、それを政府と共有した点です。国民が選んだ新しい政府が新しい総裁・副総裁を任命し、二％の物価安定目標は「共同声明」という形で政府と共有されました。……新しい政権の誕生を通じて、国民の多数が、より高いインフレ目標とさらに積極的な金融緩和が必要だと訴える新しい政権を支持しました。そうした民意には大変重いものがあると、私自身受け止めました」（二二一頁～二二二頁）。

私は、宮尾審議委員がかたくなにそれまでの考え方に固執しなかったことを、日本経済にとってよい結果を生んだと評価したい。

二〇一三年四月九日（続き）

第三に、日銀の役職員はサラリーマンである。サラリーマンはトップが立てた方針に従わざるを得ない。従いたくなければ、やめるしかない。あるいは、面従腹背して時を待つ方法もあるが、これはかなり苦しい対応だ。パナソニックのように、社長が「これからはプラズマだ」と言えば、プラズマ生産に走る。社長が「もうテレビはやめだ」と言えば、やめる。

トップが「金融政策ではデフレを脱却できない。量的緩和の副作用は大きい」という白川前総裁なら、企画局も審議委員も白になり、トップが「デフレ脱却のためなら何でもやる」という黒田総裁になれば、黒にひっくり返る。衆議院の日銀正副総裁への質問で、みんなの党の渡辺喜美議員（当時）がいみじくも言ったように、まさに「オセロ・ゲーム」である。

速水優日銀総裁時代に、四年間、執行部案に一人反対し続け、執行部案とは異なる案を出し続けた中原伸之元審議委員が異例の人なのだ。

論争の歴史を振り返る

二〇一三年四月一一日

安徳秘書に案内されて、三越前の日本料理屋「はんなりや」で「だし巻き卵」の昼食をとる。八階の副総裁室と会議の多い総裁室の間を何回か往復するか、外出するときもドアッードアの車であるため、ほとんど外気に触れることがない。日銀の一日はまるでかごの鳥のような生活だ。そんな私の生活を気遣って、安徳さんは昼食後、日本橋界隈を徒歩で紹介しようと計画していたようだが、あいにく小雨が降ってきたので、取りやめて、安徳さんに案内されて、あえて旧館を通って、新館の部屋に戻った。

旧館では、歴代総裁の肖像画が飾ってある廊下を通ったが、なぜか、三重野総裁のところで肖像画が途切れ、松下総裁、速水総裁、福井総裁の肖像画がない。不思議そうにしている私に、安徳さんが「金がかかりすぎ、無駄遣いだといわれて、松下総裁から肖像画はないんです。一流の画家に描いていただくので、高いんですよ。白川総裁も、黒田総裁もありませんね」という。

デフレを脱却できなかった速水総裁から三代にわたる総裁の肖像画がないのは当然としても、おそらく日本を救った名総裁として残ると予想される黒田総裁が、初代総裁から延々と続いてきた肖像画に加わらないのは残念だ。

二〇一三年四月一二日

今日は、勝どきのマンションへ引っ越しの日。もっとも、私は会社で仕事があるから、引っ越しは全て妻が仕切ることになる。

車で、朝、埼玉県志木市の自宅から日銀まで、一時間二〇分程度かかる。九時半頃までに余裕を持って日銀に着くとなると、迎えは七時五〇分になる。高速道路が混んでいるため、途中まで一般道を走り、板橋区の中台から高速に乗る。一般道をのろのろ走るのはじれったい。帰りは一般道を走ることなく、行きよりは多少早く、志木に着く。

しかし、往復三時間程度の時間を五年間通勤に費やすのは馬鹿らしい。さらに、国会に朝から呼ばれたり、経団連など財界との懇談会が九時からあるときには、七時頃に家を出る必要がある。そのため、そういうときには、東京駅八重洲口のホテルメトロポリタンに泊まることになる。

四月に入って、妻と引っ越し先を検討した結果、勝どきの賃貸マンションに引っ越すことにした。借りたマンションの部屋は高層ビルの一九階で、居間からレインボーブリッジから東京タワー、さらに、スカイツリーが見渡せ、夜景はさながら高層ビルの高層階にあるレストランにいるようである。それが気に入って、家賃は共益費込みで、かなりの負担であるが、借りることに決めた。

マンションは2LDKである。この居間は、設計上は南向きの主寝室で、南から西にかけて、コの字型の大きな窓があり、太陽がさんさんと降り注ぎ、夏はさぞかし暑いだろうという感じで、寝室というよりも、どう見ても居間である。窓が大きいため、カーテンは特注になり、費用がかかる。この設計上は主寝室の部屋を居間として、設計上は食堂と居間が一体となった部屋を食堂として、それぞれ使うことにし、もうひとつの主寝室よりも小さめの寝室に私の机と夫婦のベッドを置くことにした。

マンションにはスポーツジムがあり、その中にはゴルフレンジもある。週日、夜の懇談がなければ、ゴルフ練習と歩行で汗を流せば、健康を維持できる。高血圧・高コレステロールで高脂質体質の私にとって、食事と運動は大切な健康維持法である。スポーツジムと室内ゴルフ練習場がある点もこのマンションを選んだ理由だ。

この高層マンションのビルは同じ会社のツインタワーの一つで、もうひとつの高層マンションビルの三七階には、娘夫婦とその子ども（幼児）が住んでいる。これからは、妻はさぞかし「ばあば」稼業に忙しくなるだろう。

二〇一三年四月一三日

今日は、昭和恐慌研究会の仲間と、三年前の二〇一〇年四月一〇日に、虚血性心不全のため五四歳で急逝した岡田靖さんのお墓参りに行った。

岡田さんは、私が上智大学経済学部の教授だった頃の大学院生である。彼は兼光秀郎先生のゼミに参加していたが、私とは兼光先生以上に経済学を語り合った中だった。当時から、岡田君と呼んでいたので、岡田さんというのは妙な響きがする。そこで、以下では、親しみを込めて岡田君と呼ぶことにする。

私は一九七九年一〇月に米国留学から二年ぶりに帰国したが、大学院はすでに二学期に入っていたため、大学院では講義も演習も持っていなかった。ある日、兼光先生の大学院演習に出席した。そこで、太く、低いが、よくとおる大きな声で、豊富な経済学知識を背景に意見をいう人に出会った。修士課程の学生とは思えず、どこかよその大学の先生か博士課程の院生かと思った。その太めの人が、私の留学中に上智大学大学院経済学研究科に入学していた岡田君だった。彼は経済学だけでなく、政治学、社会学、歴史などにも詳しく、まさに博覧強記で、私は多くのことを彼から学んだ。

岡田君は大学院博士課程を修了すると、大和総研に就職し、エコノミストとして活動し始めた。一九九二年七月頃だったと思うが、久しぶりに、岡田君が私の研究室を訪れ、私に一枚の図を示した。その図は、マネタリーベースとマネーサプライのそれぞれの増加率（前年同月比）が一九九〇年四、五月頃から、急低下していることを示す図だった。

マネタリーベース（日本銀行券と金融機関が日銀に預けている日銀当座預金の合計）の前年同月比は九〇年五月の一三％をピークに、その後、急低下し始め、九二年六月はマイナス三・九％とマイナスに落ち込んでいた。一方、マネーサプライ（現在は、マネーストックという）は九〇年五月の一三％をピークに、その後、急低下し始め、九二年六月には〇・九四％と一％を割っていた。

このマネタリーベースとマネーサプライの伸び率の急低下は、アメリカの大恐慌が始まった一九二九年秋頃からの急低下とそっくりであった。

私はその図を見て、「これはやばいな」と思った。なんとかしなければ思った私は、雑誌『週刊東洋経済』の知り合いの編集者に、日銀の政策を批判する論文を書きたいから、載せてくれないかと頼んだ。その論文は、一九九二年九月一二日号に、「「日銀理論」を放棄せよ」というセンセーショナルな題名で掲載された。私は、その刺激的すぎる題名に驚いて、恥ずかしくなったが、後の祭りである。商業雑誌の題名をつける権利は著者にはなく、雑誌編集者にある。

この論文の主旨は、「日銀は銀行に資金需要があるときは、日銀資金、つまり、マネタリーベースの供給に応ずるが、銀行の資金需要がなくなると、マネタリーベースの供給も減らす、という受動的金融政策を採用する。しかし、それでは、景気のよいときは景気を過熱させ、景気の悪いときはますます悪くしてしまう。現在は、日銀は銀行の資金需要がないから、それに併せて、マネタリーベースの供給を大幅に減らしているが、それによって、マネーサプライも急減している。こうした、受動的金融政策は、資産価格の暴落（資産デフレ）を引き起こし、景気をますます悪化させるだけである。そうであれば、日銀は手形や国債の買いオペなどによって、マネタリーベースを積極的に増やすべきである」というものである。

この私の論文に対しては、直ちに、日本銀行の翁邦雄氏から「「日銀理論」は間違っていない」という反論があった。

以後、私に対する賛成や反対あるいは私の理論と翁氏の理論を裁定するといった論文が、『週刊東洋経済』などに掲載され、後に、「岩田・翁論争」とか「マネーサプライ論争」などと呼ばれるようになる。

私は大学院博士課程の終わり頃から、小宮隆太郎先生の「地価の理論」というディスカッションペーパーに触発されて、土地・住宅問題の解決策の研究に取り組んでいた。土地は利用の仕方を間違うと、一九七〇年代初め頃から起きた「大阪空港騒音訴訟」や「名古屋新幹線騒音訴訟」といった訴訟に代表されるように、周辺住民に対して、騒音被害や自動車による大気汚染被害などをもたらす。そのため、土地問題を研究していた私は、環境問題も研究するようになった。

一九八〇年代半ばからは、地価バブルと株価バブルが発生したが、日本では、土地・住宅問題を研究していた経済学者は、私以外ほとんどいなかったため、私は一躍、マスメディアの注目を集めるようになり、論文の寄稿、インタビュー、テレビ出演、講演などの依頼が殺到するようになった。

一九九〇年代に入ってすぐ、バブルは崩壊し始めた。岡田君が久しぶりに私の研究室に現れた一九九二年はバブル崩壊の真最中だった。

この岡田君の訪問を境に、私は土地・住宅問題や環境問題の研究は弟子たちに任せ、金融政策の研究に没頭するようになった。

その後、私は、岡田君と、彼のいわば弟子に相当する、エコノミストの安達誠司氏と、「デフレ克服には金融政策のレジーム転換が必要」（『エコノミックス』編集委員『エクノミックス7』東洋経済新報社、二〇〇二年）などいくつかの論文を共同で執筆した。

この論文のコアである「金融政策のレジーム転換」の「政策レジーム」という概念は、岡田君がアメリカの経済学者で、ノーベル経済学賞の受賞者でもあるトーマス・サージェント教授の論文から学び、私にその重要性を説いてやまなかった概念である。この四月から始まった「量的・質的金融緩和」のコアの精神は、岡田君がその必要性を説いてやまなかった「金融政策のレジーム転換」である。「二％の物価安定目標をできるだけ早く達成することを約束（コミット）し、二％が安定的に持続するために必要な時点まで、「量的・質的金融緩和」を継続する」という、金融政策のルールが、ここにいう「金融政策のレジーム」である。

サージェント教授の複数の実証研究は、このような、今まで日銀がとってきた金融政策の曖昧なレジームとは全く異なる、明確な「金融政策のレジーム転換」には、人々の予想インフレ率を引き上げる力があることを示している。

しかし、岡田君は、日銀が、彼が主張していた「レジーム転換」を果たすのを見ずして、亡くなってしまったのである。今頃生きていたら、岡田君はきっと日銀の政策委員会の一員になり、私と政策委員会で席を並べることになった可能性すらあったと思うと、残念至極である。

話を戻すが、二〇〇二年三月には、東洋経済新報社出版部の編集者である中山英貴氏の発案で、昭和恐慌研究会が結成され、私はこの研究会の代表になった。この研究会での議論は、『昭和恐慌の研究』（東洋経済新報社、二〇〇四年）という本の出版に結びつき、二〇〇四年度の「第四七回日経・経済図書文化賞」を受賞した。

この本で昭和恐慌研究会のメンバーが強調したのは、金融政策の「デフレーション・レジーム」

（略して、「デフレ・レジーム」）から「リフレーション・レジーム」（略して、「リフレ・レジーム」）への転換である。「金融政策のデフレ・レジーム」とは、デフレを許容する金融政策のルールまたは枠組みである。一方、「金融政策のリフレ・レジーム」における「リフレ」とは、われわれが、リフレーションという英語の略称として使った用語である。

リフレーションという言葉は、一九三〇年代のアメリカの大恐慌のさなかに、アービング・フィッシャー、イェール大学政治経済学部教授が書いた著書の中に、初めて出てくる。彼は、リフレーション政策を「物価水準を貸し手と借り手にとっての不公正を修復する水準に戻す政策」と定義している。一九三〇年代のアメリカの大恐慌では、物価が急落した。物価が下がると、下がる前にお金を借りた企業（借り手）は、物価が下がる前よりもより多くの物を売らなければ、借金を返せなくなる。つまり、物価が下がり続けるデフレは、借り手にとって不利になる。

一方、物価が下がる前にお金を貸した銀行（貸し手。究極的には、銀行に預金した人など）は、返済されたお金で、物価が下がらなかった場合よりもより多くの物を買うことができる。つまり、物価が下がり続けるデフレは、貸し手にとっては有利になる。

フィッシャーは、お金の借り手のほうが貸し手よりも、物やサービスにより多く支出する主体である（すなわち、お金を借りる企業は原材料や設備を買うために借りる。お金を借りる人は住宅や自動車などを買うために借りる）から、大恐慌は、デフレのために、お金を借りることが不利になった借り手の物やサービスに対する需要が大きく減少したために生じたと考えたのである。

フィッシャーは、デフレは貸し手を有利にし、借り手を不利にするという意味で、不公正であるから、物価をこの不公正をなくす水準まで引き上げる政策（特に、金融政策で物価を引き上げる）、すなわち、リフレーション政策を採用することを提言し、その政策によって、大恐慌を終わらせることができると考えたのである。

このフィッシャーの考え方は、後に、ベン・バーナンキ（二〇一三年四月当時、アメリカの連邦準備制度理事会［FRB］の議長。その前は、プリンストン大学経済学部教授）などの経済学者によって、経済主体のバランスシートの状態を重視するマクロ経済学へと発展した。

『昭和恐慌の研究』の出版からほぼ六年後の二〇一〇年一月の早朝に、飯田泰之駒澤大学経済学部准教授（当時。現在、明治大学政治経済学部准教授）から、ニュージーランドのオタゴ大学で研究していた私の自宅に、岡田君がくも膜下出血で倒れて、入院した、という連絡が入った。

その後も、飯田さんから何回か電話連絡を受けたが、意識不明の状況が続いているということで、半ばあきらめの気持ちが強かった。しかし、二月末だったろうか、奇跡的に回復したとの連絡が入り、三月末には内閣府の職場に復帰するまで回復したという一報が入り、私は大喜びした。

ところが、職場復帰して一、二週間もたたない四月一〇日に、飯田さんから、岡田君が心不全で急死したという電話が入った。

神様がいるとしたら、「一度死の淵から引き上げておいて、すぐさま、死の底に追いやるとは、神様はむごいことをするものだ」と思ったものである。岡田君のお母様、奥様、そして、お子さんたちの悲しみは計り知れないと、ニュージーランドからお悔やみを申し上げていたが、私は岡田君の葬式のために帰国はしなかった。今は、帰国しなかったことを悔やんでいる。

岡田君は大変優秀な人だったが、大学の就職には恵まれず、ようやく、二〇一〇年九月からある大学に就職する予定だった。その矢先の急逝で、無念この上なかった。

二〇一三年五月八日

朝の八時から帝国ホテルで経済同友会の長谷川代表幹事などとの朝食会。帝国ホテルというので立派な和食を期待したが、経団連との朝食会同様にサンドイッチで、がっかり。

朝食会ではないが、財界の人に会うと、たいていの人が「円高が修正され、何よりも人々のマインドが明るくなった」と、日銀の「量的・質的金融緩和」を高く評価し、感謝の意を述べる。

朝食会から戻ると、一〇時半からは日銀内で参与の方々と議論。参与は米倉経団連会長、岡村商工会議所会頭などで、それぞれの立場から経済事情を説明し、日銀のボードメンバーと意見交換するのが役割である。参与から一通りの説明があると、昼食会に移行し、その後質疑応答がある。

二〇一三年五月九日

私は、一九八〇年代に、日銀の経済研修で金融論を担当し、大蔵省では経済理論研修でゼミ形式(日銀からも毎年一名だけ出向の形で参加していた)で教えたことがあるが、その時の日銀の「岩田ゼミ受講生」が鳥居坂分館で歓迎会を開いてくれた。清水総務局人事局長や中村業務局長など出世頭である。もっとも、亀田調査統計局課長や藤木金融研究所審議役も「岩田ゼミ受講生」だったそうだが、私には記憶がない。

黒田総裁や私が日銀に乗り込んできて、それまでの日銀の金融政策の有効性を否定したうえで、異次元金融緩和を実施していることを、かれらはどう感じているのだろうか、と思いつつも、そのことを尋ねるわけにはいかなかった。

二〇一三年五月一三日

学習院大学時代の同僚で、元日銀マンでもある鈴木亘教授が、私が日銀の人から意地悪をされているのではないかと心配して、彼の日銀時代の同期職員である西崎金融市場局企画役（当時）を誘って、日銀の北門前にある東レ社員クラブの食堂で昼食をとった。

私がいじめられるどころか、皆さんに親切にしてもらっている、というと、鈴木先生は意外に思われたようである。

実は、東洋経済新報社出版局の中山英貴さんが去る二月に、学習院大学を退職する私のために私の「学恩に感謝する会」を開いてくださり、その時の夕食懇親会で、鈴木先生は「日銀に入ったら、金融政策のことなぞ考える暇がないように、滅茶苦茶に忙しくさせられますから、岩田先生の味方になる人をつけなければなりません」と私に警告したのである。それを聴いて、私は日銀とは大変恐ろしいところなのだ、と思い、できるなら行きたくないという思いを強くした。

二〇一三年五月二二日

金融政策決定会合後、一九時から、赤坂の祢保希《ねぼけ》で、上智大学助教授時代の大蔵省経済理論研修の教え子である「岩田ゼミ」のメンバーが副総裁就任のお祝いの会を開いてくれた。出席した真砂財務省財務事務次官や木下財務省主計局長などみんな大変偉くなったものである。

私が副総裁になる前から、年に何回か夕食懇談会をともにし、日銀の金融政策を批判し続けた仲間である越純一郎株式会社せおん代表と本田悦朗内閣官房参与（静岡県立大学国際関係学部教授、当時）

も参加してくれた。幹事は落語が趣味で、この種の会の世話役をいつも買って出ている浜田敏彰氏で、祢保希の常連のようで、店からお酒の差し入れがあった。もっとも、酒を飲まない私には全く価値がないが。

越さんが宝町に帰るというので、同じ方向である勝どきに帰る私の車に便乗した。越さんは私が副総裁になって、これまでのように日銀批判を語り合う機会がなくなり、私が遠くに行ってしまったようで、寂しいという。日銀がわれわれの主張していた方向で変わったことは嬉しいが、その嬉しさは、私や本田悦朗氏と日銀批判で意気投合する機会がなくなってしまった、という寂しさと引き換えだということである。人の気持ちというものは複雑なものである。

リフレ政策への政治家の反応

二〇一三年六月一〇日

今日は、「量的・質的金融緩和」政策を実施する以前の株価と円ドルレートの動きを見ておこう。円ドルレートと株価の変動の要因を考える上で重要なのは、安倍晋三議員が、自民党総裁選中から二〇一二年末に首相になるまでに訴えてきたことだ。

たとえば、二〇一二年九月二六日に行われた自民党総裁選直前の九月一五日の古舘伊知郎氏によるインタビュー「総裁選　候補者に聞く　安倍晋三氏」で、安倍総裁候補は次のように述べている。このインタビューはいまでも、Youtubeで見ることができる。

安倍総裁候補は「総裁選に立候補した理由」を聞かれて、「長引くデフレ・円高で経済は停滞し、若い人は将来の夢を見いだせないでいる。いまこのときこそ身を捨てて難局に立ち向かえとの同志の声に応えて立候補した」と答え、デフレ脱却がいかに重要であるかを次のように力説している。

「デフレ下では消費税を上げても税収は増えない。地方を回っても非常に雰囲気が暗い。デフレとは物の値段が下がるだけでなく、それ以上に収入が下がる。若い人たちに将来に夢を持てといっても持てない。このデフレから脱却する方法はある。大胆な金融緩和を行って、政府と日本銀行が協調しながら、デフレ脱却のための政策を総動員していく」。

「日銀法を改正するということですか」という古舘氏の質問に、安倍総裁候補は「政策協調においては、それも視野に入れるべきである」と答えたうえで、「量的緩和を含めて、デフレ脱却策を実行して、経済を力強く成長させてゆく。第一次安倍内閣の時は、名目GDPは五一三兆円で、税収は五一兆円だったが、今は、名目GDPは四七〇兆円、税収は四〇兆円でしかない。これからわかるように、税率だけでなく、名目成長率を上げることによって、税収は確実に増える。(中略)第一次安倍政権では、基礎的財政収支はマイナス六兆円まで減った。今は、マイナス三〇兆円を超えている。デフレから脱却して経済を力強く成長させてゆき、その中で、上げるべき消費税を上げる」と答えている。

そこで、古舘氏は「デフレ脱却できなければ、消費税は上げないということですね」と何度も念を押す。これに対して、安倍総裁候補は「そういうことです」ときっぱりイエスと答え、「デフレ脱却が前提ですから、その前にデフレ脱却の政策を総動員しなければならない」と述べている。

こうした安倍総裁候補の発言を聞いて、古舘氏は「商工零細業者や自営業者等様々な方は今のお話を聞いて、心強いと思った方が多いと思う」と感想を述べている。

安倍総裁候補はさらに続けて、「円高が進んでいます。円高はデフレに拍車をかけますから、製造業は生産拠点を日本に置くべきかどうかの判断を迫られている。これは雇用に直結しますから、いま大切なのはデフレから脱却して、イノベーション等による成長戦略を進めることにより、力強く経済を成長させることだ」と「デフレ脱却による力強い成長」を繰り返し述べている。

以上の発言は、後の「アベノミクス」を構成する三本の矢を思わせる発言であり、経済学の観点から見ても、きわめて妥当な考え方で、私は「安倍さんはよく経済学を勉強している」という印象を強く受けた。

安倍議員は総裁選に勝利した九月二六日の記者会見で、「今、日本の領海や領土が脅かされようとしている。そして、同時に長引くデフレ、そして円高によって、経済は低迷しています。この難局を打開して、強い日本、豊かな日本をつくっていく。それが私に課せられた使命であります。そのために政権奪還を目指していきたいと思っています」と、ここでも、デフレと円高によって日本経済が低迷していることを指摘している。

九月一五日の古舘インタビューに続く三連休明けの九月一八日から、円ドルレートは上昇(円安)に転じ、九月一九日には七九円一五銭(中心相場、以下同じ)まで上昇した。この円安の要因の一つは、いま引用したインタビューにおける安倍総裁候補の「デフレからの脱却のための大胆な金融政策」発言であろう。

また、九月二六日に安倍議員が総裁選に勝利した後の九月二八日を底に、円ドルレートが上昇基調(円安基調)に転じたのも、総裁選勝利後の記者会見での「デフレと円高によって引き起こされた難局を打開する」という趣旨の発言を外国為替市場が好感したためであろう。

一方、株価の方は、古舘氏のインタビュー後、上昇に転じたが、長続きはしなかった。株価が一本調子で上がり始めるのは、解散が決まった一一月一四日（実際に解散するのは一一月一六日）以降である。

九月一五日の古舘インタビュー後、円安と株価上昇の動きが出たものの、基調そのものが変化しなかったのは、安倍議員が果たして自民党総裁選に勝利するかどうかわからなかったからであろう。さらに、安倍議員が自民党総裁選に勝利しても、政権を取らなければ、安倍議員の政策は実行されない。政権を取るためには、その前に解散が必要である。

当時の民主党政権は参議院では過半数の議席を持っていなかった。そのため、「社会保障と税の一体改革」関連法案を参議院で可決するためには、野党自民党の賛成が必要であった。そこで、野田佳彦首相は、二〇一二年八月八日に谷垣禎一自民党総裁、山口那津男公明党代表と党首会談を行い、参議院で法案が成立した場合には「近いうちに」解散することを約束した。

しかし、「近いうち」といっても、野田首相がいつ解散に踏み切るかは不確実だった。この不確実性が存在したため、安倍議員が自民党総裁に勝利した後も、株価は一本調子では上がらなかったと考えられる。

円安と株価上昇基調が明確になるのは、野田首相が一二年一一月一四日に「一六日に解散する」と述べてからである。解散直前の主要紙の世論調査では、内閣支持率は二〇％を割り、総選挙の際に比例区で民主党に投票すると答えた回答者も一〇％台で低迷していたから、総選挙となれば、自民党が勝利することは確実だと予想された。自民党が勝利すれば、安倍政権が誕生し、「大胆な金融政策によって、円高とデフレは終わる」という期待が広がり、以後、円安・株高基調が定着した。

二〇一三年六月一一日

昨日の日記で、安倍首相について触れたので、今日は、私が日銀副総裁に就任する前に、金融政策を中心にデフレ脱却について話し合ったり、何らかの連絡をとったりした政治家について書き記しておこう。

まず、民主党の菅直人議員である。菅議員は私がかつて住んでいた三鷹市などを選挙基盤とする政治家である。私は三鷹市の自宅前を流れる「玉川上水に水を流す運動」に参加し、環境問題に関心があった。菅議員も当時は市民運動政治家と呼ばれ、環境問題にも関心を寄せていたので、私は同議員に好意を持っていた。

その菅議員が、二〇一〇年六月の民主党代表選挙に出馬して、街頭で「一に雇用、二に雇用、三にも雇用」と叫び続け、代表選を勝ち抜いた。しかし、彼は「増税によって経済はよくなる」というある有名教授の助言を受け入れて、消費税増税を打ち出した。

私は「増税すれば、菅議員が代表選で盛んに叫んだ雇用改善どころか、雇用は悪化する」と思い、妙な経済学を吹き込まれて、それを信じている菅議員のことが心配になり、彼が首相の座についたとき、彼のホームページの通信欄に「大幅な量的緩和によって、デフレを脱却することが最善の雇用対策である」という趣旨のことを投稿した。

しかし、菅直人議員は忙しくて、この私の投稿は読まなかったであろう。また、仮に読んだとしても、菅議員は別の経済学者をブレーンにしていたから、私の提案に耳を貸すことはなかったであろう。

それに対して、安倍晋三議員との関係は以下である。私は、早くから、日銀の誤った金融政策がデフレの原因であるとして、日銀の政策を批判してきた山本幸三衆議院議員と長い間、日銀の金融政策について議論する間柄であった。その山本議員が東日本大震災（二〇一一年三月一一日）からの復興のために、「増税によらない復興財源を求める会」を立ち上げ、安倍議員にその会長につくことを要請した。安倍議員は快諾し、私はその会に講師として呼ばれ、初めて安倍議員とお会いした。

私はその日、安倍議員が、私の資料のうちの一つの図を見ながら、「私が首相だったとき（第一次安倍内閣）に、こういう図があったらなぁ」と述べられたことを今でも記憶している。

次に安倍議員に会ったのは、「国家ビジョン研究会」の代表である中西真彦氏とともに安倍議員の事務所を訪問し、「今度、日銀法改正に関するシンポジウムを開くので、来賓として挨拶していただきたい」と頼みにいったときである。

二〇一一年一一月二四日に、「日本再生のカギは日銀法改正にあり」というシンポジウムが開催され、安倍議員の他に、山本幸三自民党衆議院議員、中川秀直自民党衆議院議員、鳩山由紀夫民主党議員（元首相）、渡辺喜美みんなの党代表も来賓として挨拶され、基本的には、「日銀法改正」に賛成された。

金子洋一民主党参議院議員はこの日のシンポジウムのパネリストの一人で、早くから、日銀の金融政策を批判し続けてきた政治家の一人である。

この日のシンポジウムに出席した金子議員、渡辺議員、山本議員、中川議員は、二〇一一年二月二三日に発足した「デフレ脱却議員連盟」（「日銀法改正とインフレターゲット政策」の実現を目指し、超党派の議員立法で金融緩和によるデフレ脱却を目的とした議員連盟）のメンバーである。

デフレ脱却議員連盟には、松原仁（元民主党議員、現在、無所属議員）、宮崎岳志（元民主党、二〇一七年一〇月の衆議院選挙で希望の党から出馬し、落選）、小沢鋭仁（元民主党、維新の会を経て、二〇一七年一〇月の衆議院選挙で希望の党から出馬し、落選、引退）など、民主党議員が多いのである。私は、これらの元民主党議員のうち、小沢議員から選挙区の山梨県に招かれて、金融政策について講演したことがある。

民主党議員といえば、デフレ脱却とインフレターゲットの採用を掲げて、二〇一一年八月の民主党代表選挙に立候補した馬淵澄夫議員ともご縁がある。同議員は、この代表選挙に立候補されることを、学習院大学の私に報告するため訪問された。以後、私は馬淵議員を応援している（しかし、残念なことに、二〇一七年一〇月の衆議院選挙では、希望の党から出たが、惜敗した）。

前原誠司（元民主党議員。現在、国民民主党）衆議院議員からも、私が日銀副総裁に就任する前に、二度ほど呼ばれて、私が考えるデフレ脱却の金融政策を説明している。前原議員は大変熱心に聞かれて、「ご説明ありがとうございました」と温厚な口調で述べられた。

いまでも残念に思うのは、「デフレ脱却議員連盟」に属していた民主党議員の方々が、民主党主流になれず、毎回同じ顔ぶれの「金融政策に無知な」人が出てきて、代表を交代して務めたことである。民主党政権時代に馬淵議員、金子議員、小沢（鋭仁）議員などの誰かが代表になるとともに、これらの方々が民主党主流派になれば、とうの昔に「デフレ脱却宣言」ができていたであろう。

しかし、実際の民主党は、二〇一三年三月の国会で、私の日銀副総裁就任に反対した。報道によると、民主党の津村啓介衆議院議員は五日、衆議院議院運営委員会で私からの所信聴取と質疑の後、「日銀法改正を公言する岩田氏（の起用）に賛成できない」と記者団に語ったという。民主党は六項目の日銀人事の基準に「金融行政の独立性を堅持する能力」を盛り込んでいる、という。

津村議員は、ＳＮＳのツイッター（二〇一三年二月二五日）で、「日銀人事。私は岩田規久男氏の副総裁案に反対です。民主党は六条件の一つに「政府と緊密な連携を行いつつ、金融政策の独立性を堅持する能力」を挙げてきました。岩田氏は日銀法改正を繰り返し主張し、インフレ目標が達成できなかった場合の総裁解任権を明定すべきという立場。党でしっかり議論します」とつぶやいている。

私は『日本銀行は信用できるか』（講談社現代新書、二〇〇九年）という本で、日銀法を改正して、第一に、「日本銀行の物価安定目標を数値で明記すべきである」こと、第二に、「物価安定目標の数値は政府が決めるか、もしくは、政府と日本銀行が協議して決め、その物価安定目標の達成手段は日本銀行に任せることを明記すべきである」と述べている。

右の第一の明記が必要であるのは、物価安定目標を具体的な数値で決めなければ、日本銀行がその目標を達成できたのかどうか自体がはっきりせず、従って、説明責任を求めることができないからである。

第二の明記が必要な理由は以下である。当時の日銀法のように、日本銀行がその目的を政府から独立に決定する権限を持つと、政府は政府自身の政策目標を達成できないからである。しかし、他方で、日銀が政府から独立して、決められた目的を達成する手段を選択する自由を持たなければ、政府の「もっと国債を購入せよ」とか「もっと金利を下げて、国の借金の負担を軽くせよ」などといった注文に従わなければならなくなる。そうなると、物価安定目標を達成できず、政府の言いなりになって、高いインフレを引き起こすリスクに晒されることになってしまう。

私の日銀法改正の主たる中身は以上であり、「インフレ目標が達成できなかった場合の総裁解任権を明定すべき」であると言ったことは一度もない。津村議員は、こういう私が主張したこともないことを「主張している」と勝手に思い込んで、岩田副総裁案に反対だというのであるから、無責任きわまりない人だ。

この津村議員のツイッター（二〇一三年二月二五日）におけるつぶやきに対しては、否定的なツイートが多数寄せられており、分かっている人が多いことに安心する。

（日記後記）

後に、私は、日銀出身の国会議員やエコノミストなどの主張に辟易することになる。

第二章　想定通りに展開した「量的・質的金融緩和」最初の一年

円ドルレート・株価はどう動いたのか

二〇一三年六月一七日

四月四日の新体制の第一回金融政策決定会合二日目以降、五月二二日の第三回目の政策決定会合二日目までの、金融政策の「デフレ・レジーム」から「リフレ・レジーム」へのチェンジを背景とする株式市場と外国為替市場の変化は、私が副総裁になる前から予想していた通りの展開になった。

円ドルレートは、四月三日の九三円五三銭（中心相場、以下同じ）から、五月二二日には一〇二円六銭まで、駆け上がった。一カ月と一九日間で、円はドルに対して、八・八％の円安になった。

一方、日経平均株価は同期間に、一万二三六二円二〇銭から、一万五六二七円二六銭へと二六・四％も上昇した。

こうした円安・ドル高の主たる要因のひとつは、米国の名目金利が変わらない中、日本の名目金利が下がったことであろう。もう一つは、米国の予想インフレ率が二％程度で安定している一方で、日本の予想インフレ率が急上昇して、日米予想インフレ率差が急速に縮小したためであろう。すなわち、日本の予想インフレ率（五年物ＢＥＩ）は四月三日は一・四％だったが、五月二二日には一・九三％まで上昇し、米国の一・九七％に並んだ。

将来、インフレ率が高くなると予想することは、将来、円で買える物やサービスの量が減ると予想することと同じである。つまり、将来、円の購買力は低下すると予想するということであり、将来、購買力の下がる円は、ドルに対して安くなる（円安になる）のである。

二〇一三年六月一九日

ところが、五月二三日に、日経平均株価が一一四三円も下落した。七・三％の大幅下落である。円ドルレートも下げに転じ、二三日の終値は一〇二円二銭で、前日比一円一三銭の円高になった。その後も、日経平均株価が下がる一方で、円高が続いた。

こうした過度の円高と株価下落は、デフレ脱却にとって最大の敵だ。「量的・質的金融緩和」を開始してから一カ月と一九日しかたっていないのに、「量的・質的金融緩和」が想定したシナリオが早くも崩れようとしている。

日経平均株価が反転したのは、六月一四日である。遅れて、円ドルレートも六月一七日に上昇に転じた（円安）。

六月一四日に反転するまでの期間の日経平均株価の最安値（六月一三日）の対五月二二日比は、三一八二円安で、二〇％もの下落である。六月一四日の円ドルレートは九四円六五銭であるから、対五月二二日比、七円九五銭のドル安・円高である。

五月二三日から六月一三日までの日経平均株価の大幅下落と大幅な円高の原因は何なのか。この間、日本経済のファンダメンタルズ（経済的諸条件）を示すいくつかの指標はむしろ改善傾向を示していた。

そうなると、海外要因に原因が求められる。第一は、五月二二日（日本時間五月二三日）の議会証言の質疑応答において、バーナンキ・アメリカ連邦準備制度理事会（FRB）議長が、近いうちに資産買入れ減額を開始すると発言した、と市場が受け止めたことが挙げられる。

しかし、五月二二日のダウ平均株価は〇・六％（終値）下げただけだった。その後、六月一八日までの間の最安値（終値）は、対五月二一日比二・八％の下げでしかない。

したがって、バーナンキ議長発言による株価下落効果は、アメリカではたいしたものではなく、大きな影響を受けたのは日本だったことになる。

海外要因としては、中国のHSBC製造業PMI（製造業の業況を示す経済指標）が五〇を下回った（五〇未満は業況の悪化を示す）ことも挙げられている。しかし、この要因で日経平均株価の大幅下落と大幅円高は説明がつかない。

このように、五月二三日から六月一三日までの日経平均株価と円ドルレートの大幅変動は、海外要因だけでは説明がつかないように思われる。

そう思っていたところ、ある証券業界の有力者が、五月二二日に、新聞が「日本企業の想定為替レートは九二円である」と報じたことを、株価急落の原因として挙げているという話を聞いた。

五月二二日の円ドルレートは一〇二円六銭である。日本企業の想定為替レートが九二円であるのに対して、実際の円ドルレートが一〇二円台であれば、ドルを持っている輸出企業にとっては、現在の一〇二円台という想定より高い価格でドルを売って、円に換えることが有利になる。つまり、輸出企業のドル売り・円買いが多くなる。その一方で、輸入決済手段として、ドルを必要としている輸入企業にとっては、一〇二円台のドルは高すぎるから、円売り・ドル買いは少なくなる。このように、投資家たちが輸出企業と輸入企業の行動を予想すると、今後、ドル売りに対してドル買いが少なくなるから、ドル安になる。他方、円買いに対して円売りは少なくなるから、円高になる。

一方、五月二二日の日経平均株価は二五日移動平均よりも一〇%も高かった。右に述べた証券業界の人によると、これまで株価が短期間で急騰したため、投資家の高値警戒感が強まり、少なからずの投資家は売るタイミングをうかがっていた。そこに、右に述べたような円高・ドル安を誘発するような悪材料が発表されたため、株売りに対して、全く株買いが入らなくなった、という。

さらに、米国FRBの資産買入れ減額予想の台頭により、米国金利が大きく上昇したため、新興国から資本が流出し始め、その資金は安全資産と考えられている円に向かった。それが円高をもたらし、円高は日本株安に拍車をかけた。

いずれにせよ、日本株価の大幅下落と急速な円高への戻りが起きたのは、一一月一四日の野田政権の解散発言以降の株高と円安があまりにも急速であったために、悪材料に敏感に反応したということであろう。

野田政権による解散宣言の日（二〇一二年一一月一四日）以降の株価と円ドルレートの動きをみると次のようになる。二〇一二年一一月一四日の日経平均株価（終値）は、八六六四・七三円。二〇一三年五月二二日の日経平均株価は一万五六二七・二六円で、約六カ月で八〇%の上昇。

一方、二〇一二年一一月一四日の円ドルレートは、七九・五一円。二〇一三年五月二二日の円ドルレートは一〇二・六円。約六カ月で二三円のドル高・円安である。

その後、二〇一三年五月二三日から六月一三日までの調整を見ると、まず、六月一三日の日経平均株価（終値）は一万二四四五・三八円で、五月二三日からの二二日間で三一八一・八八円下落。率にして、二〇％の下落。六月一四日の円ドルレートは九四・六五円で、五月二三日からの二二日間で七・九五円の円高である。

バーナンキ議長の議会証言

二〇一三年六月二四日

今日の日経平均株価（終値）は一万三〇六二・七八円で、六月一三日の底値から六一七・四円、五％の上昇である。他方、円ドルレートは九八・四円（中心相場）。六月一四日の高値から約四円、四％の円安だ。

バーナンキFRB議長の五月二二日の議会証言とFOMC（連邦公開市場委員会。米国の金融政策を決定する会合）後の記者会見のマーケットに与える影響をみると、量的緩和からの出口の難しさ、市場とのコミュニケーションの難しさを痛感する。まず、五月二二日のバーナンキ議長の議会証言から見てみよう。

問題になった発言は、ケビン・ブラディ議員との次の質疑応答である。

ブラディ議員の「QE3（量的緩和第三弾）からの離脱をいつから開始するか」という問いに対し

て、バーナンキ議長は、「資産買入れ額は経済展望に関係づけられている。……とくに労働市場が実質的に、かつ持続的に改善すると展望できれば、ＦＯＭＣは資産買入れ額を次第に縮小するであろう。資産買入れ額の縮小のステップは資産買入れ政策を自動的・機械的に終了するものではないことを、明確にしておきたい。むしろ、資産買入れ額のいかなる変更も将来の情報と労働市場とインフレーションがどのように変化するかに関するわれわれの評価に依存している。したがって、ある時点で、もちろん、われわれは資産買入れ政策を終了させるであろう。

その後、われわれは、これまで金利について説明してきたガイダンスに沿って金融政策を運営する。金利を引き上げるわれわれの原則的な手段は超過準備の金利であろう。それはより高い短期市場金利とＦＦ金利（短期資金市場での取引金利）をもたらす。（中略）われわれは資産を売るかもしれないが、全ては売らないかもしれない。現時点では、物価の安定を危険にさらすことなく量的緩和を終了させるために、全ての資産を売る必要、とくに、不動産担保証券を少しでも売る必要があるとは思えない。（中略）われわれは出口戦略について現在議論を深めている最中である。今後はもっと将来に向けた情報を提供できることを望んでいる。しかし、われわれは、われわれの政策目的と整合的な方法で時間をかけて量的緩和を終了させることができる、と確信している」と回答している。

ブラディ議員の「資産を売り始める前に、満期が来た証券の借り換えをやめる予定か」という質問に対しては、

「すでに述べたように、借り換えをやめるだけで政策を通常の状態に戻せると思う。（中略）しかし、繰り返すが、出口の過程では、証券の借り換えをやめるだけで、妥当な期間内により正常なバランスシートに戻すことは十分可能であると考える」。

次のブラディ議員の「その戦略をいつから始める予定か。そのプロセスを始めるために、どういう基準を設定しているのか」という質問に、

「われわれは、労働市場の展望において、実質的かつ持続的な改善がみられるかどうかを見ており、その評価に努めている。（中略）労働市場が改善し続け、その状態が持続する、とわれわれが確信すれば、今後数回の会合（in the next few meetings）で資産購入のペースを落とす段階に進むことができるであろう」と述べている。

この「今後数回の会合で資産購入のペースを落とす段階に進むことができるであろう」というバーナンキ議長の議会証言が報道されると、市場がもっぱらこの発言に注目することになる。

しかし、バーナンキ議長は「繰り返すが、そうするとしても、それは完全に買入れを止める目的に向かって自動的に進むことを意味しない。むしろ、われわれはそれを超えて、経済がどのように進展するかを注視しており、資産買入れのペースを上げることもあれば、下げることもありうる。

さらに、繰り返しになるが、それはデータに依存する。労働市場の展望が改善し、それが持続可能であるとわれわれが確信するならば、われわれはそれに応じた金融政策を採用する。回復が減退し、インフレ率がさらに低下し、現在の金融緩和が依然として適当であるならば、われわれはそのプロセスを遅らせるだろう」と資産購入ペースを落とさずに、維持する可能性にも言及しているのである。

ブラディ議員がさらに、「そういうアクションをレーバーデイ（九月の第一月曜日—岩田注）の前に始める可能性はあると思うか」と詰めよると、

「それは分からない。データによるからだ」と述べて、資産買入れの減額を始めるのは、労働市場が改善し、それが持続可能になるという確信を持てるデータが得られるときであることを繰り返し述べ

ている。

そのあとで、ブラディ議員は「景気後退が終わってから四年近くにもなるが、経済は弱いままだ。現在は、患者は退院し、リハビリに取り組み、子どもと野球をするべき時だ。経済はいまだ外来患者室にいて、FED（アメリカ連邦準備制度）が患者に、良くなっていますかと聞きながら、毎日、薬を飲ませているようなものだ。しかし、私が心配するのは、FEDはわれわれの経済を苦しませている原因を治療する処方箋を持っていないことだ。

一年前に、FEDは、雇用は一般的に非貨幣的要因によって影響されるので、FEDは雇用をターゲットにしないとはっきり述べた。しかし、あなたはもっともコントロールできない雇用を基礎に量的緩和を止めるかどうかを決めようとしている」。

この雇用と金融政策に関する質問に対して、バーナンキ議長は、「金融政策は長期的な雇用のレベルに影響することはできないが、われわれが対応に努めているのは、短期的な循環的なギャップだ。……金融政策は人々に短期的に仕事に戻ることを支援することができる。

しかし、長期的には、経済の潜在的成長を高めることで、それはFEDの仕事ではない。それは、税制、インフラ投資、仕事の訓練などを含めて、私的部門と議会の仕事だ。それらはすべてより高い成長の可能性をたかめることに寄与する」

これを受けて、ブラディ議員は「私は、もしも低い長期金利がさらに低く、もっと流動性があったならば、もっと人を雇った、というビジネスマンにあったことがない。雇用は、ビジネスに異常な負担をかけている高率の増税、規制など、財政の問題だ。大統領の新医療保険制度改革（オバマ・ケア）は不確実性を高め、雇用に影響を及ぼす。そういったことが主たる障害物だ。それが、FEDが出口についてコミュニケーションとそのアナウンスの開始を早めれば早めるほど、これらの重要な財政的問題を解決するための議会とホワイトハウスの責務がより増大する、と私が考える理由だ」と締めくくっている。

金融で重視すべきこと

二〇一三年六月二四日（続き）

今日は、日本経済新聞社からインタビューを受けた（ネットでは、二〇一三年六月二四日の日本経済新聞電子版で見ることができる）。

インタビューでは以下の趣旨のことを述べた。

私が、金融政策の運営でもっとも重視しているのは、予想インフレ率が中長期的に上がり、実質金利が下がっていくかどうかである。「量的・質的金融緩和」を始めてからこれまでのところ、実質金利は下がる傾向が続いており、想定通りの展開だ。

「量的・質的金融緩和」は二本の柱からなっている。第一の柱は、二％の物価安定目標を、二年程度を念頭に置いて、できるだけ早く達成することを、日銀が明確に約束（強いコミットメント）していることである。第二の柱は、そのコミットメントを裏付けるために、量的（長期国債を中心に買うことにより、年間約六〇〜七〇兆円のペースでマネタリーベースを増やす）・質的（満期の長い長期国債やＥＴＦ、Ｊ－ＲＥＩＴの購入）に大幅な緩和を実施することである。

予想インフレ率が上がると、（予想）実質金利（名目金利から予想インフレ率を差し引いたもの）が下がり、設備投資や住宅投資を後押しし、需要が増大して物価を引き上げる。

金融緩和から二ヵ月半たつが、まず、株式や為替、債券など金融市場が大きく変化した。金融資産は、予想が変わると、資産の入れ替えが比較的容易なためだ。金融市場における株高や円高修正への変化は、株式と外貨資産の価値の増加を通じて消費を押し上げる（これを消費に対する資産効果という）。今回は、このルートを通じて消費は比較的早めに反応した。この点が過去の輸出主導型回復と異なる点だ。

現在は、金融市場の好影響が実体経済に徐々に波及し始めている段階である。実体経済が本格的に反応し始めるまでにはもう少し時間がかかる。実体経済は金融市場に起こったことが安定的に続くのかを見ながら判断するからだ。また、輸出は為替相場だけでなく、海外の経済状況にも依存する。

いずれにせよ、時間がたつにつれて民間需要が増えると期待している。モノやサービスに対する需要が増えれば、物価も次第にプラスへ変化する。雇用も増え、賃金も少しずつ上がっていく。

そうなれば予想インフレ率がさらに上がって、（予想）実質金利がさらに下がり、設備投資や輸出や消費に好影響が及ぶという好循環が生まれる。そうした好循環は今、起こりつつある。

それに対して、インタビュアーからは、「黒田緩和後に進んだ円安・株高も足元はやや陰りが見えているのではないか」という疑問が出された。この疑問に対しては、以下のように答えた。

日本経済のファンダメンタルズは良くなっている。一時的に（名目）金利が上がり、ボラティリティー（変動率）も上がったが、日銀はその沈静化に成功した。名目金利の上がり方も、予想インフレ率の上がり方に比べて小さいので、（予想）実質金利は下がっている。市場も次第に落ち着きつつある。

それでも、インタビュアーは、「緩和後の長期金利の乱高下など市場の変調をどうみているか」と執拗に質問してくるので、次のように応じた。

市場で調整が起こっている理由にはいくつかあると思う。ひとつはバーナンキ議長の資産買入れの圧縮発言を、市場が早すぎる発言だと考えて、揺れ動いたことだ。もうひとつは株高・円安のスピードがかなり速かったので、スピード調整に動いた面がある。

すでに述べたように、金融政策は市場の予想に働き掛けるものだが、今回の異次元緩和という「リフレ・レジーム」への大転換で、予想が大きく変わった。しかし、二％のインフレ率達成が近いと思う人と、遠いと思う人との間で予想に幅ができてしまい、相場が振れやすくなったのではないかと思う。

今回の金融政策は大量の長期国債を買うため、短期だけでなく長期の名目金利も下げる力が大きい。一方で、二％の物価安定目標達成への強いコミットメントは予想インフレ率を上げる力を持つ。

私は当初、日本は長い間、デフレ心理が浸透していたため、相当な金融政策をやってもすぐに予想は変わらないとみていた。しかし実際には、市場の予想インフレ率は想像以上にすばやく反応した。それが株価の急騰と円安への転換スピードを上げた。

市場とのコミュニケーションは難しい。金融政策の意図を理解してもらうのには時間がかかると思うが、だんだん浸透してくると期待している。

インタビュアーは、「予想インフレ率は上がっているのか」と疑問を呈したので、私は、「最近、物価連動債の利回りから予想インフレ率を算出するブレーク・イーブン・インフレ率（ＢＥＩ）は、緩和後のピーク時に比べてやや低下しているが、過度の円高修正などに支えられて、次第に再び上昇してくるだろう。消費者やエコノミストのアンケートなどもインフレ率は上がるという予想が多い。実質金利が下がるという傾向は続いている」と答えた。

今後の政策運営のポイントを聞かれたので、「金融政策の運営で一番大事にしていることは、予想インフレ率が中長期的に上がり、（予想）実質金利が下がっていくかどうかだ。日本経済は、需給ギャップが解消し、貯蓄と投資が均衡する金利水準を指す「自然利子率」がマイナス圏にある。自然利子率は成長戦略で上がってくるが、時間がかかる。今はデフレを早期に脱却するため、自然利子率に合わせて実質金利をマイナスに下げていく局面にある」と、やや難しいかなと思いながらも、つい、自然利子率といった専門用語を使ってしまった。

日銀は予想インフレ率を中長期に二％でアンカーさせようとしている（船に碇［アンカー］をつけて、船の位置を安定化することから来ている言葉）初期段階だ。二％でアンカーすれば、物価も安定する。

インタビュアーは、「実際に物価が上がっていくには、今は大量の手元資金を抱える民間企業がマネーを活用していく必要もある」という。これに対する回答は以下である。

これから実質金利が下がれば、現在のように、企業が現金や預金を大量に抱えていると損をする世界になる。今まさに企業は動きつつある。経済がよくなって需要が増えてくると、今持っている現金・預金だけでは足りなくなるので、企業は金融機関から借りようとするようになり、貸出も増えてくる。

「量的・質的金融緩和」に先立つ昨年末以降のアベノミクスの効果もあって、私が予想していたよりも早く、すでに貸出は増えている。金融機関が国債から貸出などにマネーを振り向けるポートフォリオ・リバランスの効果はすでに出始めている。

「日銀は「逐次投入」しないという姿勢を打ち出している」という点も聞いてくる。これに対しては、「これまでの日銀は、市場や政府が要求するたびに動いてきた。それが逐次投入だ。しかし、本当にリスクがあって、この金融政策では不十分、または十分すぎるとなったときに動くのは、逐次ではなく、「適正」な金融政策だ。必要があれば、上下両方向の政策の調整はありうる」と応えた。

バーナンキ発言の影響

二〇一三年六月二六日

六月一九日のFOMC後の議長記者会見で、バーナンキ議長は次のように述べている。

「FOMCは、今後、財政政策やその他の逆風による景気下押しがなくなるにつれて、労働市場は今後数四半期にわたって続く緩やかな成長に支えられて改善し続ける可能性が高いとみている。インフレーションも時間がたつにつれて、二%の目標に向かって上昇するとみている。

今後得られるデータがこの予測と広い意味で整合的であれば、当委員会は今年（二〇一三年）後半に資産購入ペースを緩めることが妥当である、と考えている。そして、その後のデータが経済の先行きに関するわれわれの予測にほぼ沿っているならば、翌年の前半に資産購入のペースを落とし続け、ほぼ年央（二〇一四年半ば）には購入を止めるであろう。

このシナリオにおいて、資産購入が最終的に終了するときには、失業率は底堅い経済成長に支えられて、七%近辺になる可能性が高い。当委員会が資産買入れ政策を発表した当時の八・一%の失業率に比べて、大きな改善である」

バーナンキ議長は、日本人記者から、「黒田日銀総裁の「量的・質的金融緩和」実施後、国債金利が上昇し、大きく変動している」という質問を受け、「日本銀行は大変困難な、長引くデフレと闘っている。デフレは長い間日本の問題だった。デフレ予想を覆し、インフレを日本銀行が設定した二%インフレ目標まで引き上げるためには非常にアグレッシブな政策が必要である。

それが目標を達成することが難しい理由だ。日本銀行は極めてアグレッシブにならなければならなかったのだ。投資家たちが日本銀行の行動様式を理解するまでの初期段階では、そうしたアグレッシブさが市場のボラティリティー（大きな変動）をもたらしてもまったく驚くことではない。また、日本国債市場は、例えば、米財務省証券市場に比べると流動性が低い」と回答している。

二〇一三年七月二日

今日も、六月一九日のバーナンキの記者会見後に思ったことを記しておく。

このバーナンキ議長の記者会見後、米国の名目金利が上昇する一方、株価が下落した。一方、円ドルレートはFEDの資産買入れ縮小観測の強まりに対して、素直に反応して、円安に転じ、九五円台から、六月二〇日には九八円台まで戻した。日経平均株価は六月一九日に一万三〇〇〇円台を回復した。

しかし、六月二〇日に、上海インターバンク市場の金利がオーバーナイト物で一三・四%、七日物で一一%まで跳ね上がったため、投資家がリスク回避になり、再び、安全資産といわれる円が買われて、円高に戻り、日経平均株価も下げに転じた。

それでも、市場がＦＥＤの資産買入れ減速スケジュールを消化し、中国も金利の跳ね上がりを抑えるように流動性を供給し、シャドウバンク監視をしっかりやるということで、六月二七日以降は、市場もようやく落ち着きを取り戻し、過度の円高修正・日本株高基調を取り戻した。やれやれである。

ということで、五月二三日から六月二六日までの一ヵ月強、日本の資本市場と外国為替市場は米国と中国の金融政策に対する市場の動揺に振り回され、日銀の金融政策にとってははなはだ迷惑な一ヵ月であった。

しかし、日銀が二％インフレを安定的に達成することに強くコミットし、そのコミットメントを具体的に行動で示すために、六〇兆円から七〇兆円のペースでマネタリーベースを増やし、その主たる手段として、年間約五〇兆円のペースで平均残存期間が七年の長期国債を買い続ける以上、米中などの金融政策の影響を短期的に受けたり、ヨーロッパ経済の停滞や中国の減速の影響を受けたりするものの、基調的には、過度の円高修正と株高が続き、二年程度で二％インフレをほぼ達成できないはずがない、と思う。

ただし、円安がどこまでも進むわけではなく、一一〇円から一二〇円くらいが、二％インフレと完全雇用下での円ドルレートではないか。

夜は、いつものように、マンションのスポーツジム兼室内ゴルフ練習場で一時間弱のゴルフ練習とトレーニング機器を使って二〇分ほど歩く。車での送り迎えはもちろん、どこに行くのも車であるから、運動不足もはなはだしい。加えて、日銀食堂のメニューはコレステロールが高く、夜の会食が多いとあっては、高血圧・高脂質体質の私の寿命は縮むばかりだ。

だから、週日のマンションでの夜の運動と週末に埼玉県志木市の自宅に帰ってするゴルフ練習と柳瀬川土手の散歩は貴重な息抜き運動だ。これがなかったら、日銀の生活は耐えられないだろう。

二〇一三年七月四日

副総裁に就任してから二回目の支店長会議で、前回の司会が中曾副総裁だったので、今回は私が交代する。

この日発表された「地域経済報告――さくらレポート」によると、全国九地域のうち、東北を除いて、景気は一三年四月よりも良くなっている。良くなっている最大の原動力は円高修正であろう。トヨタの自動車工場がある愛知やマツダ自動車工場のある広島などの製造業中心の地域では、円安による企業収益の改善、輸出の増加とそれに応ずる生産と雇用の増加が起きている。一方、北海道、沖縄、九州のような観光地は、円安による海外旅行から国内旅行への回帰と直行便の就航による韓国や台湾などの海外からの渡航者の増加が、経済をけん引している。

数人の支店長とホテルで懇談する。隣に座った岡山支店長は、中学生と大学生の時に二回、相撲部屋から力士にならないか、と誘われた経験を持つ人で、「相撲部屋から勧誘を受けた日銀マンは私くらいでしょう」という。大学時代はアメフトで、ぶつかり専門の役を担っていたそうで、一八五センチ以上の長身の骨太の大男である。テレビでアメフト戦を見ていた親方（九重親方だったか？）が彼のぶつかりの強さを見て、「力士にならないか」と言ってきたとのことである。その人がよりによってなぜ日銀を就職先として選んだのか。余りに、地味すぎるよう感ずる。

彼が、「国会で、二年で二%インフレ目標を達成できなかったら、辞めるとおっしゃり、そればっかりが取り上げられましたね」というので、「二年で目標を達成しましたので、辞めます、というのはどうかね」と答えると、「それは日本人の美学にぴったりですね。失敗して辞めるのは、ちょっと悲しいですから」という。

二〇一三年七月五日

デンマーク地方銀行社長訪日団から日銀の金融政策の説明を求められ、面談する。先日、京都のアジア不動産学会の基調講演で使った要旨・図表も用いて説明する。

この面談で、日本のエコノミストの中には、「二年で二%インフレの達成は困難である」という人が多いが、どう思うかと聞かれた。

日本のエコノミスト、とくに、債券市場関係のエコノミストの中に、二年で二%インフレ目標の達成を疑問視する人が多い理由は、次のようなものであると推測する。それは、彼らが、一五年に及ぶデフレのために定着してしまったデフレ予想のもとで形成されたフラットなフィリップス曲線（失業率とインフレ率の関係を示す右下がりの曲線）を前提にして、失業率とインフレ率の関係を考えているからである。

確かに、これまでのようなフラットなフィリップス曲線が変化しなければ、インフレ率はなかなか上がらない。しかし、そうすると、失業率が〇%近くになっても、二%インフレにならないことになってしまう。それは合理的ではない。失業率が低下すれば（あるいは、国内生産物に対する需要から国内生産物の供給を差し引いた需給ギャップが拡大すれば）、どこかの水準でフィリップス曲線は上方に移動するとともに、事後的に観察されるフィリップス曲線はスティープ化（曲線の傾きが急になる）し、最終的には、自然失業率（非自発的失業者が存在しなくなるときの自発的失業率）の点で、フィリップス曲線は垂直になるはずである。

そうでなければ、どんなに金融緩和しても、非常に低いインフレ率のもとで、失業率がほぼゼロになる、という、ハッピーだが、あり得ない状況が生ずることになる。

私が会う人（エコノミストを含む）の多くは、「銀行貸出が増えなければ、マネーストックが増えないから、物価は上がらない」と主張する。

そこで、先日のアジア不動産学会では、今回の日銀の金融緩和政策と銀行貸出の関係について、次のように説明した。

日本の多くのエコノミストは、「日銀がマネタリーベース供給を増やしても、銀行は日銀当座預金を積み上げるだけで、貸出を増やそうとしない。したがって、金融政策は無効である」と思い込んでいる。これがいかに間違った考えであるかを、私は日本の一五年デフレの間、何度も新聞・雑誌の寄稿、講演及び書物で説明してきた。日銀副総裁に就任した翌日三月二一日の記者会見でも、そのことを説明した。日銀の金融政策を語るマーケットの民間エコノミストは、この会見を聞いたはずである。それにもかかわらず、なぜ、こういうことを言い続けるのか。

誤解が多い金利と金融政策の関係

二〇一三年七月一〇日
今日は、金融緩和政策と金利の関係について書きとめて置きたい。
妻によると、野口悠紀雄氏がテレビで、「金融緩和政策と言いながら、金利が上がっており、日銀の金融政策は破たんしている」という趣旨のことを話しているとのこと。

マスコミが好んでこの種の意見を取り上げるため、経済学の素人に大きな影響を及ぼしており、困ったことである。

彼らのような間違いを犯すのは、多くの教科書で説明されているIS－LM曲線を用いたケインズ理論がゼロの予想インフレ率を前提にしているためである。

予想インフレ率がゼロであれば、名目金利と予想実質金利は（予想実質金利とは名目金利から予想インフレ率を差し引いたもので、この低下が株高・過度の円高修正をもたらし、設備投資や住宅投資を刺激する）一致する。したがって、ゼロの予想インフレ率を前提とする限りは、名目金利と予想実質金利とを区別する必要はない。

その場合、閉鎖経済モデル（外国の存在を無視した理論）を想定すると、予想インフレ率をゼロと前提する下では、金融緩和政策によって、名目金利と予想実質金利はともに同じだけ低下する。すなわち、「金融緩和政策により、名目金利は低下する」。この状況であれば、野口悠紀雄氏は「金融政策は正常に機能している」というのであろう。

金融緩和政策が実施された時に、予想インフレ率がゼロで変化しなければ、名目金利が低下すると、予想実質金利も低下し、投資が増えて、生産と雇用が増大する。（あるいは、外国の存在を考慮した開放経済では、変動為替相場が採用され、国際間の資本移動が完全であれば、名目金利と予想実質金利は変化しないが、円安により輸出が増えて生産と雇用が増大する）。

以上が、ゼロの予想インフレ率を前提とした、金融緩和政策の効果である。しかし、予想インフレ率がゼロでない場合は、名目金利と予想実質金利はかい離する。完全雇用が達成されるまでは、金融緩和によって予想インフレ率が上昇すると、名目金利も上昇するが、予想インフレ率の上昇ほどには上昇しない。そのため、予想実質金利は低下するのである。

つまり、実際には、「量的・質的金融緩和」によって、予想インフレ率が上昇しているため、名目金利が上昇しても、その上昇は予想インフレ率の上昇未満に抑えられているので、予想実質金利は低下するのである。この予想実質金利の低下が起点となって、金融緩和効果が発揮される。実際に起きていることは、この通りで、「量的・質的金融緩和」後、名目金利が上昇しても、予想実質金利は大きく低下し、金融緩和効果が発揮されているのである。

二〇一三年七月一二日

私が日銀幹部と話すときによく話題にするのが、一九九八年以降の新日銀法のもとで、三代にわたって続いた日銀出身の総裁のもとでの一五年間の金融政策である。この話題のうち、今日は、次の白川前日銀総裁の考えを取り上げよう。

新聞報道によると、白川前日銀総裁は辞めるにあたって、当時、日銀副総裁に任命された私の持論である「予想（あるいは期待）に働きかける金融政策」を意識してのことと思われるが、「期待に働きかける金融政策は危うい」という趣旨のことを述べた、という。

「期待に働きかける金融政策は危うい」という白川前総裁の考えは、彼の大学時代のゼミの恩師である小宮隆太郎東京大学名誉教授の影響を強く受けているように思われる。そこで、「金融政策が人々の期待（あるいは予想）を変えることを通じて効果を発揮することはない」という金融政策の理論を、ある日銀幹部にしたがって、「小宮・白川理論」と呼ぶことにする。

消費税増税がもたらすもの

二〇一三年七月一六日

鳥居坂分館で、かつての大蔵省経済理論研修の岩田ゼミ生と夕食懇談会を持った。この席で、私が、「消費税増税は日銀の金融政策にとっては不確実性を大きくする夾雑物であるので、二年間待ってほしい」という趣旨のことを言ったところ、元ゼミ生の一人が「消費税増税を延期したら、国際公約違反で大変なことになる。日本の貯蓄は減りつつあるから、ギリシャみたいになる」とやや気色ばんで、消費税増税を主張する。

「しかし、二年待って、デフレを完全に脱却し、税収がどうなるかを見てから、消費税をどの程度上げるかを判断しても遅くない。そのことを、海外投資家によく説明すれば、国債金利が跳ね上がることも防げる」といくら言っても、聞き入れない。元財務官僚だから当然かもしれないが、「ギリシャみたいになる」には恐れ入った。

そこで、これまで、私が消費税増税についてどのように述べてきたかを、日銀副総裁になるまでの拙著や国会での答弁を引用しつつ、示しておこう。

私が消費税について最初に触れたのは、八田達夫東京大学教授（二〇〇三年当時）との共著『日本再生に「痛み」はいらない』（東洋経済新報社、二〇〇三年）において、八田教授と「景気が回復するまで消費税率を二%に引き下げる」、より具体的には、「失業率が3〜4四半期の間三%以下になるまで、消費税の税率を二%に引き下げる」（前掲書、六頁）と提言したときである。当時の消費税率は一九九七年に三%から二ポイント引き上げられ、五%だった。したがって、この提言は消費税率を一九九七年の増税前の三%よりもさらに一ポイント下げよ、という提言である。

この著書で、「痛み」について詳しく述べたのは、小泉純一郎首相（当時）が「（構造）改革せずに、景気が先だといって、景気が回復したら、改革する意欲がなくなってしまう。「改革なくして、成長なし」ということは、過去一〇年の日本のやり方で分かっているはずである。だから、ある程度の低成長は覚悟して「改革なくして、成長なし」という方針通り選挙後もやっていこうと思っている」（二〇〇一年七月二二日、ジェノバ・サミットでの記者会見）と述べ、「痛みなくして、成長なし」と繰り返し主張していたことに対する、われわれの反論の中核を形成するものだからである。

右の著書で、「痛み」と括弧をつけたのは、われわれの提言を実施すると「転職しなければならない」という「転職に伴う痛み」は生ずるが、当時、生じていた「五%で高止まりする失業率、企業倒産と自殺の増加などは、構造改革による痛みではなく、デフレで景気が悪いために発生した痛みである。そもそも、構造改革を進めるために、低成長やマイナス成長のために生ずる企業倒産、失業、さらに、生活難からの自殺といった「痛み」を我慢する必要はまったくない」（前掲書、五頁）と考えたからである。

この著書では言及しなかったが、「バブル崩壊後の一九九三年から二〇〇五年」までの就職氷河期と呼ばれる新卒の就職難と、低所得で雇用の不安定な非正規社員の急増もまた、構造改革に伴う痛みではなく、景気が悪いために生じた「痛み」である。

このような考え方に立って、デフレを終わらせて、景気を回復させる政策手段の一つとして、「消費税率の二%への引き下げ」を提言した訳である。

この本の出版の目的は、日本銀行と、二〇〇三年一一月の衆議院議員選挙後に成立する新しい内閣に対して、「日本経済を再生させる政策」を提言することにあった。しかし、この本はほとんど注目されることとなく、売れなかったわりには、八田教授との座談という形式をとったため、校正費用がかかりすぎ、私の著書の中では、唯一、著作料（いわゆる印税）がゼロの本になってしまった。

この本が、著作料がゼロになるほど売れなかった理由としては、小泉首相の「低成長を覚悟して、痛みに耐えて、改革を進めよう」というスローガンとは裏腹に、景気は二〇〇二年一‐三月期を底に、すでに回復過程に入っていたことが上げられる。すなわち、二〇〇二年四‐六月期の実質GDPの前年同期比はマイナス〇・三％だったが、同年七‐九月期は一％に上昇し、右の本が出版された二〇〇三年一二月の足元である二〇〇三年一〇‐一二月期は一・九％まで上昇していた。この景気回復の原動力は世界同時好況による日本の輸出の急増で、本が出版された当時である二〇〇三年一〇‐一二月期の輸出の前年同期比は、一〇・五％にも達していた。

要するに、売れなかったのは、出版のタイミングが遅すぎたということである。

その後の私は「消費税率の引き下げ」というドラスチックな提案は受け入れられる可能性が極めて低いであろうという思いから、「消費税増税はデフレ脱却までは凍結する。デフレ脱却の過程で、名目成長率が上昇するから、消費税を増税しなくても税収は増える。デフレ脱却後に、それでも税収が足りないと判断されるなら、そのとき、増税を考える。しかし、増税するとしても、消費税が最もよいとは限らない」と主張するようになった。

私の頭の中には、増税するなら、逆進的な消費税よりも、所得税の課税最低限の引き下げ、所得税の累進税率の引き上げ、相続税の強化などの方が所得再分配上望ましいという思いがあった。こうした点は、右で引用した本でも提言されている。

日銀副総裁に就任するおよそ一年前の二〇一二年三月五日には、参議院行政監視委員会（第一八〇回国会）で、参考人として、消費税増税について述べる機会があった。

同委員会で、共産党の山下芳生議員が、「岩田先生の資料六頁で、要するに増税してもＧＤＰが増えなければ税収は増えないんだと、逆に言うとＧＤＰが増えれば増収になるんだと。これは九六年、消費税を三％から五％に上げる前と現在の税収を国と地方を合わせますと逆に減っているというのが事実ですので、これは非常に説得力のある私は説だと思いました。

そこで、伺いたいのは、今、消費税を一〇％に上げることによって、逆に景気が非常に大きな打撃になって、税収を増やすどころか減らす危険性さえあるんじゃないかと、私はそう考えるんですが、この点について、岩田先生、小黒先生、考えをお伺いしたいと思います」と私と小黒一正氏（元大蔵省官僚、現在、法政大学教授）に質問した。

それに対して、私は「おっしゃるとおりというふうに思います。……（過去の例から見て）慌てて増税する必要はないと。まずデフレ脱却してから、どれだけ税収が増えているかをきちっと見て、それからそれでも足りるか足りないかを議論すればいいんで、やり方、順序が逆だと思いますね」（同会議録第一号、二二頁）と答えている。

この参考人証言から約三カ月後の六月一五日に、いわゆる三党合意が成立し、消費税率を二〇一四年四月から八％に、二〇一五年一〇月から一〇％に引き上げることが決まった。

次に、日銀副総裁の所信を説明するために出席した二〇一三年三月五日の衆議院議院運営委員会でも、消費税増税について述べる機会があった。この日は、当然であるが、デフレから脱却するための金融政策を中心に話したが、共産党の佐々木憲昭議員がデフレの原因として「さまざまな増税や負担増というのが庶民の側に行きまして、……小泉、安倍内閣で一二・七兆円、さらに、昨年の三党合意で二〇兆円という負担が家計にかかるわけです。

そういうものが全体の需要を落ち込ませて、その結果デフレという事態が生じているのではないかというふうに思っておりますが、岩田参考人は、需要の面というものをどのように位置づけておられるのか、そこをお聞きしたいと思います」（同会議録第一二号、六頁）と質問された。

これに対して、私は「議員がおっしゃるように、……需要が落ちている中で、金融政策が、もっとインフレを上げてやって、企業にとっても収益が上がるようにしてあげないといけないわけですが、そうしない中で増税すればますますデフレ圧力が働くということは、おっしゃるとおり、……まず、インフレを二％ぐらいにして、実質が一％ですと、三％名目成長になります。これをやると税収を上げる効果が非常に大きくなりますので、まずそれを使って税収を上げてみて、それでも財政再建がなかなかできないというところを見きわめてから消費税増税で遅くはないというふうに私は思います」（同会議録、六頁）と答えている。

私の経済政策は共産党と真逆のものが多いと思うが、どうやら、消費税増税に関しては意見が一致しているようである。

私は日銀副総裁に就任する直前に発売された拙著『リフレは正しい』（PHP研究所、二〇一三年）の第三章でも「（消費税）増税する前に名目成長率を引き上げる」ことが先であることを主張しており、当時、政府債務危機に陥っていたユーロ圏周辺国を念頭に「財政緊縮だけでは国が持たない」（第五章）ことを述べている。

増税をめぐる水面下でのやりとり

二〇一三年七月二五日

われわれが二〇一三年四月四日に採用した金融政策の効果については、米国の量的緩和の縮小が金融・資本市場に及ぼす効果、中国の経済減速及びユーロ圏の政府債務問題とマイナス成長など海外のリスク要因が多い。

国内要因で気がかりなのは、今のところ、二〇一四年四月一日から八%に、二〇一五年一〇月一日から一〇%に引き上げる予定の消費税増税だけである。

そのため、浜田宏一、本田悦朗の両内閣官房参与は、講演や記者会見などで消費税税率を小刻みに上げていくことを提案している。両氏は本音では消費税増税の延期が望ましいと考えていたが、安倍首相に延期を迫ることは無理であろうと考えた末、毎年一%ずつ上げるという提案をしたようである。

本田氏は大変心配して、電話だけでは足りないと、先日私に会いに日銀に来られた。私も心配になり、夏休みに入る前に、片岡剛士氏に消費税増税の影響の試算を依頼した。今日、次のような結果が届いた。

ケース1　一四年度三%増税、一五年度一〇月から二%増税のケース。実質成長率は一三年度三・七%、一四年度〇・四%、一五年度一・九%、一六年度〇・八%。一五年度のプライマリーバランスはマイナス二・七%で、一〇年度のマイナス六・六%から半減以上になる。公約ではマイナス三・三%

になればよい。
ケース2　一四年度から一八年度まで毎年一％増税のケース。実質成長率は一三年度三・二％、一四年度一・三％、一五年度一・九％、一六年度〇・六％。一五年度のプライマリーバランスはマイナス三・八％で、一〇年度の半減には〇・五ポイント届かないが、一六年度にはマイナス二・九％になる。
ケース3　一四年度二％、その後毎年度一％ずつ、一七年度まで引き上げるケース。実質成長率は一三年度三・五％、一四年度〇・九％、一五年度一・九％、一六年度〇・六％。一五年度のプライマリーバランスはマイナス三・四％で、ほぼ一〇年度の半減になる。

二〇一三年八月六日

消費税増税をどうするかを決定する時期が近付いている。そのため、最近、新聞などで消費税増税についての発言が多く見られる。

新聞報道によると、内閣官房参与の浜田宏一先生は、毎年一％ずつ引き上げる小刻み増税を提案されている。

本田悦朗内閣参与も浜田先生と同意見で、「消費税増税の完全実施はアベノミクスを失敗に終わらせるリスクが大きい」ことを懸念して、私に電話やメールをしてくる。

なお、二〇一三年四月二七日の日銀の「経済・物価情勢の展望」では、二〇一四年四月一日に消費税率が八％へ引き上げられる場合、二〇一四年度の実質成長率は〇・七％押し下げられるが、〇％台半ばと推定される潜在成長率を上回る成長が続くと見込んでいる。

片岡試算では、一四年度に消費税増税が実施されると、実質成長率は一・三％下押しされるから、この日銀の「経済・物価情勢の展望」における〇・七％の下押しは、片岡試算の約半分の下押しにすぎない。

ちなみに、政策委員会メンバーの大勢は、一四年度の実質成長率を一・〇％から一・五％（中央値は一・四％）、消費税増税の影響抜きの消費者物価前年度比を〇・七％から一・六％（中央値一・四％）と予測している。

二〇一三年八月一九日

私が本田悦朗氏に送った八月一三日の私のメールに対して、本田氏から以下の返信メールがきた。


貴重なメモをいただき、ありがとうございます。

八月二六日（月）から、有識者（といっても一般の方に幅広くヒアリングするそうですが）からのヒアリングの会合（「今後の経済財政動向等についての集中点検会合」）が毎日、三一日まで開かれます。

私の希望で、片岡さんにも入ってもらいました（二七日）。浜田先生も二七日です。私の意見陳述は三一日（最終日）です（ほかのセッションでは、私は聞く方に回ります）。また、追ってアドバイスをいただければありがたいです。

昨日（一八日）のＮＨＫ「日曜討論」の反響は大きかったようです。「一％刻み論」を貫きました。二四日（土）朝八時からの読売テレビ（東京では、日本テレビ）の「ウェークアップ・プラス」にも生出演します。あまりに私が「一％刻み論」にこだわるので、「総理はそのように決断したのか」という記者も出てきました（もちろんそういうことではないのですが）。

わたしは、絶滅危惧種（？）になりつつあるのかもしれませんが、浜田先生、片岡さんとともに最後まで主張するつもりです。

黒田総裁の「どえらいリスク」発言

二〇一三年九月七日

八月三一日に、来年四月に予定されている消費税増税について有識者から意見を聴く政府の「集中点検会合」が終わった。出席した六〇人のうち、約七割の四四人が予定通り三％引き上げを主張したという。

しかし、そのように主張する人たちも全員景気下押しへの何らかの対策を求めている。低所得者対策や中小企業対策、財政出動、減税措置などである。

増税に対する慎重論の代表は浜田宏一先生と本田悦朗氏の両内閣官房参与と片岡剛士氏である。浜田先生は、「予定通りの増税はアベノミクスによる景気回復とデフレ脱却を阻害する可能性がある」として、増税の一年延期か、延期しない場合は一％ずつの小刻み増税を、本田氏は「デフレ脱却途上では増税の刻みは小さくすべきだ」として、一％ずつの小刻み増税か、一四年度二％、その後一％の小刻み増税かを、それぞれ主張された。片岡氏は「増税はデフレからの完全脱却後で遅くない」として、一四年度の増税に反対した。

一方、日本では、早くから、「日銀のインフレーション・ターゲティングの採用」を主張していたことで知られる伊藤隆敏・東京大学教授（当時）は、消費税増税に伴う景気の落ち込みは「軽微」とし、「増税とデフレ脱却は両立する」と主張した。

また、日本では、ケインズの経済学のよき理解者として知られる吉川洋・東京大学教授（当時）は、「政府は少しでも先送りしていると思われることをすべきでない」と増税先送りに対して懸念を表明した。

新聞報道によると、与党内や増税派の一部の人は大型補正予算などの経済対策を講じることを条件に増税を進める、と主張しているが、その主張に対して、浜田先生は「一方で増税し、他方で歳出を増やすと、なんのための増税かわからなくなるし、さまざまな利害に振り回され財政がゆがむ」とコメントされたという。

消費税増税派が心配しているのは、予定通り増税しなかったときに国債価格が暴落し、金利が暴騰するリスクである。

九月五日の金融政策決定会合二日目の朝の毎日新聞は、黒田日銀総裁が「集中点検会合」で消費税増税についてかなり踏み込んだ発言をしたことを伝えた。この日の真夜中のロイター報道では、会合の出席者たちは「その発言の金融市場への影響を考慮して」、「黒田総裁発言はこの場限りにする」ように求められたという。

それにもかかわらず、ロイターは「その場限り」と要請された内容をそのまま報道しているのだから、おかしなものである。

九月七日の日本経済新聞電子版は、この黒田発言を「内閣府が内部でまとめた詳しい議事録によると、黒田総裁は金利急騰の危険性に触れ「確率は低いかもしれないが、起こったらどえらいことになって対応できないというリスクを冒すのか」と、政府側に予定通りの増税を強く迫った。

黒田総裁は国内総生産（GDP）に対する債務残高の比率について現在の約二二〇％から「二五〇％でも大丈夫かもしれない。（しかし）三〇〇％でも、五〇〇％でも、一〇〇〇％でも（大丈夫か）といったら、それはあり得ない。どこかでぼきっと折れる。折れたときは政府も日銀も対応できない」と発言。「中央銀行として脅かすつもりは全くないが、リスクを考えておかないと大変だ」と述べた。内閣府が公表した議事要旨ではこうした発言を修正・削除している」と伝えている。この報道以後、右の黒田発言は、「黒田総裁のどえらいリスク発言」と呼ばれるようになる。

それにしても、「どえらいリスク」発言にはびっくりした。黒田総裁もよくぞ言ってくれましたという感じだ。私の友人などは、「やはり財務省DNAがあるんですね」という。しかし、総裁が増税先送りのリスクをそれほどまでに心配している、という現われではあろうが、言いすぎだ。

日銀と政府は経済政策に関して協力関係にあるが、お互いの政策手段には干渉すべきではない。それが両者の独立の意味である。日銀は政府に中長期的な財政健全化を求めてもよいが、そのための具体的政策を政府に迫ることは避けなければならない。そうでなければ、日銀も政府から具体的な政策手段について干渉を受けることを受け入れなければならなくなる。たとえば、「もっと国債を買うべきである」といった政府からの干渉である。

私からすれば、黒田総裁は「日銀総裁としての矩を超えた」のである。

九月五日の政策決定会合後の総裁記者会見では、黒田総裁はすでに報道され、知られていることであるから、隠してもしょうがないと判断されたのか、次のように、消費税増税先送りのリスクについて、かなり詳細に発言している。

記者の「消費税の質問にお答えになった中で、国債価格の下落リスクは、分からないけれども、顕現化した場合には非常に対応が困難であるというお話でしたが、「対応が困難になる」とは、どのような状態を指していらっしゃるのでしょうか。財政出動や金融政策とか色々な面からだと思うのですが、具体的に詳しく教えて下さい」という問いに対して、黒田総裁は次のように答えている。

「消費増税を先送りした場合の影響については、マーケットの方は色々なことを言っておられますが、例えば、国債価格がどうなるか、株価がどうなるかは不確実な要素が多いわけです。仮に、そうした状況で財政に対する信認に傷が付き、国債価格が下落することになった場合には、当然ですが、財政を拡張するわけにはいかず、財政政策で対応することは難しいわけですし、金融政策でも、そうした状況では対応することは困難だと思います。先程から何度も申し上げている通り、先送りした場合のリスクが顕在化する可能性、確率がどのくらいあるかは、人によって考え方も見方も違いますし、マーケットには「相当ある」と言う方もおられますが、これは、不確実で分からないと思います。ポイントは、仮に、そういうリスクが顕在化した場合には、対応が極めて困難であるということです。それに対して、私どもは、予定通り消費税率を引き上げたもとでも、基調的に潜在成長率を上回る成長が続くと思っており、景気が腰折れするとは思っていません。仮に、景気に大きな影響が出るリスクが顕在化したとすれば、それは、財政政策でも十分対応できるでしょうし、金融政策でも、二%の「物価安定の目標」の実現に対して下方リスクが顕在化すれば、当然、それに対して適切な対応を採ります。これは、四月四日の「量的・質的金融緩和」導入時から申し上げている通りです」。

（記者の問い）財政の信認と景気への影響の話です。消費税率の引上げ幅について、小刻みに上げていくという手法を主張されている方もいますが、引上げ幅を圧縮しての増税策は、財政と景気との両方にとって望ましい手段として捉えられるのでしょうか。あるいは、財政からみたら、予定通りの引上げとは大きく違うということで、リスクのある手法だという認識なのでしょうか。いわゆる段階引上げについて、総裁の評価を教えて下さい。

（黒田総裁の答）　段階的引上げについての私の個人的な評価はありますが、どのような税制を採用し、どのような税率にするかは、まさに政府が考え、国会が決定することです。従って、それについて、中央銀行として、何か申し上げることは差し控えたいと思います。

ポイントは、要するに、二〇一四年四月に三％、二〇一五年一〇月に二％引き上げることは法律で定められており、それと違うことをするということは、新たに法律を出し、国会で可決しなければいけないということです。そのような状況が、市場やその他にどのような影響を及ぼすかは、なかなか予測し難いということです。

私の意見というわけではありませんが、例えば、政府が「一回決めたことを止め、今度は違うことをやります」と言ったとき、「その違うことを一〇〇％やる」と市場が本当に信認するかどうかは、少し分からないところがあります。小刻みの引上げと二段階引上げについて、それぞれにどのようなメリット・デメリットがあるかという議論は、今申し上げた点を踏まえ、政府で決めて頂くことと思います。ただ、予定通りの引上げを行わない場合の市場やその他の反応というものは、不確実でなかなか予期できないところがありますが、何かあったときの対応は、極めて難しいということに尽きると思います。

この黒田総裁の発言を聞いた時の私の思いは次のようであった。

「財政に対する信認に傷が付き、国債価格が下落することになった場合には、当然ですが、財政を拡張するわけにはいかず、財政政策で対応することは難しいわけですし、金融政策でも、そうした状況では対応することは困難だと思います」といい、「予定通りの引上げを行わない場合の市場やその他の反応というものは、不確実でなかなか予期できないところがありますが、何かあったときの対応は、極めて難しいということに尽きると思います」というように、日銀総裁に、消費税増税を先送りした時に国債価格が下落すると、それを止める策はないとだめ押しされては、人々、とくに投資家は「消費税増税を先送りされたら大変だ。先送りされそうな時には、前もって国債を売らなければならない」と思うであろう。その結果、消費税増税が延期されそうになったら、国債の売りが売りを呼んで、国債価格は下落、それも単なる下落ではなく、暴落する。

このようにして、黒田総裁の「消費税増税を延期したために、国債価格が下落した場合、金融政策でも、財政政策でも、下落を止めるのは難しい」という予想は、実際に実現してしまうのである。こうした事態を、「予想が自己実現する」という。

右の日経新聞の報道にあるように、「集中点検会合」で黒田総裁が消費税増税に関する持論を述べた折、黒田総裁は「中央銀行として脅かすつもりは全くないが」と前置きしている。

しかし、この黒田総裁の発言は、いま述べたように自己実現する可能性が大きい。言い換えれば、黒田総裁は気が付いておられないようであるが、黒田発言はその発言以前は低かった「国債価格暴落」の確率を大きく高める効果を発揮するのである。

以上から、黒田発言は安倍首相にとっては「予定通り消費税増税」以外の道を閉ざす「脅し」である、と考えるのが妥当である。おそらく、黒田発言を聴いた安倍首相は、「景気対策を施したうえで、予定通り消費税増税を実施する」という政策を選択するであろう。

「量的・質的金融緩和」は人々の予想（または、期待）に働きかけることを通じて、二％インフレ目標を達成しようとする政策である。したがって、日銀自らが右のような予想形成を促すことは、もっとも避けるべきことである。

それでは、私は「黒田総裁のどえらいリスク発言は間違っている。消費税増税を先送りした場合に、仮に、国債価格が下落しても、日銀が国債を徹底的に買い支えれば、下落を止められる」と言うべきだったろうか。

しかし、黒田総裁の発言は副総裁よりもはるかに影響が大きいし、副総裁である私が真逆のことをいうことは、「日銀執行部中枢の総裁と副総裁の意見が真二つに割れている」と宣言するもので、「予想に働きかける」経路を最重要視する金融政策にとっては致命的である。

黒田総裁、中曽副総裁及び私という新執行部が、人々のデフレ脱却期待をになって登場したのは、つい、五カ月前の三月末である。それが、五カ月しかたたないうちに、執行部割れとなっては、マスメディアに「日銀、早くも執行部割れ」という格好の見出しを提供するだけである。

私は、今年二月末に、安倍首相から日銀副総裁候補に指名されて以来、この種のマスメディアの「意地の悪い」、時に、「敵対的」ですらある対応に悩み、苦しんできた。

政府が日銀に「金融政策手段」に関して意見を述べることが越権行為であるように、日銀総裁が政府に、財政再建の「具体的な政策手段」に関して意見を述べることもまた越権行為である。日銀総裁が政府に対して言えることは、二〇一三年一月二二日の政府と日銀の共同声明にある「政府は、日本銀行との連携強化にあたり、財政運営に対する信認を確保する観点から、持続可能な財政構造を確立するための取組を着実に推進する」という約束の遵守までである。

私に、今できることは、黒田総裁に「消費税増税など財政再建の具体策に関する発言は二度としないでください」というのが精一杯のところである。

夜遅く、本田悦朗氏から電話がかかってきた。本田氏と電話で話すと、いつも一時間以上になるが、この日もそうだった。本田氏は「現在、首相は集中点検会合での黒田発言のことはご存じないと思いますが、黒田総裁の発言をご説明した方がいいですかね」という。それに対しては、「首相周辺の誰かが話すと思われるから、隠し通せるとは思えないが、仮に隠し通せたとして、首相が小刻み増税を選択したため、国債価格暴落が起きたら、首相に「なぜ、黒田発言を隠したのか」と責任を追及されるだろう」と回答した。

結局、次のように対応することになった。

「本田氏は内閣官房参与として、安倍首相にはこれまで通り小刻み増税を進言する。安倍首相が小刻み増税を選択する場合には、小刻み増税でも一六年度までには必ず基礎的収支のGDP比半減目標は達成されるから、心配ない、という説明を、テレビを通じて丁寧に国民と海外に向けて説明する」。

首相の丁寧な説明が投資家たちのろうばい売りを防ぐ唯一の方法と考えたからである。

総裁が増税延期を心配する理由

二〇一三年九月七日

昨日の続きで、黒田総裁が消費税増税延期のリスクをあれほど心配しているのは何故かを調べた。

黒田総裁と言えば、財務省財務官だった二〇〇二年五月に、欧米の格付け会社が日本国債の格付けを引下げたときに、格付けを引下げた格付け会社に猛然と反対した人である。当時、格付け会社ムーディーズは、日本国債の格付けをAa3からA2に二段階引き下げた。これは南部アフリカのボツワナ共和国の国債と同じ格付けであるから、財務省ならずとも、日本国中がびっくりした。

当時の財務省の「外国格付け会社宛意見書要旨」は今でも、財務省のホームページで見ることができる。

その要旨は、以下である。

(1)日・米など先進国の自国通貨建て国債のデフォルト(国債の利払いと償還が不可能になること—岩田注)は考えられない。デフォルトとして如何なる事態を想定しているのか。

(2)格付けは財政状態のみならず、広い経済全体の文脈、特に経済のファンダメンタルズ(経済的諸条件)を考慮し、総合的に判断されるべきである。

例えば、以下の要素をどのように評価しているのか。

①マクロ的に見れば、日本は世界最大の貯蓄超過国。

②その結果、国債はほとんど国内で極めて低金利で安定的に消化されている。

③日本は世界最大の経常黒字国、債権国であり、外貨準備も世界最高。

(3)各国間の格付けの整合性に疑問。次のような例はどのように説明されるのか。

と述べて、「日本国債がシングルAに格下げされれば、日本より経済のファンダメンタルズではるかに格差のある新興市場国と同格付けになる」と疑問を投げかけている。

それでは、黒田総裁の日本国債に関する考え方が、日本国債格付け引き下げに猛然と抗議した二〇〇二年当時と一八〇度も変わってしまったのは、なぜなのか。必要なデータが得られる最新の二〇一二年の状況と比較してみよう。

二〇一二年現在、日本国債は二〇〇二年当時と同じように、自国通貨（円）建てで、ほとんど日本国内で、低金利で安定的に消化されている。日本の二〇〇三年から二〇一二年の経常黒字額（貯蓄超過を意味する）の対GDP比は一％から五％の間で変動しており、二〇〇二年の二・七％よりも低下したわけではない。二〇一二年末の対外純資産残高（対外資産から対外債務を引いた金額。これがプラスであれば、債権国になる）は二九六兆三一五〇億円で、二〇〇二年の一七五兆三〇八〇億円の一・七倍である。二〇一二年の外貨準備保有高（一兆二六八一億ドル）は一位の座を中国に譲ったものの、二〇〇二年（四三〇〇億ドル）の約三倍に達している。すなわち、①から③の経済ファンダメンタルズは二〇〇二年当時とほぼ同じか、対外純資産高（対外純債権高）と外貨準備保有高は大幅に増加しているのである。

それでは、黒田総裁は二〇一三年八月末現在、何が二〇〇二年と大きく異なると考えたのであろうか。そのヒントは二〇一三年三月二八日の財政金融委員会（国会の委員会）会議録第五号の黒田発言にある。大塚耕平民主党議員（当時）に日本の財政状況を問われて、黒田総裁は、

「私も、現在の政府債務残高の名目GDP比が二〇〇％を超えるという極めて高いというか異常な状

況は持続不能であるというふうに考えております。

ただ、これまでのところ国債市場は安定していて、財政運営に対する市場の信認は何とか維持されているように思いますけれども、しかし、財政に対する、あるいは、国債に対する市場の信認をしっかり確保していくということが極めて重要でありまして、政府におかれて中長期的な財政健全化の道筋を明確にして、その実現に向けた財政構造改革を着実に進めていくということを強く期待するだけでなくて、まさにそれがないと財政あるいは国債に対する信認が失われて、国債市場が不安定になり、あるいは国債金利が高騰するということになりますと、経済政策全体として、金融政策も含めて非常に良くない影響を受けるということになると思いますので、この点は委員（大塚委員―岩田注）御指摘のとおりでございます」と回答している。

黒田総裁が見ている指標の中で、二〇一二年頃に二〇〇二年と大きく変わったのは、グロスの政府債務残高の名目GDP比である。それは、二〇〇二年は一五七％だったが、二〇一二年には二二九％と二〇〇％を超えた。

二〇〇二年当時の黒田財務官は、「日・米など先進国の自国通貨建て国債のデフォルトは考えられない。格付けは財政状態のみならず、広い経済全体の文脈、特に経済のファンダメンタルズを考慮し、総合的に判断されるべきである」と強い口調で格付けの引き下げに抗議した。しかし、「格付けは財政状態のみならず」で始まる黒田総裁の信念は、二〇一二年の政府債務残高の名目GDP比が二〇〇二年よりも七二％ポイント上昇したため、「たとえ、経済のファンダメンタルズが二〇〇二年当時よりも良くなっても、財政状態がこれだけ悪ければ、持続不能である」という信念に変わってしまったということであろう。

二〇一三年九月一六日

消費税増税議論が大詰めを迎えている折、本田悦朗氏から妻ともども夕食に招かれた。消費税増税慎重派の浜田宏一先生と片岡剛士さんも招待されていた。

本田さんのご自宅での夕食会に招待されるのは今回が二回目であるが、前回同様に奥様の素材を生かした手料理を堪能した。いつもながらの大変な御馳走で、奥様のお志に感謝する。

浜田先生はこの後、深夜のBS日本テレビに出演するとのことであったが、食事中に何かをこぼされたようで、ワイシャツにシミができている。本田さんの奥様がこのままテレビに出るのはよくないと、濡れたタオルでシミをたたき出したうえで、ドライヤーで一生懸命に乾かすのを、浜田先生は照れ笑いしながら、子どもが母親に任せるようにしているのがほほえましい。奥様の尽力が功を奏して、シミは目立たなくなった。

浜田先生が本田邸を辞して、しばらくして、テレビをつけると、浜田先生が土居丈朗慶応義塾大学経済学部教授と出演している。本田さんの奥様は一番気にしていたのであろう、シミが目立たないと言って、安堵された。

浜田先生には強烈な消費税増税反対論を詳細に展開されることを期待していたが、実際は、「消費税増税はだんだん熟しつつあるのは事実だ」と述べたうえで、二〇一四年四月に予定通り八％に引き上げることには「まだそこまで冒険しなくてもいいのではないか」と慎重な考えを示した程度だった。私はこの程度の反対論では視聴者は説得されないのではないかと心配になったが、浜田先生は私と違っていつも穏やかに発言されるから、強烈な反対論を期待するのはお門違いなのであろう。

二〇一三年九月三〇日

昨日は、飯田泰之明治大学准教授と亜希子さんの結婚式に妻と出席。飯田氏のマスメディアでの活躍を反映して、山本幸三、金子洋一の両国会議員、評論家の宮崎哲弥氏、テレビコメンテーターやキャスターとして活躍している萱野稔人津田塾大学教授などの有名人や、テレビや出版社関係の人で賑わっていた。花嫁の亜希子さんが結婚式の司会者として勤めている職場が結婚式会場であったこともあり、結婚式は演出が巧みで、大変な盛り上がりようだった。

飯田氏の大学院の恩師の吉川洋教授の最初の挨拶での「今日はアベノミクスと大胆な金融政策の話はしません」という発言に、会場は爆笑。

私は同じテーブルの山本幸三氏を中心に話し込んだ。山本氏は消費税増税と景気の一時的落ち込みを相殺する経済対策など、自分のシナリオ通りに進んでいると、意気軒昂だった。

金子洋一氏が「民主党がアベノミクスの第一の矢に反対するのは間違っている」というので、民主党がそれに賛成すると自民党との差がなくなってしまい、存在感がなくなるのではと心配すると、「所得再分配政策で差が出る」という。近くにいた若田部昌澄教授が「アベノミクスには所得再分配政策が欠けており、日本にはヨーロッパのような社会民主主義政党がないから、その点で、民主党は存在感を発揮できる」という。

昨年の初めには、前原誠司民主党政調会長（当時）にも、安倍首相に話したことと全く同じデフレ脱却の金融政策の説明をした。安倍首相は私の考えに共鳴して、アベノミクスを打ち出した。しかし、前原氏は私の日銀副総裁人事に反対したように、私の金融政策は過激すぎて賛成しかねると考えたようだ。この両者の違いが、自民党の隆盛、民主党の凋落の主たる原因だと思う。

黒田総裁と私との間では、金融政策に関する考えにほとんど差はない。したがって、民主党が黒田総裁人事に賛成する一方で、私の副総裁人事に「岩田は過激すぎる」と反対することは全く理屈に合っていない。こういう理屈に合わないことでも政治的理由かなにか知らないが、あえてする政党に未来はないと思う。

昨年末、インフレ目標に賛成で、実際に、「インフレ目標」を掲げて野田佳彦氏と民主党代表選を戦った馬淵澄夫氏は、安倍自民党総裁（当時）が昨年一一月に「大胆な金融政策によるレジーム・チェンジ」を掲げた時には、大変悔しい思いをされたそうで、その趣旨のメールを私に送ってきた。民主党には一〇〇名を超す「デフレ脱却議員連盟」があったのである。しかし、昨年末衆議院選挙でデフレ脱却議員連盟加盟の代議士はほとんど全滅してしまった。

民主党の凋落の原因は、民主党幹部が経済学音痴で固められ、デフレ脱却議連に加盟している人たちが党内で全く影響力を持つことができなかったことにあると考える。

二〇一三年一〇月一日

今日、安倍首相は、浜田宏一先生と本田悦朗氏の両内閣官房参与の助言もむなしく、来年四月一日から消費税の税率を五％から八％に引き上げることを決定した。

安倍首相が消費税増税を決断したのは、消費税増税の是非を議論する「集中点検会合」で、①七割の人が予定通りの増税に賛成したこと、②九月九日に内閣府が公表した四‐六月期の実質GDP成長率（二次速報値）が、年率換算でプラス三・八％となり、一次速報値のプラス二・六％から大幅に上方修正されたこと、さらに、③同日発表された日銀全国企業短期経済観測調査（日銀短観）で企業の景況感が改善していることなどがあげられるだろう。

四‐六月期は、個人消費と財政支出が経済を牽引している。さらに、一次速報値ではマイナスであった設備投資がプラスに転じており、企業の行動も前向きに転じつつある、と判断するエコノミストが多かった。

報道（ネットのnippon.com）によると、安倍首相は、消費税引き上げを表明した一日午後の政府・与党政策懇談会で「国の信任を維持し、持続可能な社会保障制度を次世代に引き渡すため判断した」と述べ、同日夕方の記者会見では「経済再生と財政健全化は両立しうる。この二つを達成するにはこの道しかない」と語った、という。

さらに、「安倍内閣が目指すデフレ脱却や経済再生に向けて、今回の消費税増税により、回復し始めた景気の腰折れを招く事態を回避するため、総額五兆円規模の経済対策の実施も表明した。対策には設備投資減税を含む一兆円規模の減税措置も盛り込む」という。

しかし、消費税の増税分の八割は基礎年金の財源の不足分、高齢化で自然に膨らむ医療・介護費、診療報酬などの支出が増える分に回される。要するに、消費税増税による税収増のほとんどは、財政赤字を減らすために使われるということである。これでは、低所得者が多い三〇代から四〇代中心の働き世代は、消費税増税のメリットを感じないであろう。彼らが、消費税増税のメリットを感じるためには、消費税増税分を子育て支援等に使って、彼らの実質可処分所得を増やす必要がある。

経済対策の目玉は、東京五輪向けの交通・物流ネットワークの整備だという。家計の実質所得は、消費税増税によって消費者物価が上昇する分だけ、一時的ではなく、恒久的に低下する。したがって、以上のような短期的対策では、消費税増税による消費下押し圧力をはねのけることはできないであろう。消費が伸びなければ、消費者物価も上がらない。きわめて残念な安倍首相の決断である。

二〇一三年六月一〇日の日記に書いたように、二〇一二年九月一五日の古舘伊知郎氏によるインタビュー「総裁選　候補者に聞く　安倍晋三氏」で、安倍自民党総裁候補（当時）は、古舘氏の「デフレ脱却できなければ、消費税は上げないということですね」という何度も念を押す問いに対して、「そういうことです」ときっぱりイエスと答えていたのに、何故こういうことになるのか。

本田悦朗氏からの度重なる電話によると、「総理は何もおっしゃいませんが、私の見るところでは、理論的には、増税延期がよいと思っておられるようにみえます。しかし、政治的には無理なんでしょうね」ということである。

二〇一三年一〇月三日

今日は私の誕生日だ。帰宅して、玄関を開けると、妻のほかに、学習院大学時代の私の担当副手でもあり、私が学部長のときに学部長秘書でもあった大森暁子さんと春田慈子さんがいるではないか。しばし、呆然とする。妻が私の誕生日に二人を招待したのである。久しぶりに、会話が弾み、途中から隣のマンションに住む娘夫婦と孫が加わって、一層にぎやかになり、楽しい誕生日を過ごすことができた。これほどうれしいサプライズの誕生日は初めてで、長く記憶に残るだろう。

二〇一三年一〇月四日

今日の決定会合は四月四日の「量的・質的金融緩和」から半年が経過した会合だった。そこで、今日はこれまでの総括を試みておこう。

「量的・質的金融緩和」が発表されたのは四月四日である。しかし、実質成長率は二〇一二年一〇－一二月期からプラスに転じ、二〇一三年一－三月期は前期比年率四・九％に達している。つまり、景気は「量的・質的金融緩和」が始まる前から回復し始めているのである。この間の回復の原動力はなんだったのか。

国民経済計算統計を当たってみると、一二年一〇月から一三年三月までの景気を牽引した最大の要因は民間消費で、次が公共投資であったことが分かる。

民間消費はなぜ増加したのか。高級品の売れ行きが大変良かったことから、株高・外貨高（円安）の資産効果が考えられるが、この株高・外貨高（円安）はアベノミクスで消費者のデフレマインドが改善した、つまり、和らいだためであろう。そして、株高・外貨高（円安）がまた消費者マインドの改善に寄与するという好循環が働いたと思われる。

一一月中旬のアベノミクス発言以降、人々、特に投資家のデフレマインドが改善し、株高・円安が始まったのはなぜか。アベノミクスのうちの、異次元の金融緩和を日銀に求め、デフレから脱却する、という第一の矢への期待が原因だと考えるのが妥当であろう。そうであれば、実は、今年の四月四日に「量的・質的金融緩和」として実現する「異次元金融緩和」の資産市場への効果はすでに、昨年一一月中旬から始まり、その消費に対する資産効果は昨年末から始まったと考えられる。

二〇一三年九月九日に公表された一三年四－六月期の実質GDP成長率（改定値）も年率換算で三・五％と高かった。この高成長を支えたのも民間消費と公共投資であった。

以上から、一二年一〇－一二月期以降の景気回復の原動力は、異次元金融緩和が採用されるという予想とその実現、公共投資の増加及び来年四月からの消費税増税予想による駆け込み需要の三点セットである、と考えられる。すでに始まっている消費税増税前の駆け込み需要を考慮すると、これまでの景気回復の原動力をもっぱら「量的・質的金融緩和」やアベノミクスであると考えて、来年四月から消費税の税率を三％ポイントも引き上げるのは危険である。

金融緩和が実体経済に及ぶまでには最低一年程度はかかることを思えば、これまでの「量的・質的金融緩和」の効果は資産市場への効果（株高、過度の円高修正、予想実質金利の低下）であり、その実体経済への効果、すなわち、設備投資と輸出の増加効果はこれから本格化すると考えるのが妥当である。すなわち、今までは、消費と公共投資主導型であったが、今後は、設備投資と輸出が本格的に増加する段階に入る。この段階に入ると、需給ギャップは拡大し、労働需給のタイト化が進み、賃金上昇を伴った物価上昇が始まると期待される。

こうした動きにストップをかける最大の国内要因は、来年四月からの消費税増税である。最近の消費者アンケート調査は、消費者のマインドがひところよりも後退していることを示しており、資産効果に陰りが見える、と弱気になる材料もある。とくに、景気ウォッチャーの調査でも景気の先行きについて弱気の傾向が読み取れる。

こうした弱気が台頭し始めたのは、ひところより株高と円安の進行が遅くなり、上下運動を繰り返すようになったためであると考えられる。株高・円安が一本調子で進まなくなった原因はアメリカの財政金融政策の迷走にある、と考える。

そうであれば、今後ＦＥＤの資産買入れ縮小が投資家の過剰反応を引き起こすことなく進められ、アメリカの債務上限問題が解決すれば、日経平均株価と円ドルレートは安定した上昇トレンドに入ると予想される。そうなれば、少なくとも、来年四月の消費税増税までは、日本経済は二％インフレに向かって、再び着実に歩み始めると期待される。

「リカーディアン的行動」の誤解

二〇一三年一一月六日

黒田総裁の昨日の大阪での挨拶（「最近の金融経済情勢と金融政策の運営」――大阪経済四団体共催懇談会における挨拶）を読んだ。

黒田総裁は一〇月一日に政府が決めた一四年四月からの消費税増税の影響について、「消費税率の引き上げが、家計の実質可処分所得にマイナスの影響を及ぼすことは確かです。もっとも、第一に、政府において各種の経済対策などが講じられる予定であること、第二に、家計は以前から消費税率の引き上げを相応に織り込んでいるとみられること、第三に、消費税率の引き上げは家計の財政や社会保障制度に関する将来不安を和らげる効果が期待されることから、マイナスの影響はある程度緩和されるものと思われます」と述べている。

この黒田総裁が消費税増税のマイナス影響は小さい理由として挙げている第二の点は、一八世紀後半から一九世紀前半まで生きた、貿易に関する「比較優位説」で有名な、デビッド・リカードが主張した経済行動であることから、「リカーディアン的な行動」と呼ばれる。

消費税増税に関する家計の行動に即していえば、家計のリカーディアン的行動とは、「家計は以前から消費税率の引き上げを予想し、その増税に備えてすでに消費を抑制して、節約し、増税が実施されたときに税を払うための資金を用意している。したがって、実際に増税が実施されたときに、消費を減らすことはない」という行動である。

黒田総裁が挙げている消費税増税のマイナス効果は小さいという第三の理由も、リカーディアン的行動と関連している。リカーディアン的行動をとる人、あるいは、国の財政をリカーディアン的に考える人は、政府債務残高（あるいは、政府債務残高の対名目国内総生産比）が大きくなると、将来、財政が破綻する（具体的には、国債が国によって償還できなくなる）リスクが大きくなると予想するようになる。そのため、政府に財政が破綻しないように、増税を求め、増税が実施されると、財政破綻リスクが軽減されたと思って、安心し、以前よりも消費を増やすようになるのである。

このことを逆に言えば、「現在、家計の消費が低迷しており、伸びないのは、多くの人がリカーディアン的であるため、現在、財政破綻のリスクが大きい、あるいは、現在の財政は持続可能ではないと考え、そうした将来不安があるからだ」ということになる。「したがって、増税によって財政破綻のリスクを軽減すれば、彼らの消費は増える」わけである。

実際に、消費税増税のマイナスの影響を小さく見ているエコノミストは、「日本の多くの家計はリカーディアン的である」ことを前提にして、影響の大きさを試算しているのであろう。

私はこの前提はほとんどの家計について成り立たないと考える。つまり、日本の財政状況を心配して、消費を抑制している人は、いたとしても、きわめてまれな人だと考える。

しかし、現役の若い世代の人ほど、将来の社会保障制度を不安に思っているのは事実であろう。つまり、自分たちが老後にもらえる年金額は、生活する上でとうてい足りないであろう、という不安である。この不安は、現役世代、とくに、そのうちでも若い世代の老後に備えた貯蓄を増やし、消費を減らす要因になっていると思われる。

しかし、この現役世代の社会保障制度不安は、主として財政赤字を減らすための消費税増税によっては解消できない。この不安を理由とする現役世代の消費減少を止め、彼らの消費を増やすためには、彼らの可処分所得を増やす政策が必要である。

国債の負担とは何か

ここで問題になるのは、「国債は国の借金のつけを将来世代に押しつけることである。したがって、現在の社会保障支出の財源となっている国債発行を減らすことは、将来世代の国債償還負担を減らし、その可処分所得を増やすことになる。そうなれば、将来、国債償還負担が減る現役世代の消費は増える」という考え方である。

この財務省をはじめとする国債負担に関する一般常識は、基本的な点で間違っている。

現在、国債が発行され、その国債を現在の日本国民が購入し、将来、増税されて、その税収で現在発行された国債が償還されるとしよう。将来の世代は増税でお金を失うが、政府は増税による税収で国債を償還するから、その国債償還によって、お金は将来世代に戻ってくる。つまり、お金は増税によりいったん政府に入るが、国債償還によって民間部門に戻ってくるから、将来世代全体の懐具合は全く変わらず、したがって、負担は全く生じない。これはもちろん将来世代全体にとっての話であり、償還される国債を持っていない人は、税金が取られるだけであるから、負担が生ずる。しかし、財務省や多くのエコノミストやこうした人たちの考えを鵜呑みにして報道する報道・通信機関の「国債は将来世代全体の負担」になるという考えは、間違っている。

こういう間違いが生ずるのは、国の借金と家計の借金を同一視することによる。家計の借金を返済するのは、他人からの贈与などがない限り、借りた家計（あるいは、相続権を放棄しない限り、借金を遺された子孫）であり、借金の返済を受けるのは貸した人（金融機関のような法人を含む）である。

それでは、国債が外国人によって購入される場合は、どうであろうか。外国人が日本国債を買うと、日本政府がその国債を償還するとき、その財源は日本人が払った税金である。すなわち、国の借金を返済するのは日本国民であるが、借金の返済を受けるのは外国人である。そうであれば、「外国人が日本国債を買う場合は、国債は将来世代の負担になる」という結論が導かれそうである。

実際に、昔、アッバ・ラーナーという経済学者は、「国債が外国人によって購入される場合には、国債を発行した国の将来世代に国債の負担が生ずる」と述べている。しかし、これも間違いである。いま仮に、アメリカ人が日本人から日本国債を買ったとしよう。アメリカ人は外国為替市場でドルを日本人に売って、円に換え、その円で日本人から日本国債を買う。すると、日本では、ドル資産という対米債権（アメリカ人は日本人にドルを売ったことに注意）が増える一方で、アメリカ人に利息を支払い、将来、償還しなければならない対米債務が増える。この取引による、前者の対米債権の増加と後者の対米債務の増加は等しいから、日本の対米純資産（対米資産から対米債務を引いた金額）は変化しない。つまり、アメリカ人が日本国債を買っただけでは、日本の将来世代に遺される対米純資産が減少することはないから、日本の将来世代に国債負担が生ずることはないのである。

では、常に、国債は将来世代の負担にならないのか。国債の負担に関する正解は、「国債発行によって実質金利（正確には、予想実質金利［名目金利－予想インフレ率］で定義される）が上昇しない限り、国債の将来世代負担は生じないが、実質金利が上昇する場合には、国債の将来世代負担が発生する」というものである。

財政支出（あるいは減税）の財源を増税から国債発行に換えたときに、増税の場合よりも（予想）実質金利が上がって、民間の設備投資が減るか、円高が誘発されて、経常収支の黒字が減少するか（あるいは、経常収支が赤字であれば、その赤字が拡大する）、これら、いずれかあるいは双方が起きる場合には、将来世代に遺される資産（資本設備や対外純資産）が減少する。この資産の減少により、将来世代にとって消費可能な資源が減少する。この将来世代にとっての消費可能な資源の減少こそが、将来世代にとっての国債の負担なのである。

一九九八年から一五年間続いたデフレ期の日本やデフレから脱却しつつある、二〇一三年四月の「量的・質的金融緩和」開始以後、現在までの日本では、国債発行を増やしても、実質金利は上昇していない。したがって、この期間については、国債の将来世代の負担は生じていない。

いま述べた点をこの日記の読者に正確に理解していただくためには、かなり面倒な話をしなければならない。そこで、正確に理解したいと思われる読者は、私の『日本経済の神話』（日本経済新聞社、一九九五年）の第五章か、私と飯田泰之明治大学准教授との共著『ゼミナール経済政策入門』（日本経済新聞社、二〇〇六年）の第九章三節をお読みいただきたい。前者は現在絶版であるので、ネットで中古品を購入されるか、図書館で借りるかしていただきたい。

（日記後記）この日記を書いた後の二〇一八年三月に、野口旭『アベノミクスが変えた日本経済』（ちくま新書）が発行され、その第五章四節に、私がいま述べた国債が将来世代の負担になるかどうかの条件についての比較的やさしい説明がある。お急ぎの読者はこの部分を読まれることをお勧めする。

二〇一三年一一月八日

一一月三日の夕食会（現地時間）から五日の午後一時一五分まで、サンフランシスコ連銀主催のカンファレンスに出席した。日銀副総裁としての最初の海外出張である。

ファーストクラスは仕切りがあって、個室風で、シートがベッドのように平らになり、なかなか快適である。小宮隆太郎先生からいただいた自叙伝を読んでから、睡眠導入剤を飲んで寝ると、いつのまにか寝てしまい、スチュアーデスに朝食だといわれて起こされるまで起きなかった。九時間もフライトした感じがなく、あっという間に着いたという感じである。

しかし、睡眠薬が効いているのか、ホテルについても眠くてたまらない。安徳秘書と昼食を取った後は、夕食会の前のレセプションまでの間、ホテルで寝ることにした。後で聞いたところ、安徳さんはホテルの前から出ている路面電車で丘の上まで登り、フィッシャーマンズワーフに行ってきたそうである。

カンファレンスで報告された論文は、ファクトファインディングが中心で、モデル分析は一つだけだった。ファクトファインディングは、因果関係を理論的に導くものではない。しかし、多少とも興味を引くファクトを見つけ出してくる能力には感心する。

一日目のカンファレンスは二時半過ぎに終わったので、カンファレンスに出席していた星岳雄スタンフォード大学教授とホテルの前の桟橋にある中国飲食店で、中国茶でティーブレークをとる。星氏は、「今回、黒田氏と岩田さんがそれぞれ、総裁と副総裁になり、日銀の金融政策レジームを大転換したが、安徳さんなど日銀の人たちは、どのように感じたのか。また、旧体制下で仕事をしていたボードメンバーはどのように対応したのか」ということに興味を持っていた。

安徳さんは「これまでの日銀の金融政策を否定されたのですから、正直、あまり良い気はしませんでした。しかし、結果が出せなかったのですから、レジーム・チェンジを受け入れるしかない」という趣旨の返事をした。

私は「ボードメンバーもたいへん戸惑い、悩みに悩んだようです。しかし、最終的には受けいれ、基本的な線では賛成に回りました。ほぼ二年で二%インフレ目標を達成できるかについては、審議委員のなかには懐疑的な人もいて、一人は二%インフレが安定的に持続するまで、いまの政策を続けることに反対し、二年を集中期間とし、二年たったら見直すことを提案していますが」と答えた。

昨日、夕食会の前のレセプションで、日本語で「岩田規久男さんでしょう」と話しかけてきたデクル南カリフォルニア大学教授が、再びこの日の夕食会の前のレセプションでも話しかけてきた。私のファーストネームまで知っているのには驚かせられたが、浜田宏一先生に論文指導を受け、現在は、私の元同僚の学習院大学経済学部の宮川努・細野薫両教授と東日本大震災のサプライサイドへの影響について共同研究しているとのこと。世間は狭いものである。

日本語がペラペラなのは、母親が日本人で、一七歳まで日本で過ごしたからである。ときどき、外国の研究者でこういう日本語をペラペラにしゃべる人にであって、びっくりする。

デクル教授と話が終わると、日本人ではないかと思われる人と目が合い、その人が自己紹介する。台湾中央銀行の副総裁である。彼と同じテーブルについて、夕食をとることにした。英語はたどたどしいが、童顔で可愛いという感じで、大変感じの良い人である。彼からは、そのうち台湾にお招きするから、ぜひおいでくださいと言われた。

二日目の昼食はご免こうむって、帰りの飛行機に乗るまでのわずかな時間を利用して、安徳さんと路面電車でフィッシャーマンズワーフまで行き、たくさんのヨットが停留している湾に面した、こぎれいなレストランで、大きな丸いパンの中に海の幸が入ったスープ(ミネストローネといったか?)の昼食をとる。七ドルは安い。

二〇一三年一一月一三日

昨夜は、山本幸三衆議院議員の招待で、「赤坂・津やま」で、嶋中雄二三菱UFJモルガン・スタンレー証券景気循環研究所長も交えて懇談。たいへん高級な料亭だそうであるが、例によって狭い路地を入ったところにある。料理は季節がら「ふぐ」が主体。

山本さんは「マネタリーベースは毎日増加しておらず、増えたり、減ったりしている。一直線に増やすべきだ」という。私が「政府預金が変化するので、毎日、一直線に増やすことは難しい。月の平均残高でならしてみれば、毎月平均七兆四〇〇〇億円程度で増えている」といってもきかない。「もっと増やしてもいい」と追加緩和を主張する。

嶋中さんは「景気循環からみて、長期波、中期波、短期波の上昇局面が重なっており、上昇圧力は極めて強い。したがって、現在の金融政策を維持すれば、来年度と再来年度に消費税増税をしても、二年で二%インフレを達成できる確率も極めて高い」という。

山本さんが「今後、政府はどんな政策をやったらよいか」と尋ねるので、「今回の景気回復は非製造業主導で、輸出は前回回復時の二〇〇〇年代初めから半ばにかけてのようには増えないと思われるから、製造業が回復するとしても前回回復時ほどではない可能性がある。そうであれば、医療・介護・保育・農業などの分野の参入規制や価格規制を撤廃・大幅緩和して、参入を促せば、設備投資が活発化し、生産性も上がる。さらに、法人税減税と雇用規制の緩和（金銭補償による正社員の解雇など）が必要ではないか。

正社員の終身雇用は賦課方式年金と同じで、若い世代から中高年世代への世代間所得移転によって可能になる制度で、そのためには、実質で四％程度以上の成長が必要だ。少子化で若年労働力が減少するもとでは、四％以上の成長を中長期的に維持するのは無理だ。高度成長期に適していた正社員の終身雇用制度は低成長期には変わらざるを得ない。労働生産性を引き上げるためには、雇用の流動化が必要だ。中途採用市場が拡大すれば、解雇された人も転職しやすくなる。会社の意向に逆らって無理やり残って、窓際に追いやられたりするよりも、金銭補償を受けて転職した方が、労働者にとっても幸福なのではないか」と申し上げた。

山本さんは「やはり雇用規制改革が必要か」と考え込む様子であったが、「滞在期間を限定した移民も必要ではないか」という。

そこで、政府が進めようとしている三年の育児休業制度では、キャリアが中断して、元の仕事に復帰できない。それよりも、「移民によって、お手伝いさんを確保し、昼間の育児を任せて働いた方がキャリアが中断せず、本人にとっても、生産性が上がるので社会にとっても望ましい」という黒田総裁の持論を紹介した。

反リフレ派やメディアからの批判のどこがおかしいか

二〇一三年一一月一四日

野田佳彦首相（当時）が二〇一二年一一月一四日午後の党首討論で、一一月一六日に衆院解散に踏み切る意向を表明してから、一年がたった。

野田首相の衆院解散宣言の翌一一月一五日には、安倍晋三自民党総裁が「日本銀行の金融政策について政権奪取を前提に、「日銀と政策協調を行い、大胆な金融緩和を行っていくことを約束する」と、日本商工会議所の岡村正会頭らとの懇談会で語った。岡村会頭が足元の日本経済について、「強い危機感を持っている」と強調するとともに、円高の早期是正を求めたのに対して、安倍総裁は日銀が一〇月の金融政策決定会合で決定した二カ月連続の金融緩和について「市場が織り込み済みになってしまう緩和だ」と指摘。そのうえで「基本的には二％、三％のインフレ目標を設定して、それに向かっては無制限に緩和していく」と述べた。大胆な金融緩和で、円高阻止と株高、デフレ脱却を目指す考えを示した」（J-Cast ニュース、二〇一二年一一月一五日）。

野田首相の衆院解散宣言で、市場は、自民党政権の復活を予想し始めた矢先に発表された上記の安倍総理の「大胆な金融緩和」宣言をきっかけに、株高・円安が始まった。

二〇一三年一一月一四日の日経平均株価（終値）は前日比三〇九・二五円高の一万四八七六・四一円、円ドルレート（中心相場）は九九・六八円である。一年前に日経平均株価（終値）は八六六四・七三円、円ドルレートは七九・五一円であったから、この一年で、日経平均株価は七一・七％高くなる一方で、円はドルに対して約二〇％も安くなった。

株価と円ドルレートは安倍首相の予測通りになった。予想インフレ率については、内閣府「消費動向調査」に家計が一年後の物価をどう予想しているかというデータがある。野田首相の衆院解散宣言前の二〇一二年一〇月の調査では、一年後に物価が下がると答えた人は六・七％、上がると答えた人は六四・七％であったが、「量的・質的金融緩和」が始まった二〇一三年四月は、下がるが三・四％に低下し、上がるが八二・八％へと大幅に増加した。

野田首相の衆院解散宣言から一年後の二〇一三年一〇月は、下がるは三・五％で、一三年四月とほぼ同じだったが、上がるが八九・五％へと四月よりもさらに増加した。

以上のように、「量的・質的金融緩和」開始以降、一年後の物価は下がると予想する人の割合が低下する一方で、上がるという人の割合が大幅に上昇した。

消費者物価指数（ＣＰＩ）は現在、データは二〇一三年九月までしか得られないが、昨年一一月から一三年九月までの変化率は、コア（除く生鮮食品）が〇・五五ポイントの上昇、コアコア（除く食料［除く酒類］とエネルギー）が〇・三二ポイントの上昇で、上昇基調を維持している。

雇用（現時点で得られるデータは二〇一三年九月まで）は改善傾向が続いている。まず、就業者数と雇用者数は、二〇一三年九月は前年の九月よりも、ともに、五六万人増えた。この間、失業者は一七万人減少した。全国の有効求人倍率は、一二年九月の〇・八一倍（新卒を除きパートを含む）から一三年九月は〇・九六倍に上昇した。今回の有効求人倍率の上昇は全国的である点に特徴がある。たとえば、通常、有効求人倍率が低い北海道地区や九州地区でも、この間、有効求人倍率は、それぞれ、〇・六一倍から〇・七八倍と〇・六七倍から〇・七八倍へと上昇している。

以上から、この一年の経験は、安倍首相の「円高阻止と株高、デフレ脱却を目指す」という約束通りの展開になった。

しかし、反リフレ派やメディアなどは、雇用者が増えたといっても、増えたのはパートなどの非正規社員で、正規社員は減っているというデータに基づいて、雇用は悪化している、と主張している。そこで、二〇一二年七‐九月期と二〇一三年七‐九月期の雇用構造を比較しておこう。この間に、正規社員は三二万人減り、非正規社員は七九万人増えた。非正規社員のうちパートは四九万人の増加である。

このように、正規社員が減った要因には次が上げられる。第一に、団塊の世代を中心に定年退職した正規社員が増えたが、彼らの多くは非正規社員として雇用が継続された。第二に、景気回復により、雇用需要が増えたため、パートを選択する主婦と学生アルバイトが増えた。第三に、一五歳から三四歳の世代の正規社員も減っているが、それはこの世代の人口が大きく減少しているためである。この世代の正規社員の減少は、同世代の人口減少よりも少ない。つまり、この世代の正規社員比率は上昇しているのである。

実際に、二〇一三年九月の正規社員に対する有効求人倍率は〇・五八倍で、一年前の九月の〇・四九倍よりも上昇している。

二〇一二年一一月一五日以降の円安に対しては、一部の元日銀マンから、当時、すでに、ユーロ金融危機が和らいでいたため、円はドルに対してもユーロに対しても安くなりはじめており、一一月一五日以降の円安はその延長線上にあるにすぎない、という主張がある。しかし、一年間で約二〇%ものドルに対する円安をユーロ危機の緩和で説明することは無理である。

さらに、日経平均株価は二〇一二年五月末から同年一一月一四日までは、八五〇〇円程度で横ばいで推移していたが、二〇一二年一一月一五日からの一年間では、約七二％も上昇した。この急騰をユーロ危機の緩和によると主張することは、無茶な話である。

さすがに、ここまで株高・円高修正が進むと、旧日銀派・反リフレ派もユーロ金融危機緩和のせいだと言っていられなくなったようで、最近はもっぱら「量的・質的金融緩和」の出口をどうするのか、と出口を問題にし始めた。最近の民主党の日銀総裁に対する質問ももっぱら出口についてである。

黒田総裁が「出口を話すのは時期尚早だ」と答弁するばかりなので、民主党は去る一一月七日の参議院財政金融委員会で私から何とか言質を取ろうとしたのか、私に答弁を求めてきた。私も黒田総裁と同様に「出口を語るのは時期尚早」と答えると、質問者の尾立源幸民主党参議院議員は「学者のときと違って、答弁の歯切れが悪い」と迫った。すると私の隣の答弁席にいた麻生財務大臣が「当り前だ。いまは立場が違う」とヤジを飛ばした。私も麻生大臣の言う通りだと思いながら、「学者は思ったことを何でも言ってもかまわないが、日銀副総裁が出口について具体的に話すと、マーケットがどう受け止めて、株価や為替がどう動くかわからない。かえって、二％のインフレ目標の達成が難しくなる可能性がある」という趣旨のことを答えた。

おそらく、私たちの新体制になる前の旧日銀は、出口が怖い余り、デフレを続けることを選択したのであろう。旧日銀の人やいまもっぱら出口の怖さを語る人は、デフレを続けることの恐ろしさを認識していない。実際に、もう五年もデフレが続いたら財政と年金をはじめとして、日本経済は破局に向かって転がり出しているであろう。

私は去る三月末で学習院大学を定年退職する予定で、退職後は一切金融政策や日本経済のことは語らず、もっぱらゴルフと旅行を楽しむことに決めていた。一九九二年のマネーサプライ論争（別名岩田・翁論争）以来、二一年もの間、日本銀行の金融政策は不適切であり、デフレの元凶である、と新聞・雑誌・テレビ・著書等で繰り返し、繰り返し世間に訴え、政治家や大手新聞の編集委員などに説得して回ってきたのに、いつまでたっても旧日銀（黒田日銀になる前の日銀）の主張を鵜呑みにして、デフレを放置し続ける国会、政府、マスメディア、ひいては国民に失望し、さじを投げていたのである。

しかし、そうしてさじを投げる一方で、歴史的にみて、「終わらなかったデフレは存在しない」、「三〇〇年も続いた徳川鎖国政権は崩壊し、日本は近代国家へと歩み始めた」、「昭和恐慌が起きると、高橋是清という救世主が現れて、一年程度でデフレを克服し、経済を成長軌道に乗せた」、「最近では、ソ連でさえ崩壊したし、中国も民主国家にはならないが、市場経済を取り入れて高度成長を開始した」。そうだとすれば、日本も破局を迎える前に、あるいは、私の死後にデフレから脱却するのであろうか、しかし、その場合、どうやってデフレから脱却するのだろうか等々、あれこれと思いを巡らせていた。

そうした思いを抱いている最中に、自らにいわば日本経済の救世主の一人としての任務が課せられるという、思いもしなかった出来事が降ってわいた。それまで歴史をもっぱら観察してきた自分が、今度は歴史を作る側に回り、その結果を長きにわたって評価される立場に変わったのである。これは一人の人間にとって大変なことである。

このような自分の気持ちを、山本幸三議員と嶋中雄二氏と夕食をともにした際に吐露すると、嶋中氏はにこにこしながら、「そうですよ。そういう立場になったのですよ」と私に自覚を促すのであった。歴史を作る側に回ったという点では、アベノミクスの生みの親である山本幸三氏も同様である。

二〇一三年一一月一八日

先週は、八日発表の米非農業部門雇用者数の前月比増が二〇万四〇〇〇人に達し、エコノミストの事前予想を大幅に上回った。この発表と、一四日の「緩和縮小の特定時期は決めていない」というイエレン米連邦準備制度理事会次期議長候補の議会発言があり、円安・株高が急速に進んだ。円ドルレート（中心相場）は八日の九八・二円から一五日には一〇〇・二五円と一〇〇円台に上昇し、日経平均株価（終値）は八日の一万四〇八六・八〇円から一五日には一万五一六五・九二円と一週間で一〇七九円、七・七％も上昇した。

一八日一二時現在、円安・株高は続いており、円ドルレートは一〇〇・二五円、日経平均株価は一万五二二九・八三円である。

円ドルレートについては、「なかなか一〇〇円台にならないわねえ」と言っていた妻が、一四日にイエレン発言を受けてあっさり一〇〇円台に乗せたのをみて、「日銀よりもイエレンさん効果の方が大きいのね」という。日銀の「量的・質的金融緩和」に対する強烈なコメントだ。

去る一五日の中央大学における浜田宏一先生の講演に関するロイターのニュース記事が執務室に届いた。浜田先生は、日銀の黒田総裁は「強く消費税増税を主張されたのだから責任がある」として「政策発動を期待する」と追加緩和を迫ったという。

また、インフレ期待など「人々の期待がそのまま実現する社会は存在しない」とし、「日本銀行の物価目標二％が達成されなくても、景気が良くなればよい」との見解を示し、岩田規久男・日銀副総裁が物価目標未達を理由に辞任する必要はないと指摘したそうである。

アベノミクスについては、「新聞や学者は、アベノミクスは失敗すると考えているが、根拠がないこと」と強調。安倍政権の開始時は三％程度あったデフレギャップ（国内総生産の潜在的な供給能力である潜在国内総生産から国内総生産に対する需要を差し引いた値を潜在国内総生産で割った値）が一・五％程度まで縮小しており、現在の景気回復が続けば「半年から一年後には過剰設備と失業はなくなる」とし、アベノミクスの三本の矢を大学の通知表にならって採点すると「金融緩和はAプラス、財政政策はB、成長戦略の第三の矢はE」としたという。

二〇一三年一一月二八日

東京大学金融教育研究センター・日本銀行調査統計局第五回共催カンファレンスが開催された。カンファレンスの休憩時間に、パネラーとして出席された（株）経営共創基盤代表取締役の冨山和彦氏と立ち話した。その時、冨山氏が次のような趣旨のことを述べられた。

「イノベーティブなことは会社のカラーに染まらない、異質な人から生まれる。ところが、日本の会社は一緒に楽しく働いていける人、自分たちのカラーに染まり易い人を雇おうとする。そのため、日本の会社ではイノベーションが起こりにくい」。

冨山氏によれば、「日本の会社社長の七五％以上は、同じ会社からの内部昇格であるが、欧米等では内部昇格は二五％程度で、ほとんどは外部から迎えられている。また、欧米等では、多くの社長が外国勤務の経験があるが、日本の会社社長のほとんどは海外勤務の経験がない。このように、日本では、社長は海外勤務の経験がなく、その会社のカラーに染まった内部の人から選ばれる。そのため、経営はなかなか変わらず、イノベーティブなものにならない」という。

この話は日銀執行部人事にも当てはまる。一九九八年四月から二〇一三年三月までの一五年間、日銀総裁は三代にわたって日銀内部から選ばれ、どの総裁も「デフレ脱却」と口では言いながら、基本的には、「金融政策によってはデフレから脱却できない」という「日銀理論」に基づいて金融政策を運営し、そのため、実際にもデフレから脱却できなかった。

その日銀が「日銀理論」を捨てて、「これまでとは全く次元の異なる金融緩和政策」に踏み出すためには、日銀外部から「デフレからの脱却の必須条件は、金融政策のあり方にある」という考えをもった人を正副総裁として受け入れなければならなかったのである。

二〇一三年一二月一九日

一八日の米FOMCは、資産買入れ額の縮小（テーパリング）を決定した。同決定後、円ドルレートは一〇三円台から一〇四円台に上昇し、ダウ工業株三〇種平均は三〇〇ドル近く上昇して、その終値は一万六一六七ドルと過去最高値を更新した。米国株式の堅調な展開とドル高・円安の進行を受けて、一九日の日経平均株価（終値）は二七一円高となった。

約七カ月前の五月二二日（日本時間五月二三日）のバーナンキのテーパリング発言で、それまでの円安・ドル高が逆転し、日経平均株価も大きく下げ、その後もしばらくの間、円高・株安が続いた。そのため、「量的・質的金融緩和」開始以後の株高・過度の円高修正は、六月半ばには、ほぼ完全に帳消しになってしまった。この帳消しはショックだった。

この経験があるだけに、「FOMCよ、今度はうまくやってくれ」と願っていただけに、一二月一八日のＦＯＭＣの決定と同日のバーナンキ議長の記者会見は「満点」の出来だった。

ブラジルやインドネシアなどの五弱通貨国の通貨の為替相場も安くなったが、五月二三日以後のような急落は避けられた。

なお、日本の株式市場は一八日のＦＯＭＣの決定を読み込んでいたのか、一六日に二五〇円と大きく下げた後、一七日には一二六円高、一八日には三〇九円高と大きく反発した。

金融緩和が企業・銀行へ与えた影響

二〇一四年一月九日

今日の共同通信の記事によると、カメラや家電の生産を海外から国内に回帰させる動きがでてきたという。それは、国内メーカーを長く苦しめていた為替相場の円高基調が、安倍政権の経済政策「アベノミクス」で円安傾向に転じ、長期化するとの見方が広がったためだ、という。「景気改善による国内需要増もあって日本で生産する利点は増えており、生産ラインの新設といった設備投資につながる可能性もある」。

例として次が挙げられている。

キヤノン：今年は需要回復と見込み、増産分を大分県・長崎県の工場に振り向ける。国内生産比率は現在の四二％から数年後五〇％まで上昇と見ている

東芝：タイで生産している炊飯器の一部を新潟県の工場に移管した。業務用エアコンの室外機の一部も昨年五月頃タイから静岡県に移管。円安進行で海外生産のメリットが低下したためである。

ダイキン：国内住宅着工増加。中国委託先の家庭用エアコンの一部を滋賀県工場に移管することを検討中である。

パナソニック：中国で生産している洗濯機・冷蔵庫などを輸入しているが、円安で輸入価格が上がり、採算が悪化した。国内生産に本格的に転換して利益を上げるには、「さらに円安が進んだ場合」（関係者）という。

二〇一四年二月二四日

最近、海外投資家から、日本の長期金利の低位安定はなぜだ、という声が聞かれる。「物価が上昇し、経済情勢が改善しているのに長期金利はなぜ全く上昇しないのか疑問だ。日銀の買いオペが多額というだけでは説明できない。現時点での限定つきであるが、（投機対象としての）日本国債に対する関心度は、ひところに比べて後退している。理由は、ヘッジファンドの力だけで金利を動かすことが極めて困難だからである」というのである。

しかし、ヘッジファンドが金利を動かせないこと自体、日銀の大量買いオペが原因ではないか、と思う。日銀の大量オペに勝てる投資家はいないのである。

他の事情が一定であれば、名目金利は予想インフレ率が上がれば上がるはずである。五年物物価連動債のBEI（投資家の予想インフレ率と考えてよい）は昨年一二月初めから上昇トレンドに入り、今年一月八日からはそのトレンドは一層強まり、今日（二〇一四年二月二四日、〇時四〇分）現在、二・二三％である。今後五年間の消費税増税を織り込んでいるとすると、税率引き上げによるBEI上昇分は〇・七％程度と推定される。したがって、消費税増税の影響を除いたBEIは一・五三％で、二

%に向かって順調に上昇している。一方、五年物普通国債金利は今年に入って下降トレンドに入り、現在は、〇・一八九%（一〇年物は〇・六〇七%）である。したがって、予想実質金利（五年物）はマイナス二・〇四一%まで下がったことになる。

社債や銀行貸出の予想実質金利も同様に低下し続けていると考えられるから、民間設備投資を誘発するに十分なほど下がっていると言える。

二〇一四年二月二七日

最近、債券エコノミストや市場関係者から、しばしば、追加緩和の話がでる。しかし、二〇一三年四月以降の「量的・質的金融緩和」は、マネタリーベースと日銀当座預金の月平均残高が一度も減ることなく、増加し続けているという点で、これまでの金融緩和とは全く性質を異にする政策である。毎月、マネタリーベースと日銀当座預金の月平均残高が増え続ける、という意味で、これまでの金融政策との比較でいえば、「量的・質的金融緩和」は毎月、追加緩和している政策である、という点に注目してほしい。量がこれまでと比べ物にならないくらい多いというだけでなく、そのとてつもない量が毎月増えている、という意味でも、今回の金融緩和政策は「レジーム・チェンジ」である。

いま述べた「レジーム・チェンジ」の含意は、「毎月、かつてなかったほどの追加緩和をしているのであるから、実際の物価と経済の経路が、日銀が想定している経路から大きく外れ、想定した経路に戻る可能性が相当低くならない限り、これ以上の『追加緩和』はない」ということである。

そもそも、多少マーケットが動揺したくらいで、いちいち、小出しの追加緩和をしたところで、その効果は極めて短期で消滅してしまう。そうした追加緩和は、「高くなったところで持ち株を売り抜きたい」とか、「今、株を売り込んで儲けたい」といった思惑を持っている投資家や証券売買仲介業者を喜ばせるだけである。

バーナンキ前FRB議長は昨年の記者会見で「市場の奴隷にはならない」と述べたが、その意味は右のような意味であろう。

しかし、「市場の奴隷にはならない」ということは、「市場はどうでもよい」と言っているわけではない。市場の参加者の声に耳を傾けながら、日銀の政策意図、今後の経済の先行き状況が変化するにつれて、日銀の政策がどのように変化するのか、という点を市場の参加者に誤解のないように伝えるというコミュニケーションは、金融政策の効果を十全なものにするために極めて重要である。

実際に、われわれはそのコミュニケーションに努めている。例えば、最近の黒田総裁の記者会見や国会答弁は、市場が過剰に追加緩和を期待しないように、しかし、日銀が想定している経路から下振れたり上振れたりするときには、躊躇なく対応すると、繰り返し説明している。

投資家や報道記者やマーケット・エコノミストの間で追加緩和期待が根強いのは、一九九八年四月から二〇一三年三月一九日まで、日銀が市場や政府などの圧力に押されて、追加緩和を繰り返してきたために、二〇一三年三月二〇日以降の新執行部が率いる日銀はこれまでの日銀とは違うことを、いまだに認識できていないせいであろう。

二〇一四年三月一三日

今日は、去る一月に出た日銀の地域経済に関する「さくらレポート」（表紙の色が桜色のため、「さくらレポート」と呼ばれる）に基づいて、地域経済の現状を見ておこう。この「さくらレポート」によると、全国九地域すべてで「回復」という景気判断になった。このように全地域で「回復」という景気判断になったのは、二〇〇四年に「さくらレポート」を作成するようになってから、初めてのことだそうである。

また、「さくらレポート」によると、地域別業況判断DI（全産業）は昨年一二月に全地域でプラスとなったが、これも二〇〇四年以来初めてのことだそうだ。

今回の地域別業況判断DI（全産業）の特徴は、北海道、東北、九州・沖縄などの北と南の地域のDIが、関東甲信越や東海、近畿などよりも高い点である。これはかつてなかったことで、今回の景気回復が、建設、観光などの非製造業と公共工事などの内需主導型であることを反映している。逆にいえば、輸出は過去の景気回復期ほどの勢いが今のところないということである。

ところで、最近、地方銀行を中心に、「量的・質的金融緩和は利回り曲線（イールドカーブ。満期別の国債の金利をプロットした曲線）のフラット化（傾きが小さくなること。したがって、満期の短い国債の金利と長い国債の金利との差が小さくなる）を狙っているというが、それは銀行経営を困難にする」という不満の声が強くなっている。

確かに、銀行は長期金利に比べて金利の低い短期資金（普通預金など）を集めて、その資金を預金の満期よりも長い満期の貸出などで運用して、利益を上げる主体であり、それが本来の銀行の信用仲介業務である。したがって、私は予想インフレ率の上昇を反映して長期名目金利が上昇することは、デフレ下で国債運用に大きく依存してきた銀行が本来の信用仲介業務に向かう、という点で望ましいと考えている。しかし、今そのことをいうと、名目金利が跳ね上がりすぎる可能性が大きいので、今いうのは時期尚早である、というのが私の判断である。いずれそのことを市場に向けて言う日が来るであろう。

地銀を中心とする銀行の「「量的・質的金融緩和」は銀行経営を困難にする」という不満に対しては、「デフレを脱却すれば、やがて、利回り曲線は正常化するので、今は我慢してほしい」というしかない。

地銀などの中小の銀行の人と話す機会があるが、彼らは異口同音に、「貸出先の中小企業は円安による燃料高などを販売価格に転嫁できず困っている。さらに、四月に消費税が増税されると、増税分を転嫁できず、家計の可処分所得も減るので、先行きは慎重にみている」という。「大手企業は賃上げしているが、中小企業では賃上げは無理だ。われわれは住宅ローンと地方公共団体向け貸出でやっと息をついているが、優良な融資先に対しては貸出競争が激しく、利ザヤが取れない」と苦情だらけである。

景気が回復しているにもかかわらず、貸出競争が激しいため、銀行の貸出利ザヤが縮小し続けている究極的原因は、銀行数の過剰、いわゆるオーバーバンキングであると思う。地銀の方にそうはっきりということはできないが、長らく旧大蔵省が続けてきた「銀行に対する護送船団行政」(もっとも経営状況の悪い銀行でも存在できるように、預金金利を低位に規制したり、大手行の支店開設を規制したりして、銀行間競争を制限する銀行行政)のつけが明確になってきた、ということである。

これからも、人口は減少し続けるから、今までのように、人々が全国に大きく散らばって、山奥にまで居住することはインフラ整備の費用から見て不可能である。したがって、今後、地銀の主たる営業範囲では、預金も集まらなくなるが、貸出機会も大幅に減少するであろう。地銀の縮小再編成は避けて通れないであろう。金融政策はそうした流れを止められないし、止めるべきでもない。

雇用状況は本当によくなったのか

二〇一四年三月二七日

三月二四日に、北九州市の国際東アジア研究センター（現・アジア成長研究所）主催の「成長戦略フォーラム」で、「「量的・質的金融緩和」とわが国の金融経済情勢」と題して講演した。この講演は、昨年から同センターの所長に就任された八田達夫先生のご依頼によるものである。

講演では秘書の助言を取り入れて、なぜデフレが問題なのか、なぜ二%という安定した緩やかなインフレが望ましいのか、インフレ目標政策の利点は何かなど、普通の人が疑問に思っていると思われることを中心に話すことにした。講演原稿にはなかったが、講演直前になって、触れるべきだと気がついて、デフレは超円高をもたらすため、輸出が減るだけでなく、製造業ばかりかサービス産業の海外移転をも促し、国内雇用を喪失させる、という点も説明した。

もうひとつ原稿にはなかったが、新聞などの「ボーナスが増えても、ベア（ベースアップ＝基本的賃金の引き上げ）がなければ、恒常所得が増えたことにならないから、消費は増えず、生産増加・所得増加・支出増加の好循環は起きない」という主張についても言及し、以下のように述べた。

正規社員の賃金プロファイルは、比較的生産性の高い若い世代から、生産性の落ちた定年に近付いた中高年世代への社内再分配のシステム（具体的には、年功序列賃金と退職金制度）であり、若い社員が多く、企業が高成長すれば維持できるが、低成長・高齢化の時代には維持することは困難である。この点で、日本の正規社員の雇用慣行は現行の賦課方式の年金制度と同じ問題を抱えている。しかも、日本の判例は正規社員の整理解雇をほとんど不可能にしている。

ベアはボーナスも残業代も引き上げる要因である。そうであれば、大企業といえどもベアは困難である。それにもかかわらず、今回の春闘では、円安・外貨高・株高で大きな利益を得た大企業を中心にベアを実施する企業が、私が予想したよりも増えた。

しかし、二％程度の実質成長のもとでも、日本型正規社員雇用を増やしつつ、毎年のようにベアを実施することは不可能であろう。経済は常に好景気というわけにはいかないから、企業にとって雇用調節手段は不可欠である。

ところが、現実は、正規社員を整理解雇の判例に従わずに、例えば、金銭を支払うことにより解雇できる、といった改革はしばらくの間不可能な状況である。

そうであれば、これからは、非正規社員が普通になり、正規社員は少数派になるのではないか。したがって、金融政策やセーフティーネットの改善などを含めて、今後の経済政策は非正規社員の雇用の安定を図るものでなければならない。非正規社員の雇用が安定するとともに、彼らの生産性が向上することによって、彼らの所定内賃金と所定外賃金、その他賃金を全て合算した実質賃金が上がるようにしなければならない。このように、非正規社員の雇用が安定し、合計した賃金が着実に上がれば、ベアが上がらなくても消費は安定的に増加すると考える。

二〇一四年三月二八日

昨日の日記で賃金に触れたので、アベノミクスが始まって以降の新聞などのマスメディアの実質賃金に関する報道について触れておこう。

「政府や日銀は、アベノミクスで経済は改善しているというが、実質賃金は下がっており、人々は景気回復を実感していない。「量的・質的金融緩和」を始めとするアベノミクスはうまく機能していない」といった報道が多い。

こうした報道に対して、政府と日銀は、この問題をどう考えるべきかを正確に人々に伝える必要がある。

デフレからの脱却過程では、初めは、物価の方が名目賃金よりも上がり方が大きいので、実質賃金は下がる。実質賃金とは、企業が支払う名目賃金の下で、どれだけの量のモノやサービスを売れば採算がとれるかを示す賃金のことである。したがって、たくさん売っても採算がとれなければ、企業にとっての実質賃金は高すぎることになる。そこで、企業は雇用を減らそうとする。その結果、非自発的失業者（現在の賃金では不満なので働いていない人や学生などを除き、現在の賃金で働きたいが働き先がない失業者のこと）が発生するのである。この非自発的失業者、すなわち、現行の名目賃金の下で、職を求める人のうち職を得られずにいる人の割合が失業率である。

企業にとっての実質賃金が高すぎても、日本の正規社員の解雇に関する厳しい判例の下では、正規社員の解雇は難しい。そこで、企業は正規社員が退職しても新規に正規社員を雇おうとせず、名目賃金の低い非正規社員を雇うようになる。このようにして、就職氷河期と表現されるような新卒の就職難が発生する一方で、非正規社員比率は上昇する。

デフレが始まる前の一九九七年の失業率は三・四％だったが、デフレが始まった一九九八年には四・一％へと急上昇し、二〇〇二年には五・四％へと戦後はじめて五％超にまで上昇した。有効求人倍率で見ると、一九九七年の平均は〇・七二倍であったが、一九九八年には〇・五三倍まで低下した。

つまり、一〇人の求職者のうち職に就ける人は五人しかいなかったのである。「量的・質的金融緩和」を始める前の二〇一二年一月の失業率は四・五％であった。その後、失業率は緩やかに低下するが、「量的・質的金融緩和」を開始する直前の一三年三月はまだ四・一％と四％台にとどまっていた。それが「量的・質的金融緩和」から約一年たった二〇一四年二月には、三・六％まで下がった。

一方、「量的・質的金融緩和」を始める前の二〇一三年一－三月期の有効求人倍率は〇・八六倍まで回復していたが、その後、月を追うごとに上昇し、一三年一〇－一二月期は一・〇一倍と一倍を超えた。すなわち、求職者全員が職に就けるようになったのである。データが得られる足元の二〇一四年二月は一・〇五倍である。

以上のような雇用が改善する下で、実質賃金はどのように変化したであろうか。実は、実質賃金の変化をどう判断するかは簡単ではない。安倍晋三首相は、国会で、実質賃金の低下を問われて、「私の妻が働きに出ると、我が家の平均実質賃金は下がりますが、我が家の実質所得は増えるんです」と答えている。

実質賃金をとらえる上で、この安倍首相のとらえ方が正しい。新聞などが報道する「実質賃金の低下」とは「雇用者一人あたりの実質賃金の低下、すなわち、平均実質賃金の低下」である。

デフレからの脱却過程で、企業が雇用を増やす場合には、いったん雇ったら解雇が難しい正規社員よりも、景気が悪くなったら解雇しやすい非正規社員から雇用を増やし始める。あるいは、将来の人材確保に備えて、新卒の雇用を増やす。これらの人はすでに雇われている人たちよりも、名目賃金が低いから、物価を所与とすると、実質賃金も低い。そのため、雇用者一人あたりの実質賃金（安倍首相答弁では、安倍家の平均実質賃金）は下がるのである。

しかし、雇用が増えているから、二〇一三年一〇－一二月期の雇用者全体の実質雇用者所得は増加している（前年比〇・八％）。

平均実質賃金を見る場合には、就業形態別に見る必要がある。この点、データが不足しているが、「毎月勤労統計」（厚生労働省）では、一般労働者とパートに分けたデータがある。パートについては、時間あたりの実質賃金の変化を見るべきであるが、もう少し、データがそろってから見ることにしよう。

第三章　消費税増税で壊れた「リフレ・レジーム」

楽観的すぎる「月例経済報告」

二〇一四年四月二日

昨日から、消費税の税率が五％から八％に上がった。スーパーから帰ってきた妻が、「二〇〇〇円以下だと思っていたら、レジで二〇〇〇円以上にぽんと跳ね上がるのっていやねぇー。八％って大きいわよ」という。どうも外税方式を採用しているようだ。果たして、消費税増税で、消費はどうなるか。心配であるが、六月くらいにならないと、データが出てこないので分からない。

二〇一四年四月一二日

昨年来、ユーロ圏諸国がディス・インフレ（インフレ率の低下）からデフレに陥るリスクは、ECB（欧州中央銀行）が思っているほど小さくはないのではないか、と懸念していたので、国際局の方に説明に来ていただいた。

ユーロ圏諸国の総合消費者物価指数（HICP）は昨年一〇月に一％を割って〇・七％に低下した後、〇％台後半で推移してきたが、現在の二〇一四年三月速報値は〇・五％である。

説明を聞きながら、各種のデータから見て、ユーロ圏諸国が「低インフレ、低成長均衡」に陥るリスクはかなり高く、デフレに陥るリスクの大きさも警戒水準に達している、と思った。

そもそも、ユーロ圏は「労働の移動が比較的自由である地域」という「最適通貨圏」（同じ通貨を使用する最適な経済圏）の前提条件を満たしていない。ドイツにとって適切な金融政策は、ギリシャはもちろん、ポルトガル、スペイン、イタリアにとって適切とは限らない。ユーロ圏周辺国がドイツと同じ通貨を用いる前提条件は、ドイツが好景気である一方で、ギリシャをはじめとするユーロ圏周辺国が不景気の場合、ユーロ圏周辺国の国民があまりコストをかけることなく、ドイツに移動し、ドイツで生計を立て得るだけの職に就けることが前提である。しかし、ユーロ圏諸国の対人口比の国をまたいだ人口移動比率（二〇〇八年）は〇・一％程度でしかない。それに対して、日本の都道府県やアメリカの州をまたいだ人口移動比率は、それぞれ、二％と二・五％程度である。

このような日本とアメリカに比較したユーロ圏諸国の人口移動比率の低さは、言葉の壁が人口移動の妨げになっている最大の要因であることを示唆していると思われる。

ユーロ圏で一つの金融政策をとれず、国をまたいだ労働移動も難しければ、各国の景気を調整するための手段としては、財政政策しか残されていない。実際に、リーマン・ショック後、ユーロ圏諸国は財政出動した。その結果が、政府債務の急増で、ユーロ圏周辺国は政府債務危機に陥った。

二〇一四年四月一三日
心配される消費税増税の消費に対する影響であるが、日銀内部で、「あまり影響はないようで、この際、便乗値上げする小売店もあるようです」という人がいる。「それはありえない」と疑うが、「ひょっとして、そうだといいが」というかすかな希望を持つ。

二〇一四年五月二三日
四月一三日の日記で、日銀内に「消費税増税の影響はあまりないようだ」という人がいると書いたが、五月に入って公表された販売統計などは弱めの動きを示している。

今日、公表された内閣府の「月例経済報告」は、次のように述べている。

「個人消費は、このところ弱い動きとなっている。この背景としては、実質雇用者所得がおおむね横ばいとなっているものの、消費者マインドが弱い動きとなるなかで、消費税率引上げに伴う駆け込み需要の反動が生じていることが挙げられる。

需要側統計（「家計統計」等）と供給側統計（「鉱工業出荷指数」等）を合成した消費総合指数は、三月は前月比四・六％増となり、三カ月移動平均でも増加した」。

この引用文にある消費総合指数とは、国民経済計算統計の個人消費の基礎データになるものである。右の「月例経済報告」は「三月の消費税増税引き上げ前の駆け込み需要を示す前月比は四・六％（実質）である」と述べているわけである。

前回、一九九七年の五％への消費税増税の際の駆け込み需要を示す三月の消費総合指数の前月比は、〇・五％であったから、今回の駆け込み需要がいかに大きかったかが分かる。増加率を比較すると、今回は前回の九・二倍に達する、猛烈な駆け込み需要である。これだけの駆け込み需要があると、四月の反動減もかなりの大きさになると覚悟しなければならない。

しかし、「月例経済報告」は、「先行きについては、当面、消費税率引上げに伴う駆け込み需要の反動により弱さが残るものの、雇用・所得環境が改善するなかで、次第に持ち直していくことが期待される」と楽観的である。

先日発表された二〇一四年四月の消費者物価指数（除く生鮮食品）の前年同月比は三・二％である。消費税増税前の三月は一・三％であるから、一挙に、一・九ポイントも上がったことになる。日銀の推計では、この一・九ポイントのうち、消費税増税による分は一・七ポイントと推定される。

最近まで、一般労働者の名目賃金上昇率は一％を割っており、パートの名目時給の上昇率も一％台後半であるから、これだけ一挙に消費者物価が上がると、労働者の実質賃金は大きく下がってしまう。

さらに、厚生労働省が実質賃金を計算する時に用いる物価は、持ち家の帰属家賃を除いた消費者物価である。四月の同物価の上昇率は四・一％もの大きさで、三月よりも二・一ポイント高い。二・一ポイントのうち、二ポイントは消費税増税によるものである。

このように高くなった持ち家の帰属家賃を除いた消費者物価で、実質賃金を計算すると、生鮮食品だけを除いた消費者物価で実質賃金を計算する場合よりも、実質賃金の低下はかなり大きくなる。

実際に、持ち家の帰属家賃を除いた消費者物価で、四月の実質賃金を計算すると、一般労働者は前年同月比三・二％の低下、パートは二・四％の低下である。ちなみに、消費税増税前の三月は、一般労働者は前年同月比一・三％の低下、パートは〇・七％の低下にとどまっていた。

消費は、実質雇用者所得から税金や保険料支払いを差し引いた実質可処分所得が増えなければ、増えない。三％の消費税増税は消費者物価を二％程度引き上げることによって、実質可処分所得を一時的にではなく、恒久的に減らす要因である。そうであれば、右に引用した「月例経済報告」のように、「先行きについては、当面、消費税率引上げに伴う駆け込み需要の反動により弱さが残るものの、雇用・所得環境が改善するなかで、次第に持ち直していくことが期待される」と期待するのは、楽観的過ぎる。

海外の経済学者との意見交換

二〇一四年五月二十七日

明日から、日銀金融研究所主催の国際カンファレンスが一日半にわたって開催される。私は金融研究所担当副総裁であるため、金融研究所海外顧問のモーリス・オブストフェルド・カリフォルニア大学バークレー校教授とマービン・グッドフレンド・カーネギーメロン大学教授を招き、夕食会のホストを務めた。

昨年も同じ二人の教授との夕食会を持ったが、その時は、もっぱら二人の教授が話に夢中になって、私と日銀から参加した二人の存在はほとんど無視されたかのようであった。そのため、今回もそうなるのかと思い、夕食会前から憂鬱だった。

しかし、今回は昨年と違って、丸テーブルではなく、長方形のテーブルに日本側出席者と海外側出席者が対面して座ったことが幸いしたのか、お互いの会話が弾み、昨年よりもはるかに快適な夕食会だった。

会食では、テーパリング（アメリカ中央銀行の債券購入額の減額）が始まり、雇用も民間の予想を上回るほど改善しているにもかかわらず、最近のアメリカの長期国債金利（名目金利）が低下している原因は何か、ローレンス・サマーズ元米財務長官が主張しているように、アメリカの潜在成長率が低下している（サマーズ氏は「長期停滞説」を唱えている）からか、とグッドフレンド教授に尋ねてみたところ、次の回答が返ってきた。グッドフレンド教授は低金利の理由として、①アメリカのビジネス界にペシミズムが広がっていること、②所得分配の不平等が大きいため、消費が弱く、貯蓄が多いという二点を挙げた。

ビジネス界のペシミズムは投資を抑制し、所得格差の拡大は消費や住宅投資を抑制する可能性がある。サマーズ氏も他の専門家もアメリカの所得格差が構造的な低成長の原因である、と指摘している。上位一〇％（一％）の富裕層の所得割合は一九八〇年の三三％（八・二％）から二〇一二年には四八％（一九・三％）に上昇している（OECD "The world Top Incomes Database"）。下位九〇％の所得層は所得の一～二％しか貯蓄しないが、上位一％の所得層の貯蓄割合は約四〇％という。

上位一〇％所得層の下位九〇％所得層に対する所得倍率は、一九七〇年四・四倍、一九八〇年六倍、二〇〇〇年八・二倍、二〇一二年九・二倍と拡大し続けている。

もしもグッドフレンド教授が言及した要因で、今後のアメリカ経済の景気回復がはかばかしくないとなると、しばらくの間、アメリカ以外に世界経済を牽引できる国は見当たらないので、日本経済にとっても不安材料である。

二〇一四年六月五日

昭和恐慌研究会のメンバーに「韓国中央銀行での二つのハプニング」と題して、以下のメールを送った。

六月一日から三日まで、韓国ソウルでの韓国中銀主催の国際カンファレンスに行ってきました。主題は「グローバル金融危機後の潜在成長率の強化」で、私の専門ではありませんが、トーマス・サージェント教授がモデレーターを務めたパネルディスカッションのパネラーとして参加しました。

サージェント教授といえば、レジーム理論とその実証で業績がある代表者で、私が『インフレとデフレ』（講談社現代新書、一九九〇年）で参照し、岡田氏が安達さんと私との共同論文「デフレ克服には金融政策のレジーム転換が必要」で引用した「The Ends of Four Big Inflations」の著者です。

その人がモデレーターを務めるパネルディスカッションで、私が『インフレとデフレ』を書いてから二四年後、「デフレ克服には金融政策のレジーム転換が必要」を書いてからは一二年後に、レジーム・チェンジの提唱者の前で、レジーム・チェンジを実践している者として、日銀の「量的・質的金融緩和」のトランスミッション・メカニズムとその潜在成長率に対するインプリケーションを説明するとは、何とも不思議なめぐりあわせでした。それにつけても、このめぐりあわせを知ることなく去った岡田氏のことが残念でなりません。

なお、サージェントの「Stopping Moderate Inflations」という論文を持参し、それに、“To Governor Iwata, Thank you for your contribution to this session Best wishes, Thm Sargent” というサインをもらってきました。「Governor（総裁）ではなく、Deputy Governor（副総裁）だけど、まっいいか」という感じです。

このカンファレンスではもう一つ事件(?)がありました。カンファレンスの主催者側の韓国中銀のDirector General Communication DepartmentのHyeonjin Cha(車 ヒョンジン)さんが、私の『金融政策の経済学』(日本経済新聞社、一九九三年)及び「再考・日本の金融政策――ハイパワード・マネーのコントロールをめぐって」と岩田・翁論争の諸論文(「「日銀理論」を放棄せよ」、「準備需給が金融政策の出発点」、「総括・マネーサプライ論争「初動因」は金利かベースマネーか」)などを持っており、『金融政策の経済学』にサインすることを頼まれたことです。彼は、両者が全く正反対のことを言っているが、翁さんがベースマネーをコントロールできないといっているのはおかしいと思う、と言っていました。韓国中銀に日本語論文が読めて、マネーサプライ論争に興味を持った人がいるとは驚きでした。

二〇一四年八月二五日

今日は、山本幸三衆議院議員が日銀を訪れ、日銀で私と昼食を共にした。訪問の目的を聞くと、「成長戦略は具体的に何をすればよいか」を聞きに来られたという。「私は成長戦略の専門家ではなく、その具体策を聞くなら、八田先生、八代先生、鈴木先生などに聞かれた方がいい」と述べて、最近、本田悦朗内閣官房参与としょっちゅう電話で話し合っている、消費税再増税に話題を移した。

山本氏はマンデル・フレミング・モデルの信奉者であり、このモデルに基づいて「消費税増税は景気に対して中立的である」と信じている節がある。したがって、まず、マンデル・フレミング・モデルが現実に当てはまらないことを示す必要がある。

「山本さんはマンデル・フレミング・モデルに基づいて、消費税が増税されると、消費が減るが、その減少に伴って金利が下がるため、円安になる。円安になると輸出が増える。その結果、消費税増税による消費の減少は輸出の増加で相殺され、総需要は変化しないから、消費税増税は景気に対して中立的であるとお考えだと思います。しかし、アベノミクス以後の円安にもかかわらず、輸出は余り増えていません。白川日銀時代の超円高で、日本の輸出産業の生産拠点の海外移転が急速に進んだうえに、海外景気が良くないため、円安になってもあまり輸出が伸びないのです。つまり、マンデル・フレミング・モデルは現実に当てはまらなくなっています。

消費税増税による消費の減少は輸出の増加で相殺されないため、消費税増税は景気の悪化を招きます。その上、さらに二%消費税増税すれば、景気は完全に失速し、二%のインフレ目標の達成も遠のいてしまいます。そうであれば、日銀が追加緩和すればよいとおっしゃるかもしれませんが、追加緩和の効果は昨年の四月四日から始めた黒田バズーカ砲のような大きな効果はもちえません。何も、さらに増税して、リスクを冒す必要はありません。

先日（八月一三日）発表されたGDPの一次速報では、一四年四‐六月期の実質GDPは前期比年率換算で六・八%もの減少で、これはリーマン・ショック後の二〇〇八年一〇‐一二月期のマイナス八・九%に次ぐ大きな落ち込みです。マンデル・フレミング効果は発揮されるどころか、輸出は前期比マイナス一・八%（年率換算。以下同じ）です。一四年四‐六月期の民間最終消費支出と民間住宅投資の前期比はそれぞれ、一八・七%と三五・三%もの減少です。

消費総合指数は直近で得られる最新の六月は前月比〇・五%増加し、対一四年四月からは一・六%の増加ですが、四月の前月からの落ち込みが七・八%という大きさですから、そこから一・六%程度回復しても、たいした回復とはいえません。

そもそも、この四月から一般労働者の実質賃金は消費税増税により二〜三％程度の下落ですが、消費税増税分を除くと、最大でも一％の下落にとどまっており、パートの実質時給は消費税増税の影響を除くと上昇傾向にあります。

労働者全体の実質賃金所得（「毎月勤労統計調査」の実質賃金×常用労働者数）も消費税増税による物価上昇分を控除すれば、上昇し始めているのです。つまり、四月の三％の消費税増税がなければ、それまで、賃金の上昇が物価の上昇に追い付かず、実質賃金は下がり続けていると言っていたマスコミや多くの労働者が、実質賃金の上昇を感じ始め、「アベノミクスはなかなかいいじゃないか」と言い始めていたと思います。

おそらく、予想インフレ率も二％に向けて上昇し続け、今頃は、二％の物価安定が視野に入っていたはずなのです。消費税増税はこのシナリオをぶち壊してしまいました」と述べた。

この説明を聞いて、山本氏も消費税再増税について心配になったようで、結局、訪問の目的の成長戦略に関する話は全くないまま、お帰りになった。

消費税増税の影響は？

二〇一四年八月二十七日

昨日、黒田総裁に代わって、政府の八月の月例経済報告で金融について報告した。

「月例経済報告」は内閣府のサイトで見ることができる。政府の景気判断は「緩やかな回復基調が続いており、消費税率引上げに伴う駆け込み需要の反動も和らぎつつある」と前月同様である。しかし、その一方で「駆け込み需要の反動の長期化」のリスクも上げている。

小売業界などは五月には反動減が縮小し始めたとして、「消費税増税の影響は想定よりも小さい」という楽観的な声が少なくなかった。しかし、六月以降は、百貨店売り上げなどで前年比マイナスが続いており、楽観的な見方は後退していると思われる。とくに大阪以西では、大雨続きとそれによる土砂災害などの影響もあり、夏の飲料や衣類の消費が振るわず、海水浴場や遊園地などのレジャー客も期待を裏切ったようである。熱中症の報道も七月末までで、八月は全く聞かれなかった。

我が家の夏の一大行事である「花火大会」(今年は八月九日)も、台風のため花火なしのパーティーになってしまった。

ある大臣が指摘したことだが、「今年の夏は一度も電力不足が話題になったことがなかった」。なるほど、景気が良ければ、電力が企業活動の制約になっておかしくなかったはずである。やはり、夏は夏らしくなくては、消費は伸びないし、企業活動も活性化しない。

こういう状況では「七 - 九月期」のGDPの戻りはかなり悪そうである。安倍首相は「十 - 九月期のGDP統計を見て、二%の消費税増税を実施するかどうかを判断する」と述べている。その場合、「七 - 九月期のGDPの戻りが悪くても」、財政再建最優先を唱える多くのエコノミストたちが、「大雨続きや週末台風などの天候要因による一時的な現象だ」と述べ、「増税見送り反対」を声高に主張する可能性がある。

この人たちは昨年の三%増税論議のときもそうだったが、「いったん決まった消費税増税を延期すると、国債の信認が崩れ、金利が暴騰(国債価格は暴落)する。そうなれば、国債消化は進まず、財政の金利負担が急増し、財政は破たんする。財政破たんを避けようとすれば、日銀が際限なく国債を買わなければならなくなり、ハイパー・インフレは避けられない」と主張するであろう。

この考え方は財務省の考えである。というよりも、多くのエコノミストは財務省によって洗脳されている、といった方が妥当なのかもしれない。

実は、黒田総裁もこの多くのエコノミストと考えを共有している。昨年の今頃の日記で、消費税増税の是非を考える政府の「集中点検会合」で、黒田総裁は「消費税増税を先送りしたら、どえらいことが起きる」と述べたことに触れた。

二%の再増税に当たっては、昨年のような黒田総裁発言は止める必要がある。アベノミクスの成功のためには、安倍首相が日銀総裁の発言に拘束されずに、フリーハンドで本当に実施したい経済政策を実施できる環境を作らなければならない。この点に関しては、本田悦朗参与のご意見番としての役割が最重要である。

二〇一四年八月二九日

今日は、七月の鉱工業生産統計、家計消費調査、雇用統計、消費者物価統計などが発表された。生産は回復したが、回復は弱く、家計消費の前年同月比は六月の三%減から、五・九%減と減少率が拡大した。失業率は三・七%に上昇したが、これは労働参加率の上昇のためで心配しなくても良さそうだ。消費者物価前年比も前月同様一・三%を維持し、想定通りだ。

最近の景気動向とそれに対応する金融政策について、日銀の人や「昭和恐慌研究会」のメンバーから意見を聞いている。多くの人が消費税増税の反動減からの回復が遅れていることを、私同様に懸念している。追加緩和が必要かどうかについては、賛成する人と考えがまだまとまらない人に分かれる。

一〇年物BEI（投資家が予想するインフレ率の指標）の八月からの低下が止まらない。インフレ・スワップで見ても予想インフレ率は低下しているようで、懸念材料だ。消費の回復が遅れているのが天候不順のためか、増税による可処分所得の減少を経験した家計が恒常所得の減少を予想するようになったためなのか、現状では判断が難しいが、おそらく後者が原因であろう。

そうだとすれば、追加緩和が必要である。しかし、次回の政策委員会金融政策決定会合で「追加緩和」を提案しても、とうてい過半数をとれそうもない雰囲気である。

銀行の人に会って、最近の状況を聞くと、「企業は内部留保の範囲内で設備投資などの資金を賄っており、国内融資は伸びない、あるいは伸びていても小さい。伸びているのはM&Aがらみや海外貸出である。国内で伸びているのは、メガ・ソーラーや相続税対策の賃貸住宅向けなどだけだ」という。

この銀行マンは、「一一月に消費者物価が日銀のシナリオ通り上がれば、デフレ脱却が確信に変わり、賃金引き上げにつながる。そうなると、国債の（名目）金利も上昇し始める。その意味で、一一月の消費者物価がどうなるかが分岐点だ」という。

私の「家計や企業に比べて、資本市場などのマーケットの予想インフレ率は低い」という感想に対しては、「金融機関や投資家のデフレマインドは強く、払拭には時間がかかる」という回答だ。

気になっている「消費税再増税を延期した場合の国債市場」について聞いてみたところ、「短期投資家であるヘッジファンドはもう東京市場から去って、いまの海外投資家は、ファンダメンタルズをじっくり見る長期投資家なので、景気が悪いために消費税を延期しても、国債暴落は起きない。むしろ、株価が下がって、国債は買われる可能性がある」という。

なるほど、景気先行き悪化の予想が広まれば、株価が下がるが、安全資産の国債が買われ、国債価格は下がるのではなく、上がるというのも合理的なシナリオである。

いずれにせよ、巷でよく言われる「消費税再増税延期・国債暴落説」を否定する発言で、興味深かった。しかし、深読みすると、その場合は、株価が下がらないように、追加緩和すべきだ、という含意があるのかもしれない。

午後、雨宮理事が今日発表の経済指標を持参して、「消費は弱いですが、雇用はしっかりしています。消費者物価上昇率も前月と変わりません。生産の回復が遅れていますが、自動車の生産減少が主たる原因です」という。

私は一〇年物物価連動国債のＢＥＩが八月初めから下がり続け、下げ止まらないことを懸念していることを伝えた。

二〇一四年九月二日

本田悦朗内閣官房参与に次のメールを送った。

七月の経済指標はさえないものが多い。しかし、政府は「月例経済報告」に見られるように、「増税の影響は和らいでいる」という。

「増税の影響は和らいでいる」という根拠としては、次の点が指摘されている。まず、データの問題である。最近、「家計消費状況調査」（需要側統計）に問題があるのでは、という疑問が出されるようになった。同調査の消費水準指数（除く住居等。住宅等を除くのは、住宅の修繕などたまに起こる消費の振れをならすためである）など、四月からの戻りが悪い。

しかし、供給側（売り手側）の小売業販売額で見ると、四月から回復しており、需要側統計である家計調査との乖離が大きい。とくに、半耐久財と非耐久財について、需要側統計の落ち込みが供給側の落ち込みを大きく上回っている。この大きな乖離の原因として、家計調査では毎月、サンプルを入れ替えているが、低所得者層のサンプルが増えていることが上げられる。

自動車販売台数については、軽自動車の反動減が大きいため、軽を含めて自動車登録台数は回復していない。八月の水準は一三年初め頃の水準である。一方、七月の外食産業売上高が比較的大きく減少したのは、中国産肉の問題が発覚したマクドナルドの売上高減少が原因である。

以上のように見ると、軽を含む自動車を除けば、反動減は鈍化しつつある、というわけだ。

しかし、私の見方はこのように楽観的ではないし、消費税増税の負の影響を小さく見ていない。まず、消費動向であるが、前年同月比で見ると、まだマイナスである。需要側統計である消費水準指数の前年同月比は縮小傾向にあるとはいえない。しかし、供給側統計で見ると、確かに、前年同月比の減少率は縮小傾向を示している。百貨店売上高の前年同月比は、減少率が縮小傾向にある。八月の統計はまだ五社であるが、前年同月比プラスに転じた。しかし、全社の統計がそろってからでなければ、本当のところは分からない。

次に、収入の動向をみると、「家計調査」の勤労世帯の実収入（二人以上世帯。実質）は七月前年同月比六・二％減。それに対して、「毎月勤労統計」では七月速報だが、名目賃金前年同月比二・六％増。「家計調査」は実質賃金で、名目賃金の「毎月勤労統計」とは違うが、それを考慮しても、「家計調査」の実質賃金は低すぎるのではないか。

この私の考えに対しては、「家計調査」の実収入の下落が大きいのも家計消費が弱いのと同じ理由、すなわち、サンプル替えで、低所得者層が増えているからだという主張がある。

要するに、「家計調査」は家計に家計簿をつけてもらって、家計の収入と支出を報告してもらって、データを作るが、そういう方法で得られるデータには信頼性がないという意見が、このところ多くなっている。確かに、働き盛りの人たちは家計簿をつけている暇はないであろうから、家計簿から得られるデータには偏りがあり、それだけ信頼性は低い。確かに、この点は問題であり、「家計調査」のデータは慎重に見る必要がある。

消費者マインドを見ると、高所得者（八〇〇万円以上くらい）と低所得者との消費マインドが、前者は良く、後者はあまり良くない、と二極化しているようである。八月の五社の百貨店売上高も高所得層の高額品売り上げが全体を引き上げているようで、中間層以下の売り上げが増えている訳ではないようだ。

この二極化は、大都市圏と地方圏との差としても現れているように思われる。だから、地方版アベノミクスが提案されたと思うが、低所得者に限った分配でなく、単なるばらまきになったり、一部業界を利するものになっていないか。

生産は減少しており、企業の先行きの増加予想も弱い。予想インフレ率は八月以降低下傾向で、予想実質金利も上昇している。九月に入って下げ止まって見えるが、消費の戻りの遅さ、増税込みの実質賃金の低下などを考慮すると、持続的に上昇するかどうかが懸念される。予想インフレ率の低下が企業にまで及ぶと、投資にもマイナスの影響が及ぶ。今年度の消費は一三年度ほど強くはならない可能性があり、輸出の増加にそれほど期待できないため、アベノミクス成功のためには、設備投資のしっかりとした回復が必要である。

企業収益については、大企業は製造・非製造ともに四－六月期も利益率は上昇した。海外子会社からの配当が増えているためであろう。今後一〇四円台の円安が定着すると、輸出企業の今年度下期の営業利益は二〇〇〇億円増える（今日の日経朝刊）。これは賃金増の原資となり、製造業の賃金増は消費を支え、非製造業の利益増と賃金増につながる、という一三年度の好循環が続く可能性がないとはいえない。

以上から、これまで心配したほどではないが、前年程度の水準まで戻るにはかなりの時間がかかりそうであること、所得や地域に関して二極化が進んでいること、予想インフレ率が低下傾向にあることなどを考慮すると、再増税しても大丈夫とは到底いえない。

再増税を先送りしても、中長期的な財政再建の道筋を示せば、国債金利が暴騰する懸念はない。短期筋の海外ヘッジファンドはこれまで何回も国債売りを仕掛けたが失敗したため、現在、彼らは日本国債市場から退場している。一〇年物国債金利が〇・四％台後半から〇・五％台前半で推移していることからわかるように、日本の金融機関や機関投資家は依然として国債を安全資産として保有し続けており、この状況は消費税増税延期でも変わる可能性は極めて低い。

大事なのは、消費税増税に関して、昨年のような「消費税増税を延期すると、どえらいことになる」といった政府の経済政策に関する日銀総裁の介入発言を封じることである。

二〇一四年一〇月三日

今日は七二歳の誕生日であるが、妻は友人とハワイ旅行中で、今夜一〇時着の便で羽田に着く。

それはともかく、現在、金融政策は昨年四月四日に「量的・質的金融緩和」を開始して以来、最大の不確実性に直面しており、先行きを予測することが非常に難しくなっている。先行き予測を困難にしている要因は、海外発ではなく、国内発である消費税増税である。

需要側統計である「家計調査」の消費水準指数（実質・除く住居等）は四－六月期に反動減で大きくマイナスになった後、六月は回復したものの、七月は再び比較的大きなマイナスになった。八月は再び増加に転じたものの、水準自体はかなり低いままだ。

供給側の統計で見ると、八月は回復しているデータが多いが、単月であり、回復基調に戻ったかどうかは九－一〇月のデータを見てみないと分からない。

消費の回復が遅れている要因についても、消費税増税を原因とする実質所得の恒久的低下による分と天候要因とをわけることが難しい段階である。しかし、デフレからの脱却が始まってから一年程度しかたたない、いわば、「病み上がりの段階」での消費税増税により、いっぺんに二％も実質賃金を引き下げたことによる消費下押し圧力は、無視できない大きさである。

一方、九月の日銀短観では、消費の回復が遅れているにもかかわらず、企業の設備投資計画が上方修正されたことは明るい材料だ。これまでの設備投資計画を見ると、九月短観で上方修正される傾向があることが分かる。しかし、その点を考慮しても、企業が先行き三ヵ月程度の業況が現在とほとんど変わらないと予測しているにもかかわらず、設備投資計画が過去対比でみて比較的大きく上方修正されているのは、企業は中長期的には消費は堅調であると予測しているためではないか、と期待したくなる。

設備投資計画が強めに出ているもう一つの大きな要因は、短観に見られるように、製造業・非製造業問わず、人手不足感が高まっていることであろう。とくに、非製造業の人手不足判断は強く、かつ、拡大している。

人手不足は賃金上昇要因である。デフレ下では、失業率が高いため、生産性の低い企業も安い賃金で非正規社員を雇って生産するというビジネス・モデルが成立した。しかし、人手不足による賃金上昇が予測される状況になると、低賃金・非正規社員雇用型ビジネス・モデルでは、能力のある人を雇用できなくなる。ソフトウェアを含む投資によって生産性を高めなければ、高くなった賃金を払えず、有能な人を雇えなくなり、競争から脱落する。したがって、企業、とくに、製造業に比べて生産性の低い非製造業は競争を勝ち抜くためにも投資を促進せざるを得ない。

このように、人手不足による賃金上昇は人的資源をより生産性の高い企業に配分する、という価格メカニズムを通じて、経済全体の生産性を高め、供給の天井を引き上げていく。

円安による輸出増にそれほどの期待ができない現状では、設備投資の増加を促す人手不足経済が持続するためには、消費が堅調に増加し続けることが重要である。したがって、今後の景気と物価動向は基本的には消費動向に依存すると考える。「短観」から読み取れるように、中期的に消費が回復して、堅調に推移するという企業予測が外れれば、景気は悪化し、物価もこれまでの二%の安定を目指す経路から下方に脱落するリスクがある。

現在は、そのリスクがどの程度であるかを見極めるために、九‐一〇月のデータを待つ段階である。ところで、今年一月から足元の鉱工業生産の動向を見ると、二〇一二年二月から同年一一月まで続いた鉱工業生産の減少よりも、急速な減少である。景気は一二年四月を山に、後退期に入り、谷は一二年一一月とされている。この景気判断を今回も当てはめると、今年初めから景気後退に入ったと判断してもおかしくない。そうであれば、やはり、追加緩和しかないが、次回、金融政策決定会合は一〇月六日からの二日間なので、間に合わない。

「非ケインズ効果」への過剰な期待

二〇一四年一〇月一〇日

昨日は、日本工業倶楽部の木曜会で、「日本経済の現状と金融政策運営」と題して、一時間ほど講演した。

講演を終えて、控室に入ると、野村邦武という方が、「元富士銀行員です」と言って名刺交換にこられた。名刺を見ると、現在の肩書は、「武蔵野音楽大学理事」、「仏教伝道協会理事」などといくつも書かれている。

「実は、私も富士銀行に勤めていたことがあるのです」というと、大変驚かれて、「私の方がかなり先輩です」という。野村氏は白髪はあるものの、若々しく見え、私よりも年下だと思ったが、八〇歳に近いらしい。

野村氏は私の『デフレの経済学』（東洋経済新報社、二〇〇一年）を読まれて、「なるほど」と納得されたとのことで、その後も私の著書に注目されていたという。『デフレの経済学』は現在の私から見ると、予想形成やレジーム・チェンジの記述など、もっと突っ込んだ分析が必要だった、という思いが強い。

さて、今日は、八月以後の状況を振り返っておこう。二〇一四年四月からの消費税増税実施による消費の反動減が終わっても、なかなか消費が回復しない。七月は天候が悪かったから、クーラーや夏服やビールなどの飲料、海水浴などの観光がさえなかったのはわかるが、それにしても、消費は弱い。

消費税増税後の消費の弱さから、二月には〇・八％まで達したコアコアインフレ率（食料〔酒類を除く〕とエネルギーを除いた消費者物価前年比）は三月以降低下し、最近は〇・六％である。予想インフレ率も低下傾向を示している。そうした心配をしていた矢先、八月末に、雨宮理事が来室したので、私の懸念していることを話した。

消費税増税の消費下押し圧力は、増税前に日銀が「経済・物価情勢の展望」（二〇一三年一〇月。以下、「展望レポート」）で予想していたよりも強かった。同「展望レポート」は、「二〇一四年度の成長率については、上期を中心に駆け込み需要の反動が出ることから、前年度に比べればかなり鈍化するとみられる。ただし、海外経済の持ち直しが明確となる中で輸出が伸びを高めるほか、金融緩和や各種企業減税の効果などから設備投資もしっかりとした増加を続けるため、潜在成長率を上回る成長は維持されると考えられる」（三頁）と述べている。当時、日銀は潜在成長率を〇％台前半と考えていたから、一四年度の実質成長率は〇％台後半以上になると予想していたことになる。この「展望レポート」の政策委員会の一四年度の実質GDP見通しは〇・九〜一・五％で、中央値は一・五％だった。このことは、政策委員会は、二〇一四年四－六月期は、反動減が起きるが、その後は、通常のペースに戻ると考えていたことになる。

家計が、いつかは三％の消費税増税が実施されると考えて消費・貯蓄を決めているとすると、三％増税を今年実施しても、来年以降に延期しても、家計が予想する生涯所得の現在価値は変化しない。そのため、消費・貯蓄には影響しないという。これは「リカード＝バローの中立命題」と呼ばれる。

マクロ経済学の創始者であるケインズは、一九三〇年代の大恐慌からの脱出策として財政政策を重視した。ケインズ経済学によれば、増税は実質可処分所得の減少を通じて、消費を削減する。そこで

この効果を「ケインズ効果」という。

それに対して、「リカード＝バローの中立命題」の成立を信ずる経済学者・エコノミストは、日本の財政のように、赤字が大きく、政府債務の対名目GDP比が大きい場合には、消費税を増税すると、人々は財政の持続可能性が高くなったと思って安心し、それまで控えていた消費を増やすと考える。これは「ケインズ効果」と全く逆の考えであるので、「非ケインズ効果」と呼ばれる。

私は、政府や日銀は右の二つの効果のうち、「非ケインズ効果」を大きく見積もりすぎたため、消費税増税の消費抑制効果を甘く見てしまった、と考える。

消費税増税の「非ケインズ効果」を信ずる人は、消費税増税は、増税がなかった場合よりも、増税実施直前の消費を増やし（駆け込み消費）、増税実施直後に、駆け込みで増やした分だけ消費を減らし（消費の反動減）、その後は、財政の持続可能性が増したことを好感して、消費税増税がなかった場合よりも、消費を増やすと考える。

この考え方からすると、消費税増税による消費の反動減後の一四年七－九月期以降は、消費は順調に回復することになる。

黒田総裁もその発言からは、「非ケインズ効果」を信じているようである。しかし、私はごくごく一部の人については、非ケインズ効果が存在する可能性を否定はしないが、大部分の人については「非ケインズ効果」は存在しないと考える。消費税増税に反対する人が多い世論調査からは、そうとしか考えられないし、二〇一四年四月から一〇月初め現在までのデータが、そのことを示している。データからは、消費の停滞は夏場の天候要因だけでは説明できない大きさである。

そもそも、デフレ脱却の動きが始まったばかりの段階で、根拠の薄弱な「非ケインズ効果」を信じて、消費税増税といった需要抑制効果のある政策を実施するリスクを冒すべきではない。海外発の需要抑制なら致し方がないが、デフレを脱却できるかどうかというときに、わざわざ、国内発の需要抑制政策を実施するのは、非常識である。さらに、来年一〇月に二%の消費税再増税とはもってのほかである。

いま、二〇一五年一〇月に予定されている消費税再増税を阻止する上で、安倍首相にもっとも強い影響力を発揮できる人は、菅官房長官を除けば、本田悦朗内閣官房参与であろう。幸いなことに、本田悦朗氏は私が旧大蔵省で経済理論研修の講師をしていた時代のゼミ生（当時、大蔵省経済理論研修はゼミ形式を採用していた）で、旧日銀の金融政策を批判し続けてきた仲間のうちの重要人物の一人である。

この八月以降、本田氏とは頻繁に電話やメールをやり取りし、いかにして、安倍首相に「再増税を延期する」ことを決断していただくかを議論してきた。

昨年は、黒田総裁の「消費税増税を延期したら、どえらいことになる」という発言が自己実現するリスクを憂慮して、本田氏には消費税増税を絶対に阻止するように、とまでは言わなかった。そのためもあってか、本田氏は浜田宏一内閣官房参与とともに、増税反対や延期ではなく、小刻み増税を主張した。小刻み増税に対しては、中小企業から、「事務量が大変だ」とか「消費税増税を価格転嫁できない」といった理由による反対が優勢だった。

そこで、本田氏と相談して、二%再増税に対しては、そうした中小企業の反対に合わないように、小刻み増税など中途半端なことをいわずに、「延期」で行こうということになった。

金融政策が物価など実体経済に効果を発揮するまでには時間がかかる。八%への消費税増税で「リフレ・レジーム」が毀損されてしまった現在、「量的・質的金融緩和」には予想インフレ率を引き上げる力はほとんど残っていない。したがって、二％のインフレ率を達成するには、消費税増税前よりも時間がかかる。そうした状態で、消費税を再増税したら、アベノミクスは崩壊してしまうだろう。

ここで、この日記を読まれている読者が持たれるであろう疑問にお答えしておきたい。私が消費税再増税に反対ならば、なぜ、公開の金沢での金融経済懇談会（二〇一四年九月一〇日「石川県金融経済懇談会」）の講演で、そう主張しなかったのか、という疑問である。

この問題はインフレ目標政策という枠組みにかかわる問題であるから、私は消費税増税に関しては、公の場では、中立を守ってきた。黒田総裁のように、「消費税増税を延期した場合、可能性は低くても、政府の財政再建の意思が疑われて、国債価格が暴落したら、財政政策も金融政策も手の施しようがない」と言うことは、日銀総裁が守るべき中立性を逸脱している。こういう黒田発言が許されるなら、安倍首相が「日銀はもっと国債を買うといった追加緩和に踏み込むべきだ」ということも許される。

お互いに守るべきは、二〇一三年一月の政府と日銀の共同声明の趣旨に従って、「政府は中長期的な財政の健全性維持の達成に努め、日銀は二％の物価安定目標をできるだけ早く達成すること」であり、お互いに、その達成手段については、口出ししないことである。

（日記後記）しかし、黒田総裁が「消費税増税を延期したら、どえらいことになる」と公の場で発言してしまった以上、私は執行部割れによる日銀の信頼性低下というリスクを冒しても、「一三年四月の量的・質的金融緩和から一年しかたっていない時に、消費税増税すれば、リフレ・レジームが壊れてしまうため、二％物価安定目標を達成できる時期は大幅に遅れ、いつ達成できるかさえ分からなくなる」と公の場で述べるべきであった、と今にして思う。この点は、この日記の最終日に、より詳細に述べる。

追加緩和すべきかどうか

二〇一四年一〇月二一日

そろそろ、一〇月三一日の政策委員会金融政策決定会合に向けて、追加緩和策を考えなければならない。

私は、需給ギャップの拡大幅と予想インフレ率の下振れリスク、とくに、消費税増税のマイナスの影響を強く懸念していた。物価見通しの下振れリスクが増大し、二〇一五年度を中心とする期間に二%の物価安定目標が達成される確率が大きく低下したと考える。この考えが正しければ、追加緩和の理由になる。

二〇一四年一〇月二四日から一〇月三〇日まで

一〇月三一日の金融政策決定会合に向けて、追加緩和の手段を考える。いまや、私が心配していた消費税増税の悪影響に加えて、原油価格の大幅下落がリスク要因として登場している。やっかいなことになった。

原油価格は七月末までは、一〇〇ドル台(一バレル当たり)で推移していたが、北米市場の原油価格(WTI)は一〇月に入ってから九〇ドル割れになり、一六日には一時八〇ドル割れを記録した。

二カ月あまりで、二〇％もの下落である。原油価格の大幅下落は、世界経済のもたつきによる需要の弱さと、中東での減産見送りやアメリカのシェール・オイルの急増産といった供給の強さによるものであろう。

原油価格下落は原油輸入国である日本にとっては、実質所得の増加を意味し、よいことである。しかし、原油価格がこれほど大きく下落すると、消費者物価の中でウェイトの大きいエネルギー価格は大きく下がる。エネルギー価格が大きく下がれば、消費者には他の財・サービスを買う余裕が出てくるから、それらの財・サービスに対する需要が増えて、それらの価格は上昇するはずである。しかし、財・サービスの中には、価格が粘着的ですぐには変化しないものが少なくない。その結果、原油価格の下落が止まらないと、足元の消費者物価の下落も止まらない。日本では、長い間、デフレが続いたため、足元の物価が下がると、将来も下がると予想する適合型予想が支配的である。この適合型インフレ予想形成の下では、これまで上昇した予想インフレ率が低下し、元のデフレ予想に戻ってしまうリスクがある。

そうであれば、ここで追加緩和しなくては、日銀の「二年程度を念頭にできるだけ早く二％インフレ目標を達成する」というコミットメントへの信認が完全に崩れてしまう。信認が崩れれば、「量的・質的金融緩和」政策がこれまで築いてきた実際のインフレ率と予想インフレ率の上昇傾向が崩れてしまい、景気が悪化するとともに、デフレに戻りかねない。

消費税増税に加えて、原油価格の暴落というデフレ・リスク要因が現れたのである。消費税増税による消費の弱さだけでなく、原油価格の急落による消費者物価前年比の下振れリスクに対処する追加緩和が必要になった。

重要なポイントは、欧米では予想インフレ率が二%程度でアンカーされている（船が碇でつながれて位置が安定しているように、予想インフレ率が安定していることをいう）ため、予想インフレ率は月々のエネルギー価格などの変化にほとんど影響されない。しかし、日本では予想インフレ率は二%を大きく下回っており、かつ安定していない。そのため、インフレ率の下振れが続くと、予想インフレ率の低下→賃金上昇率の低下→実際のインフレ率低下→予想インフレ率の一層の低下という悪循環に陥るリスクがある。

ここで、こうしたリスクに対処しなければ、昨年三月にマイナス〇・五%だったインフレ率が一%前半まで上昇したモメンタム（勢い）が崩れ、実際のインフレ率と予想インフレ率の上昇トレンドが低下トレンドへと逆転するリスクがある。予想インフレ率は「量的・質的金融緩和」実施後、緩やかに上昇してきたが、最近では、横ばいないしは低下する指標が見られる。

消費者物価指数（除く生鮮食品）の前年同期比は一四年四月に一・五%（三%の消費税増税による物価引き上げ分を除く。以下同じ）まで上昇したが、五月から上昇率が低下し始め、直近で得られる九月は〇・九%と、五カ月で〇・五ポイントもの低下である。その上、原油価格が急落したため、実際のインフレ率はゼロに向かって下がるリスクも出てきた。ここで、追加緩和しないと、実際のインフレ率と予想インフレ率がずるずると下がり、将来、もっと大幅な追加緩和をしなければならなくなる。

われわれは、「量的・質的金融緩和」の核となる「予想インフレ率を二%で安定させる」メカニズムに関する大きなリスクに直面している。追加緩和によって、このリスクの顕現化を未然に防ぎ、これまで好転してきた予想形成のモメンタムを維持する必要がある。現在は、来春にかけて、賃金交渉・価格改定が行われる重要なタイミングでもある。

しかし、追加緩和のためには、少なくとも九人の政策委員のうちの五人が賛成してくれなければならない。否決されたら、「量的・質的金融緩和」は機能しなくなるだろう。まさに、「二％の物価安定の目標を二年程度を念頭に、できるだけ早く達成する」ことを至上命題とする私たち執行部は瀬戸際に立たされている。

しかし、私たち執行部を除く六人の審議委員は、全員が「二％の物価安定の目標を二年程度を念頭に、できるだけ早く達成する」ことを「至上命題」と考えているわけではない。

黒田総裁は記者会見や講演で、「二％の物価安定の達成の道筋から外れる場合は躊躇なく調整する」といい続けてきた。しかし、私はかねがね、「日銀の政策決定は九名がそれぞれ一票を持つ合議制であり、過半数の賛成が得られない政策を決定することはできない。したがって、総裁が躊躇なく調整が必要であると思っても、過半数の賛成が得られなければ、その調整は実現不可能である」ことを心配していた。

二〇一四年一〇月三一日

今日の金融政策決定会合で、「量的・質的金融緩和」の拡大が決まった。しかし、賛成五反対四のわずか一票差で、薄氷の思いであった。追加緩和の内容は以下である。

マネタリーベースを年間約八〇兆円（約一〇～二〇兆円の追加）に相当するペースで増加するように金融市場調節を実施する。

長期国債の保有残高が年間約八〇兆円（約三〇兆円の追加）に相当するペースで購入する。国債買入れの平均残存期間を七～一〇年程度に（最大三年程度）延長する。

ETFとJ-REITの保有残高が、それぞれ、年間約三兆円（三倍増）、約九〇〇億円（三倍増）に相当するペースで増加するよう購入する。

こうした追加緩和を実施する理由としては、公表文で次のように述べた。

「物価面では、このところ、消費税率引き上げ後の需要面での弱めの動きや原油価格の大幅な下落が、物価の下押し要因として働いている。このうち、需要の一時的な弱さはすでに和らぎはじめているほか、原油価格の下落は、やや長い目でみれば経済活動に好影響を与え、物価を押し上げる方向に作用する。しかし、短期的とはいえ、現在の物価下押し圧力が残存する場合、これまで着実に進んできたデフレマインドの転換が遅延するリスクがある。日本銀行としては、こうしたリスクの顕現化を未然に防ぎ、好転している期待形成のモメンタムを維持するため、ここで、「量的・質的金融緩和」を拡大することが適当と判断した」。

「量的・質的金融緩和」の拡大決定後、株価と円ドルレートは大きく上昇した。すなわち、日経平均株価（終値）は前日比七五五円五六銭上昇（四・八％の上昇）し、円ドルレートは前日の一〇九円（中央相場）から一一〇円五七銭へと上昇し、一円五七銭の円安になった。

追加緩和実施後の株価と円ドルレートの動きは、想定以上に良好なものになった。やれやれである。これで、デフレマインドへの逆戻りが阻止され、予想インフレ率が上昇トレンドに入ってくれればよいのだが。

二〇一四年一一月九日

先月末に実施した「「量的・質的金融緩和」の拡大」に対しては、エコノミストの中に、「一五年一〇月に予定されている消費税再増税が実施可能な条件を満たすような環境を作るためのものだ」といった解説をする人が少なくない。これは全くお門違いの解説である。この追加緩和の公表文にあるとおり、「これまで着実に進んできたデフレマインドの転換が遅延するリスクがある」から、「日本銀行としては、こうしたリスクの顕現化を未然に防ぎ、好転している期待形成のモメンタムを維持するため」に実施したのである。

むしろ、私としては、消費税再増税はデフレ脱却後にしてほしいというのが本音である。もしも消費税再増税を実施すれば、二％の物価目標の達成は遥かかなたに遠ざかるであろう。

ユーロ経済のデフレ・リスク

二〇一四年一一月一一日

今日は、何人かのヨーロッパの経済研究者と話す機会があった。彼らの関心は、デフレ・リスクを抱えているユーロ経済がデフレに陥らないようにするためにはどのような政策をとればよいかについて、日本の経験を踏まえた意見を聞きたいということで、次のような意見を述べた。

日本の経験からすると、資産バブル崩壊後に、ディス・インフレ（インフレ率の低下）からデフレに至る過程では、政策金利を引き下げることによって、銀行貸出を増やし、それによって景気を回復させて、デフレを回避しようとしたり、デフレから脱却しようとしたりする金融政策は効果的でない。その理由は以下である。

資産バブルが崩壊する前に、家計や企業は大きな債務を負って、設備投資や不動産や株式などに投資をしているが、資産バブルが崩壊すると、それらの投資資産の名目価値が暴落する一方で、債務の名目価値は変化しない。そのため、多くの家計、企業および金融機関（含む機関投資家）の名目純資産価値が暴落したり、それらの経済主体が債務超過に陥ったりする。金融機関についていえば、大量の不良債権を抱える状態である。

名目純資産価値が暴落したり、債務超過に陥った（以下では、バランスシートの悪化という）家計や企業は、バランスシートを改善しようとして、物への支出を抑制して、貯蓄を増やし、債務返済を優先する。その結果、家計だけでなく、普通は資金不足主体である企業までもが、設備などへの投資を企業貯蓄（内部留保と減価償却費）以下にとどめ、余った資金を現金や預金で保有しようとするようになる。不良債権を抱えた金融機関はリスクが取れなくなり、資金を民間貸出ではなく、比較的安全な資産である国債で運用するようになる。

このようにして、バブル崩壊後にディス・インフレからさらにデフレへと進む過程では、家計だけでなく、現金・預金を豊富に持っている企業の資金借り入れ需要もなくなる。そのため、中央銀行が名目金利を引き下げて、銀行貸出を増加させようとする金融政策はディス・インフレやデフレを止める上では効果は限られている。また、ディス・インフレからデフレに陥る過程では、市場の短期名目金利はゼロに近い水準まで低下しているから、短期の名目政策金利を引き下げる余地はほとんどなく、ゼロ金利制約にぶつかる。

日本では、一九九四年頃から、消費者物価（除く生鮮食品）前年比が一％を切って低下し始めるディス・インフレが始まった。実際に、ＧＤＰデフレーターは一九九五年度にマイナスになり、消費税税率が五％に引き上げられた九七年度（消費税込みのＧＤＰデフレーターは消費税増税によって高くなる）を除いて、二〇一三年度までマイナスが続いている。九七年の消費税率の引き上げは、日本がディス・インフレからデフレに陥るリスクが増大しているにもかかわらず、日銀が適切な政策を採用しようとしない状況で、実施された。実際に、不適切な金融政策と消費税増税が重なって、消費者物価前年比は一九九八年七月からマイナスになり、以後ほぼ一五年の間、日本はデフレに悩み続けることになる。

ディス・インフレまたはデフレの状態で、家計だけでなく、本来は、資金不足主体であるはずの企業までもが資金余剰主体になってしまっている状況では、金融政策は銀行貸出増加の経路ではなく、家計や企業の傷んだバランスシートを改善する経路を利用しなければ、デフレを阻止し、景気を回復させることはできない。

家計や企業のバランスシートを改善するためには、株式や不動産の価格下落や外貨資産の円建て価格の下落を阻止し、引き上げる必要がある。そのためには、短期名目金利ではなく、長期名目金利を引き下げる一方で、中長期の予想インフレ率を引き上げることによって、長期の予想実質金利を引き下げることが必要である。

長期の名目金利を引き下げる主たる方法は、中央銀行が満期までの残存期間の長い国債（以下、長期国債という）を大量に購入すること（長期国債買いオペ）である。一三年四月に開始された「量的・質的金融緩和」では、買いオペ対象の長期国債の平均残存期間は約七年である。これにより、イールドカーブ（国債の利回り曲線）全体に大きな下押し圧力が働き、国債の金利は残存期間にかかわらず低下する。

一方、中長期の予想インフレ率を引き上げるためには、残存期間の長い国債を大量に購入するだけでなく、何を目的に、どのような状態になるまで長期国債を買い続けるかを明確に約束（コミットメント）することが不可欠である。

「量的・質的金融緩和」は、この強いコミットメントの下に、大量の長期国債購入を中心とする資産購入によって、マネタリーベースを二年間で倍増する、というコミットメントを裏付けるアクションをおこすことによって、民間の中長期のインフレ予想形成（一般的には、期待形成と呼ばれる）に働きかけようとするものだ。

「量的・質的金融緩和」政策実施以後、長期名目金利が低下する一方で、中長期の予想インフレ率も上昇し始め、長期国債の予想実質金利はマイナスになった。これは、預金や国債などの名目利息が固定された金融資産の保有を不利にする一方で、インフレに強い株式や不動産の保有を有利にする。そのため、預金や国債から株式や不動産へのポートフォリオ・リバランスが進み、株価や不動産価格や株式や不動産を組み込んだ投資信託の価格が上昇する。

また、海外と日本の名目金利差の拡大（海外金利から日本の金利を引いた値）と海外と日本の予想インフレ率の差の縮小は、過度の円高修正・外貨高をもたらす。外貨高は外貨建て資産を保有している家計や企業（特に、輸出企業）や金融機関や機関投資家にキャピタル・ゲイン（資産価格の上昇の利益）をもたらす。

以上のようにして、各経済主体のバランスシートが改善する。バランスシートが改善し、キャピタル・ゲインを得た家計と企業は、それぞれ、消費・住宅投資と、配当・賃金支払いを増やす。配当と賃金の増加は消費の増加をもたらす。バランスシートの改善により、企業はリスクをとり易くなり、設備投資や研究開発投資やイノベーションに積極的になる。さらに、適度の円安が定着すると予想するようになれば、海外投資を抑制し、国内投資を増やすようになる。これにより、製造業の海外生産移転の動きと、したがって、国内空洞化が抑制される。これは大都市圏だけでなく、地方圏における雇用をもたらす。

円安は海外製品から国内製品への需要転換をもたらすから、たとえ、輸出の増加が小さくても、輸入競争産業（農産物などの食品や旅行サービスとそれに関連する消費財。たとえば、インバウンドと呼ばれる外国人の訪日旅行の増大）に利益をもたらす。

以上のような、内需の拡大は、デフレから脱却して緩やかなインフレへの移行を可能にする一方で、雇用需要を増やして、失業率の低下をもたらす。失業率が低下するにつれて、物価とともに賃金も上がり始め、生産性の上昇と相まって、実質賃金も上昇に転ずる。

以上のことは、「量的・質的金融緩和」以後、実際に日本で起きたことである。

実際に、リーマン・ショック後、量的緩和を続けてきたアメリカとイギリスが先に出口に向かっている一方で、日本は「量的・質的金融緩和」開始まで、デフレが続き、失業率は二〇〇九年から二〇一〇年にかけては五％台で、「量的・質的金融緩和」開始直前は四％台前半だった。ECB（欧州中央銀行）は二〇一二年半ばまでは、マネタリーベースを増やしたが、その後は急減させて、デフレ・リスクを抱えるようになり、これから量的緩和に入ろうかどうかという状況である。リーマン・ショック後、インフレ目標の達成にコミットして、量的緩和を続けたかどうかが、米英と日・ユーロの違いをもたらしている。

ECBは銀行貸出を増やそうとして、LTRO（Longer-Term Refinancing Operations）やTLTRO（Targeted Longer-Term Refinancing Operations。銀行の今後の融資額に応じてECBが銀行に超低金利で期

間四年の資金を貸し出す）などを実施しているが、銀行が貸し出したい企業は内部資金を持っているため、借りようとしない一方で、ユーロ圏周辺国の借りたい企業は銀行にとってはリスクが大きすぎるので貸せない、という状況では、銀行貸出を増やそうとする政策は効果的でない。

以上の説明に対して、欧州の研究者からは、次の①から④のような質問と現状の説明があった。

①ユーロ圏はアメリカのように資本市場中心ではなく、銀行融資が中心なので、FRB型の量的緩和は取りにくい。

これに対しては、次のように答えた。日本も銀行中心の間接金融が主だが、「量的・質的金融緩和」によって、予想インフレ率が上昇する一方で、資本市場で長期名目金利が低下したため、予想長期実質金利はマイナスになった。その一方で、株高になり、外国為替市場では過度の円高が修正された。こうした変化が消費をはじめとする総需要の増加をもたらしている。

②量的緩和によるバランスシートの拡大は、将来、ECBの自己資本を毀損する恐れがある。

これに対しては、次のように回答した。日本でも、同じようなことをいう人が多いが、かつてのように、金本位制でなく、兌換制度をとっていないのだから、そもそも、中央銀行は自己資本を持つ必要がない。実際に、カナダの中央銀行は自己資本を持っていないが、存在し続け、インフレ目標政策を採用し、うまくいっている。

③量的緩和はマネタイゼーション（日本では、財政ファイナンスといわれる）として受け取られるリスクがあり、国債の信認がなくなり、金利が急騰したり、ハイパーインフレになるリスクがあるといわれている。

これに対しては、日本でも同じことを主張して、「量的・質的金融緩和」に反対する人が多いが、「量的・質的金融緩和」は二％の物価安定目標の達成とその安定的な持続を目的とするものであり、歯止めがかかっているので、金利の急騰やハイパーインフレのリスクはない。そのようなリスクを過大に評価するあまり、量的緩和政策を採用しなかったり、デフレ脱却にコミットすることなく中途半端な「量的緩和」を採用したりして、デフレに陥る方がはるかに経済にとって悪いことは、日本の経験が示している、と回答した。

④ユーロ圏では、「物価が下がってなぜ悪い。物価が下がれば、生活は楽になる」という意見も強い。

これに対しては、日本でも、そういう「良いデフレ論」が長い間主張されたため、日銀は仕方なく「ゼロ金利政策」や「量的緩和」や「包括的緩和」などを採用したが、できるだけ早くそうした非伝統的政策は止めたい、という本音が見え見えだったため、それらの政策では、デフレから脱却できず、物価安定に失敗した、と答えた。

以上のような欧州の研究者の質問や現状の話を聞いて、「ユーロ圏は、日本のデフレの原因とデフレからの脱却のための政策論争の歴史と全く同じ歴史をたどっている」ことを実感した。①から③のような理由で、量的緩和に最も強く反対しているのは、ドイツであることは、ニュースでよく知られたことであるが、ユーロ圏はまだ④のような「良いデフレ論」がはびこっている段階であることには、驚いた。

今回、話す機会があった欧州の研究者も「ドイツをどう説得したらよいか」考えあぐねていた。そこで、私は半分冗談、半分本気で、「最善の政策は、ドイツにユーロから出てもらい、残った国がドイツから自由になって金融政策を運営することです」と述べた。この発言に彼らは苦笑を禁じ得なかったが、どう返答してよいのか戸惑っている様子だった。

マイナス成長へ転落

二〇一四年一一月一七日

朝、事務室に着くと、机の上に「二〇一四年七 - 九月期四半期別GDP速報（一次速報値）」が置かれている。

何と、七 - 九月期はマイナス〇・四%成長（前期比。年率換算マイナス一・六%）である。四 - 六月の二次速報値も前期比マイナス一・八%（年率換算マイナス七・一%）からマイナス一・九%（マイナス七・三%）へ下方修正されている。

民間エコノミストの直近一一月における七 - 九月期の予想の中央値は前期比〇・五%（年率換算

二・二％）だったから、四半期で〇・九％も過大に予想したことになる。直近データを使ってこれだけ外すとなると、この人たちに存在理由はあるのだろうかという疑問がわいてくる。

このように、ＧＤＰを過大に予測するエコノミストは、おそらく、消費税増税の「非ケインズ効果」を信じている人たちであろう。

私は「非ケインズ効果」には懐疑的であったから、本田悦朗内閣官房参与を通じて、首相に消費税再増税を延期するように進言することを勧めた。

これだけの過大予測をしたことは、いずれかの需要項目の予測を大きく間違えたはずである。

今回の一次速報における需要の成長寄与度を見ると、一番マイナス寄与度の大きい項目は、民間在庫品の増加（在庫投資）で、マイナス〇・六％である。実質ＧＤＰはマイナス〇・四％であるから、この民間在庫品増加のマイナス寄与度は極めて大きい。おそらく、予測を大きく外したエコノミストは民間在庫品の増加予測を大きく間違えたのであろう。

在庫投資を予測することは難しいといわれる。しかし、七－九月期ＧＤＰの一次速報値が出る前に、私が「民間在庫投資は一四年四－六月期に前期比寄与度で一・二％にも達しているが、それは、企業が想定していた以上に消費が停滞したため、意図しなかった在庫がいかに大きくたまっているかを示している。そうであれば、七－九月期は大幅な在庫調整が起きるはずだ」と指摘した。それに対して、ある知り合いの予測専門のエコノミストは「日本の製造業は二〇〇〇年代に入って、在庫をあまり持たないようになり、在庫管理もうまくなっていますから、それほど大きな在庫調整は起きないと思います」と答えていたのである。

二〇一四年一一月一八日

今日、消費税率を来年一〇月から一〇％に引き上げるかどうかの第五回の集中点検会合が終わった。会合に集まった有識者の大多数は、今年四月の八％への引き上げと同様に、予定通り、税率を一〇％に引き上げることに賛成した。

しかし、点検会合後の記者会見で、安倍首相は消費税率の一〇％への引き上げ時期を一年半後の二〇一七年四月一日に延期することとし、その延期の信を問うために、解散選挙をすると述べた。

消費税再増税を延期した理由として、安倍首相は昨日発表された一四年七‐九月期のＧＤＰ一次速報で、実質ＧＤＰの前年同期比がマイナス一・二％（前期比年率ではマイナス一・六％）となり、「残念ながら成長軌道には戻って」いないことを上げている。

同速報値では、民間消費の前年同期比は、八％への消費税率引き上げに賛成したエコノミストの七‐九月期はプラスへ転換する、という予想とは真逆に、マイナス二・八％という惨憺たる結果だった。

安倍首相は同記者会見で、「現時点では、三％分の消費税率引き上げが個人消費を押し下げる大きな重石となっています。本年四月の消費税率三％引き上げに続き、来年一〇月から二％引き上げることは、個人消費を再び押し下げ、デフレ脱却も危うくなると判断いたしました」と述べた。

安倍首相の消費税再増税延期の決定は妥当な判断で、ほっとした。しかし、安倍首相は、財政再建はしっかりやるという決意を示すために、「今回は、景気判断条項に基づいて延期の判断を」したが、「平成二九年（二〇一七年）四月の引き上げについては、景気判断条項を付すことなく確実に実施いたします。三年間、三本の矢をさらに前に進めることにより、必ずやその経済状況をつくり出すことができる。私はそう決意しています」と述べて、景気判断条項を削除してしまった。

これでは、二〇一七年四月に、たとえ、景気が悪くても、消費税再増税を実施することになる。私は、安倍首相の記者会見を聞いていて、「これはまずい」と思った。安倍首相がデフレ脱却を最優先課題とする限り、二〇一二年九月の自民党総裁選前の「デフレ脱却前に、消費税増税はしない」という初心に帰るべきである。

なお、私は、片岡剛士氏を除いて、証券会社系や銀行系のエコノミストがこぞって、消費税増税に賛成するのを不思議に思っていたところ、この件で詳しい人から、「彼らは、消費税増税に賛成するようにという会社命令を受けて、集中点検会合に出席してるんですよ。だから、本心では反対の人は「集中点検会合」に呼ばれないことを祈っているんです」という話を聞いた。

どうやら、証券会社や銀行系のシンクタンクは仕事上、財務省の意向を忖度して行動しているようである。

二〇一四年一二月五日

最近、ある銀行マンと話す機会があり、次のような私の持論を話した。

日本人は顧客として、供給側に対して要求が強すぎ、顧客満足度は高いかもしれないが、家計は所得を得るためには供給者として働いている。家計を労働供給者としての側面から見ると、顧客の強い要求に応えるために、長時間労働を強いられており、その面では満足度は低い。日本の企業で普通に見られる長時間労働と有給休暇も満足にとれない状況では、家事や子育てを担わなければならない女性が働くことは困難である。家計は顧客として需要側に立つだけでなく、所得を得るために供給側にも立つことを考慮すると、顧客として供給者に過剰なサービスを求めるのは、不幸ではないか。そもそも、ほとんど客もいない深夜にスーパーやコンビニが店を開けていることは、労働生産性が極めて低い原因になる。しかし、これまでの経験では、この私の考えに賛成する人はあまりいない。

この私の問いかけに対して、この銀行マンは「スーパーでは、飲料水のボトルやその中身には何ら問題がなくても、そのボトルを入れる段ボール箱に傷があったり、ビール缶の印字が少しでも曲がっていたりするだけで、メーカーに返品します」と応じた。

そこで、私も「スーパーでは、賞味期限まで時間が長い食品は棚の奥に置くそうですが、買い手はわざわざ棚の奥から賞味期限の長い食品を取り出して買うそうです。そのため、賞味期限が過ぎた食品が増え、廃棄された食品の金額は大変な額に達するそうです。廃棄されるということは、廃棄にかかわる費用を考慮すると付加価値はマイナスになり、生産性を大きく引き下げる要因です」と述べた。

さらに、私は「日銀副総裁としては、公に言うことはできないが、これからは、「低賃金・低商品価格というデフレ型ビジネス・モデル」は成立しなくなり、生産性の低い非製造業も、超円高の下で厳しい国際競争にさらされながら、生産性を引き上げ、高品質な製品を生産すべく頑張った製造業のように、人手不足を背景とする賃金上昇と円安による輸入品価格の上昇に耐えることのできる「高生産性・高品質ビジネス・モデル」に変わらなければ生き残れない。その意味で、非製造業に対して、今度はあなた方の番だ、と言いたいところなのですが」と述べた。この点については、この銀行マンも賛意を示した。

外食産業には、「過労死訴訟」や「名ばかり管理職訴訟」などの事件を引き起こした「大庄」など、ブラック企業が多いようだが、「すき家」の事例が示しているように、人手不足になれば、過酷な労働を強いるブラック企業は人を集めることができなくなり、淘汰される。これも「量的・質的金融緩和」のようなデフレからの脱却を目指すリフレ政策の優れた点である。

二〇一四年一二月一五日

最近の日銀ウォッチャーの関心は、「原油価格の急落で、二年程度で二％インフレを達成することは極めて困難になったと思うが、追加緩和するのか」という点に集中している。これに対しては、「原油価格は当面物価に下押し圧力として働くが、家計の実質所得と企業の実質収益をともに引き上げる要因で、実体経済に対しては良い要因だ。ただし、物価が上がりにくくなるが」と答えた。この含意は、原油価格下落によるインフレ率の低下に対しては、一〇月三一日の「量的・質的金融緩和」の拡大以上の緩和は実施しないということで、二％インフレ目標の達成時期が遅れても問題ない、ということである。

もっとも、来年の四月以降、民主党は私に「二年で二％を達成しなかったときは、辞めると言ったはずだ」と追及するであろう。

この点については、この一〇月頃だったか、民主党議員から国会に呼ばれて、「二年で二％を達成しなかったときは、辞めるという考えに変わりはないか」と質問され、「国会による副総裁就任の承認に係る私の所信説明が、二年で二％に達しなかった場合には、自動的に辞めると受け止められたことを反省している。真意は、まず説明責任を果たすことで、私の説明が誰もが納得できないという意味で、説明責任がとれない場合には、辞めるという考えに変わりはない」と答えた。

右の答弁で、「反省している」と答えたのは、これ以上、誤解に基づいて追及が続くことを避けるためであった。実際は、国会議員やマスコミが、私が「二年で二％に達しなかった場合には、辞めるといった」と誤解しているのである。

国会の私の所信説明の議事録では、「どのように責任をとるのが良いか分からないが、最高の責任のとり方は辞任だ」あるいは「最終的な責任のとり方は辞任だ」となっており、二年で二%が達成できなかった理由が何であれ、辞任という最高の責任をとるとは言っていない。

私は国会での副総裁候補としての所信説明の際に、議員から「二年で二%を達成できなかったときは、どのような責任をとるのか」と聞かれた際に、「責任のとり方には、達成できなかった理由に応じて、段階がある」と思い、頭の中には、達成できなかった理由に応じて、減給とか職務一時停止とか、いろいろな責任のとり方が浮かんだが、仮に達成できなかった理由が、私が選択した金融政策が間違っていたためであれば、辞任以外に責任のとり方はないと思った。

国会議員でも、会社や役所や学校の責任者でも、責任のとり方には、謝罪、減給、降格などがあり、辞職・辞任は最高かつ最終的な責任のとり方であり、私は別に特別なことをいったつもりけなかった。例えば、国会議員で大臣であれば、大臣は辞めるが、国会議員は辞めないケース、国会議員も辞めるが、次の選挙で選挙民の判断を仰ぐケース、それもせず、議員をすっぱり辞めるケースというように、責任のとり方は責任を問う事件がどのようなものかによって、いろいろな段階がある。

それを、国会議員やマスコミをはじめとして、みんなが早とちりして、「二年で二%に達しなかったら、達成できなかった理由にかかわらず、辞任する」と私が言ったと思い込んだために、右の民主党議員のような「追及」が繰り返されるのである。

国会議員やマスコミが、私が「二年で二%達成できずイコール副総裁辞任」と言ったと騒ぎ立てたのは、日本では、辞任以外に責任のとりようがないような失敗や過失を犯しても、辞任しないことが普通なため、辞任を口にした私が珍しかったからであろう。

もっとも、私もうかつではあった。というのは、自分自身がインフレーション・ターゲティング政策を解説した本の中で、「日銀の責任のとり方は、説明責任である」と書いており、日銀法の立て付けもそうなっているのだから、「説明責任を果たす」と答えれば良かったのである。

ただし、私には、「説明責任が果たせないほどの失策を犯したために、二年で二%を達成できなかったときは、辞任する」という意味で、「職にしがみつかない」という気持ちが強かった。そのために、あのような回答になったのである。

アベノミクスに足りないもの

二〇一四年一二月二五日

山本幸三衆議院議員が会って話したいとのことで、衆院議員会館の山本幸三事務所に出向いた。国会があるとのことで、面会時間は一二時から五〇分と短い。暮れの押し迫った時期に、しかも五〇分という短時間の面会で、一体何を話したいのかと思っていたが、前回同様に、「これから何をしたらよいのか」という話である。

そこで、私は、次のような「低所得者への所得再分配政策とセットされた岩盤規制改革というアベノミクスの第三の矢のレジーム・チェンジ」を提案した。

アベノミクスで足りないのは、低所得者への所得再分配政策である。例えば、消費税増税で最も打撃を受けるのは、所得が年間三〇〇万円程度以下の人たちである。消費税率を引き上げるのであれば、この所得階層の人たちが支払った消費税の五〇〜一〇〇%を還付する、という給付付き税額控除制度を創設すべきである。実は、民主党は政権を担当していた時期に、このような給付付き税額控除制度の導入というアイディアを持っていた。ところが、先の衆議院選挙では、アベノミクスの三本の矢を批判するだけで、アベノミクスに欠けている低所得者向けの所得再分配政策を代替案として提案しなかった。こういう経済音痴が治らない限り、民主党が政権をとることは永遠にないであろう。

しかし、給付付き税額控除制度によって、低所得者に消費税を還付するためには、政府がその人が真に低所得者であることを把握できなければならない。二〇一六年一月から運用開始される予定のマイナンバー制度は資産を把握する仕組みになっていないから、政府は真の低所得者か偽の低所得者かを識別するすべを持っていない。消費税率をさらに上げるならば、それまでに、この欠陥をなくしておかなければならない。

第三の矢である成長戦略も、規制改革によって、生産性の高い民間企業が自由に活動できる経済環境を形成することに注力すべきである。安倍首相は、正社員の労働慣行、医療・介護・農業などの分野に存在する岩盤規制にもドリルで風穴をあけるというが、低所得者に限った所得再分配政策なしには、既得権益者の抵抗とその抵抗を代弁する官僚の抵抗にあって、中途半端に終わるであろう。

医療・介護などの分野は参入規制と価格規制によって、生産性の高い企業の参入が阻まれている。山本議員は「介護の価格規制をなくすと、介護サービス料金が高くなって、被介護者の負担が大きくなる。それを公的資金で面倒を見るのか」というので、「所得の高い人には高くなった介護サービス料金を支払ってもらう。それに対して、例えば、所得が年間二〇〇万円以下といった人で介護が必要な人には、介護バウチャー(引換券)を配布し、公的に援助する。公共投資をするよりも、公的資金はこうした低所得者向け所得再分配に使う方が良い。ここで重要なことは、低所得者で介護を必要とする人にバウチャーを配布することで、介護サービスの供給者を公的に援助しないことだ。介護を必要とする人にバウチャーを配布すれば、彼らは介護サービス料金が安くて、しかも質の良い介護サービスを提供する企業を選択する。そのため、介護サービス企業間の競争が生じて、介護サービス料金の上昇が抑制されるとともに、良質の介護サービスを提供する企業が生き残り、そうでない企業は淘汰される。保育についても、参入規制と価格規制を廃止し、低所得者に保育バウチャーを配布する」と応えた。

二〇一五年一月一四日

今日は、学習院大学で「日本経済と経済政策」というシンポジウムに出席した。このシンポジウムは、私が学習院大学で教えた最後の二年間、私の授業を受けた増原寛成君が企画したものである。例によって、公開のシンポジウムにすると、日銀は英訳しなければならないので、翻訳者に大きな負担がかかるという理由で、非公開になった。

パネラーの一人の宮川努学習院大学経済学部教授が、「アベノミクス以後これまでの成長は、それ以前よりも低い」と主張するので、私が「それは、アベノミクスの三本の矢にない消費税増税を実施したからだ」と反論したため、かなり長い議論になった。

議論の過程で、私も熱くなり、「消費税増税は愚策だ」とまで言ってしまった。

シンポジウムが終わると、昭和恐慌研究会のメンバーでは、ただ一人、通信社に勤める方（同研究会の他のメンバーはすべて経済学研究者である）が、急ぎ足で、私に近づいてきて、「だめですよ。消費税増税は愚策だなんていっちゃ」というのである。

私が「いいじゃないですか。非公開のシンポジウムですから」というと、彼は、「非公開でも、だれがいるか分かりません。どこかの記者が参加していて、記事にするかもしれません」と心配顔である。

私は、記事になれば、むしろ、私の真意が国民に伝わって、いいのではないかとさえ思った。それほど、私には、「消費税増税がなかったならば」という思いが強かったのである。

二〇一五年一月二三日

昨日二二日（欧州時間）、ＥＣＢ（欧州中央銀行）がようやく三月からの量的緩和実施を決定した。月々の資産買入れ額は各国の国債を中心に、六〇〇億ユーロで、市場の予想中央値四〇〇億ユーロを上回り、サプライズと受け止められた。買入れの継続期間については、ドラギ総裁は「二〇一六年九月末までを意図しているが、いずれにせよ、インフレ率のパスが、ＥＣＢのインフレ目標である中期的に二％に近く、しかしそれを上回らない水準と整合的であるパスに持続的に調整されたと判断されるまで継続されるだろう」と回答している。

六〇〇億ユーロの買入れを二〇一五年三月から二〇一六年九月末まで一九カ月間続けると、一兆一四〇〇億ユーロになる。髙橋洋一嘉悦大学教授はダイヤモンド・オンライン（一月二二日執筆）で、ＥＣＢの量的緩和が効果を発揮するためには、「ＥＣＢの現在のマネタリーベースは一・二兆ユーロなので、一兆ユーロ以上、少なくとも五割増しの一年間で六〇〇〇億ユーロ以上の増加が見込めるような量的緩和が求められるだろう」と述べているから、今回のＥＣＢの決定は、髙橋氏の基準をクリアーしたといえよう。

ECBが「量的緩和」に踏み切るまでの間、バイトマンドイツ連邦銀行総裁は、「はっきりしておかなければならないのは、中銀は、こうすればあらゆる願いがかなえられる「アラジンのランプ」みたいなものは持っていないということだ」とし「特に、金融政策で長期にわたり潜在成長力を引き上げられるとか、持続的に雇用を創出できるという考えは幻想だ」（ロイター二〇一四年一一月二九日）とか、「金融政策では構造的な問題を解決できない」（FX要人発言のゴゴヴィ、二〇一四年一一月二八日）などと述べて、白川前日銀総裁と全く同じようなことを理由に挙げて、量的緩和に反対し続けた。量的緩和の支持者は誰も右のバイトマンが批判するようなことはいっていない。白川前日銀総裁同様にバイトマン独連銀総裁も「ありもしない藁人形を自分で作り上げて、その藁人形に向かって批判している」のだから、人の話をよく聞かずに物をいう人で、困った人たちである。

実際に、ECBの量的緩和決定後の記者会見で、ドラギ総裁は量的緩和を導入した理由として、「ここ数カ月のエネルギー価格の下落がHICP総合（ECBが注視する消費者物価指数）の低下の主因となっているが、賃金交渉や価格設定行動への潜在的なスピルオーバー効果が拡大しており、中期的な物価動向にマイナスの影響を及ぼす可能性がある。これは、多くの市場ベースのインフレ予想の指標が一段と低下していることや、足元・先行きのインフレに対する見方を示す各種の指標が過去最低の近傍となっていることからもうかがわれる。

この結果、これまでの金融緩和策では低インフレが過度に長期化するリスクに十分対応できないと判断した。政策金利がゼロ制約に直面する中では、追加的なバランスシート拡大策を実施することが物価安定のマンデート（任務）実現には不可欠であると判断した」と述べている。ドラギ総裁は、量的緩和によって「長期にわたり潜在成長力を引き上げられるとか、持続的に雇用を創出できる」などといってはいない。量的緩和の目的は、あくまでも、ECBの物価安定のマンデート実現にあると述べているのである。

ドラギ総裁が量的緩和導入の可能性に触れたのは、二〇一四年八月初めが最初ではないかと思う。ドラギ総裁は、量的緩和の採用に言及してから、約五カ月もたってようやく昨日、ECB理事会で、多数決で量的緩和を導入することに成功したわけである。これだけの期間がかかったのは、ひとえにユーロ圏最大の経済大国で、一人好調な経済を謳歌するドイツの抵抗が激しかったからであろう。

二〇一五年一月二六日

私は日銀副総裁になってから、常々、「新聞はアベノミクスの三本の矢を効果がないなどと批判するよりも、アベノミクスには所得再分配政策が欠けている点を取り上げた方がいいのではないか。例えば、どこの新聞も社会保障の財源として消費税増税は不可欠だと考えているようだが、消費税は逆進的で所得再分配上は望ましい税ではない。それでもなお消費税増税を主張するのであれば、その逆進性を縮小するために、給付付き税額控除制度を導入すべきだ。これは、例えば、年収二〇〇万円以下の家計・個人には、支払った消費税に相当する額を給付金として還付する。三〇〇万円から四〇〇万円程度までなら、支払った消費税の七〇％程度を給付金として還付するといった制度だ。これからマイナンバー制度ができるから、給付付き税額控除の導入は制度的にも可能だ」と、新聞や通信社の記者と会うごとに述べている。

この私の提案に対しては、私が話した記者に限れば、賛成が多い。しかし、彼らは異口同音に、

「給付付き税額控除制度を導入すると、軽減税率は不要になり、新聞は軽減税率を受けられなくなるので、われわれとしては給付付き税額控除制度の導入を主張できない」という。

そこで、「新聞社としてはそうであっても、記者としてはそう書くことはできるのではないか」と問うと、「書いても没になるだろう」という。

日本新聞協会（二〇一三年一月）の「知識には軽減税率の適用を」と題した声明では、「新聞は、国の内外で日々起きる広範なニュースや情報を正確に報道し、多様な意見・論評を広く国民に提供することによって、民主主義社会の健全な発展と国民生活の向上に大きく寄与しています」と述べている。

しかし、新聞社の本音は、「給付付き税額控除の方が軽減税率よりも望ましい制度だが、給付付き税額控除制度が導入されると、新聞は軽減税率を受けられないから、給付付き税額控除には反対だ」ということで、新聞社の利益を社会的な利益よりも優先するという、露骨とも思える利己主義から、軽減税率導入を主張しているのではないかと疑ってしまう。これでは、新聞が「民主主義社会の健全な発展と国民生活の向上に大きく寄与している」とはいえないだろう。

給付付き税額控除制度を導入すれば、新聞に軽減税率が適用されなくても、低所得者も、「新聞は民主主義社会の健全な発展と国民生活の向上に大きく寄与する媒体である」と思えば、新聞を購読するであろう。中所得層以上の人も、たとえ給付付き税額控除による消費税の還付を受けられなくても、「新聞は民主主義社会の健全な発展と国民生活の向上に大きく寄与する媒体である」と思えば、新聞を購読するであろう。

つまり、新聞を買うかどうかは基本的に消費者の選択に任せ、選択肢の少ない低所得者には給付付き税額控除によって選択肢を広げて、そのうえで新聞を買うかどうかは彼らの選択に任せればよい。

それが消費者主権を尊重し、消費者の利益に資する政策である。新聞社は消費者主権よりも新聞社主権の方が「民主主義社会の健全な発展と国民生活の向上に大きく寄与する」と考えているようであるが、それは思い込みに過ぎない。

但し、二〇一四年一二月二五日の日記で述べたように、給付付き税額控除制度を実施するためには、所得だけでなく資産も正確に把握する仕組みが必要であるが、マイナンバー制度では、資産の把握ができないという問題を抱えている。

メディアはなぜ真実を伝えないのか

二〇一五年一月二九日

昨日、鈴木亘学習院大学経済学部教授に、以下のメールを送った。

「今日は、時間に余裕ができたので、ご恵贈いただきながら、本箱にしまったままにしておいた御高著『社会保障亡国論』の五章以下を読みました。財務省が主張する「社会保障財源としての消費税増税」をどのように考えるべきかが良く分かり、大変有意義でした。

日銀人事を例にとった「改革実行の仕組みづくり」もその通りと思います。偶然的な要素が重なって、金融政策はこれまで想像もできなかったほどに大転換しましたが、社会保障についても同じようなハッピーな偶然を必要としていることが良く分かりました。社会保障と税では、吉川洋、伊藤隆敏両氏のような非専門家がまるで専門家のように、省庁やマスメディアで扱われていますが、日銀人事の大転換のように、八田達夫先生、鈴木先生、八代尚宏先生などの専門家が政府の規制改革の中枢にならなければ、現役世代の年金不安は解消できないと思います」。

このメールに対して、鈴木先生から以下の返信メールをいただいた。

「ある雑誌に消費税増税について執筆を頼まれて原稿を送ったところ、「消費税引き上げは大失政だった」という記述に、先方が反発し、ここを削除しないと載せないと言い張るので、では載せなくて結構だと言ってしまいました。今、別の雑誌社に、載せてくれないかと声をかけているところです」。

鈴木先生の「消費税引き上げは大失政だった」という記述は、「消費税引き上げの負の影響に触れるのはタブーなのか？」（ネットの「アゴラ」二〇一五年二月二二日）の冒頭部分にある。

「「量的・質的金融緩和」を中心とするアベノミクスにより、順調に景気回復・デフレ脱却を進めてきた日本経済であったが、昨年四月の消費税引き上げにより、再び大きな変調に見舞われている。政府は一四年度の実質GDP成長率をマイナスと見込んでいるが、実際にそうなれば、これは外発的ショック（石油ショック、アジア金融危機、リーマン・ショック等）由来のものではなく、政府自らの内発的ショックによってもたらされた戦後初めてのマイナス成長となる。税収の高い所得弾力性を利用した財政再建も進められず、まさに人災としか呼びようのない「大失策」と言える。

こうした中、衆院解散という安倍首相の決断により、今年一〇月に予定されていた消費税の再引き上げが回避されたことは、誠に不幸中の幸いであった。財務省の根回しによって政官業・マスコミに張り巡らされていた「消費税増税コンセンサス」であったが、その包囲網を突破した安倍首相・官邸の政治手腕には高い評価が可能である。

今回の教訓として学ぶべきことは、デフレ脱却と増税による財政再建という二兎を同時に追うことは不可能ということだ。アクセルとブレーキを同時に踏む行為は実に無益である。まずは、デフレ脱却をしっかり実現した後に、本格的な財政再建に取り組むべきだ。名目成長率が高まれば、税収増によって財政が大幅に改善するボーナスが見込める。ここしばらくは、アベノミクスに集中すべき局面だ」。

なお、鈴木先生のメールには、以上に続いて、次のような但し書きがある。

「ただし、アベノミクスによる税収増だけで財政再建が完全に達成されるほど甘いものではないこともまた事実である。なぜなら、財政状況の悪化が続く背景には、デフレの問題があるだけではなく、高齢化による社会保障費増加という構造的問題があるからである」。

そこで、私は次のように返信した。

「私もリーマン・ショック後に、FRB、ECB、BOE（イングランド銀行）など世界の多くの中央銀行が大胆な金融政策を進めているのに、日銀が全く動かない状況だったので、日本経済新聞の「経済教室」の原稿に「財政法五条の但し書きを利用して、国会が決議して日銀に国債を直接引き受けさせよ」と書いたところ「日銀引き受けは劇薬だから削除しないと載せられない」というので、削除して掲載してもらう一方で、東洋経済新報社の中山英貴さんに『週刊東洋経済』に取り次いでもらい、「日銀引き受け論文」を若田部早稲田大学政治経済学術院教授との共同論文として掲載してもらったことがあります。今度、掲載を頼んだ別の雑誌社からも「削るという条件」を持ち出されたら、削ってでも掲載してもらった方が、世の中のためになりますので、そうしてください」。

これに対して、鈴木先生から、今日（一月二九日）午前中に、次の返信が届いた。「今度の雑誌社にも、前の雑誌社と全く同じ個所を、削除要請されてしまいました。驚きました。財務省コンセンサスはここまで来ているのかと、何とも不気味な気がいたします。すみませんが、後半部分を生かしたいと思うので、掲載するために、妥協をさせていただきます。該当部分は、ブログで発表したいと思います。本当にびっくりしました」。

なお、『社会保障亡国論』の第八章には、給付付き税額控除制度を導入する上で、「資産を含めた共通番号や歳入庁のような制度が完成しない限り、給付付き税額控除を始められない」わけではなく、「低所得者自らに、最寄りの税務署に来てもらい、自分の所得を、資産を含めた証書類（確定申告書、所得証明、預金通帳、銀行への照会を税務署が行っても良いという承諾書）とともに申告し、給付付き税額控除を申請してもらう」という自己申告制度が提案されている。

「もし、……本当は低所得者でないのに低所得であると嘘の確定申告をしているのであれば、そもそも預金通帳を持って税務署に来ませんから」と述べて、自己申告制の効率性を主張している。これは面白いアイディアであり、一考に値する。

二〇一五年二月二〇日

今朝の日本経済新聞の「大機小機」に「経済論議の三不思議」と題する次の記事が掲載された。

「最近の経済論議で不思議なことが三つある。

第一は、アベノミクス第一の矢の低評価だ。日銀の金融緩和政策については、いまだに誤解や低評価が絶えない。

日銀のインフレ目標設定を「気合インフレ率」と評する向きもあるようだが、現在の日銀が行っている政策は世界の他の中央銀行が実行しているものだ。金融政策の目標は物価予想に働きかけることであり、だからこそインフレ目標を標準装備として各国の中銀はデフレ懸念がある時には非伝統的といわれる政策を実施している。一月二二日に欧州中央銀行（ＥＣＢ）が量的緩和政策に乗り出したのは例外ではない。

確かに消費税増税と原油価格下落の影響を見誤ったのは日銀の責任である。しかし、こうした過ちは取り戻すことができる。追加緩和をしたことは正しい。

また追加緩和の副作用が目立つという意見もあるが、それは何か。就業者が増え、失業者が減り、倒産件数が減っている。円安で企業収益は好調であり、国内生産回帰の動きも起きてきた。これを金融政策の成果でないと言うことは難しいのではないか。

不思議の第二は論壇での消費税増税の論じ方だ。まるで腫れ物に触るかのごとき取り扱いである。例えば二月一六日に発表された国民経済計算の一次速報では、内需、ことに消費、設備投資、住宅投資の回復の遅れが顕著だった。他方、輸出は伸びている。

普通に見れば、消費税増税の影響が長引いている一方、輸出については円安の効果が出てきたとなるはずだ。現に英フィナンシャル・タイムズ紙の一七日付記事は、消費の弱さの原因として消費税増税の影響を指摘している。しかし、我が国で消費税増税の負の効果に触れる解説が少ないのはどういうことだろうか。

不思議の第三は、普通の経済学がごく普通に経済を説明できることがないがしろにされていることだ。マクロ経済政策を緩和すれば景気は良くなり、引き締めれば景気は悪くなる。消費税増税は実質所得を押し下げて消費を減らす。このことは別にケインズ理論の立場をとらなくても言える。

金融緩和の正の効果は否定しながら、緊縮財政の負の効果を否定する。こういう議論にはかなりの無理がある。論壇の不思議が消えるのはいつの日だろうか。（カトー）」

二〇一五年二月二二日

今日のネットの「アゴラ」に、鈴木亘学習院大学教授が、二月二〇日の「大機小機」の「経済論議の三不思議」に触れ、「消費税引き上げの負の影響に触れるのはタブーなのか？」と題して、私のこの日記の一五年一月二九日で触れた「鈴木論文に対する雑誌社の扱い」について書いている。

鈴木先生が二社の雑誌から受けた「消費税増税の失策」のカットのように、新聞でも、雑誌でも、通信社の報道でも、「消費税増税で景気が悪化した」ということはタブーのようで、鈴木先生が言われるように、「不気味」で、まるで、中国のように、マスコミが「報道禁止令」にしたがっているかのようだ。

一体、日本のマスコミはいつから権力者（財務省？）の言いなりになったのであろうか。

消費税増税に対する様々な懸念

二〇一五年三月四日

日銀のエコノミストから、「量的・質的金融緩和」政策によるデフレ脱却メカニズムに関する彼ら自身の新しい研究成果の説明を受けた。

今日、日銀エコノミストが説明した研究は、二〇一六年三月に、日銀の英文のディスカッション・ペーパー（IMES DISCUSSION PAPAR SERIES No.2016-E-4）として公表されており、日銀のホームページからダウンロードできるので、私が守るべき秘匿事項ではないと考えられる。そこで、今日、受けた説明の概要を書いておく。

中央銀行による国債買入れを通じた恒久的マネタリーベースの増加は、政府にとって税収でカバーすべき実質政府債務の減少を意味する。その結果、民間部門で、恒久的な税負担の減少予想が発生する。すなわち、人々は、政府は将来、恒久的な減税を実施すると予想する。このように予想すると、人々の実質消費に対して増加圧力がかかり、実際にも、消費が増加して、インフレ率の上昇が引き起こされる。但し、人々の予想が外れて、いつまでも、減税が実施されなければ、消費は増加せず、したがって、インフレ率も上昇しない。

この研究では、政府は実質政府債務の減少に応じて減税する、という意味でリカーディアン的に財政を運営すると前提している。そのため、恒久的マネタリーベースの増加によって税収でカバーすべき実質政府債務が減少すると、政府は必ず減税することになる。減税でなくても、実質政府債務の減少を相殺するように財政支出を増やす場合にも、同様に、インフレ率の上昇が起きる。

しかし、実際には、マネタリーベースを恒久的に増やす必要はなく、政府と中央銀行は「デフレになったら、マネタリーベースを恒久的に増やすとともに、税収でカバーすべき実質政府債務の減少に見合っただけ、減税する」と事前に約束しておけば、デフレに陥ることはない、というのがこの研究のポイントである。

この研究と似た考えは、すでに、FRB議長のバーナンキが「自ら機能麻痺に陥った日本の金融政策」（三木谷良一、アダム・S・ポーゼン編、清水啓典監訳『日本の金融危機――米国の経験と日本への教訓』所収、東洋経済新報社、二〇〇一年）という論文で、「減税と同額の日銀の国債購入」という金融政策と財政政策の協調によるデフレ脱却を提案している。

このような研究からは、デフレ脱却のためには、国債買入れを通じたマネタリーベースの増加だけでは、デフレからは脱却できず、減税（または、財政支出の増加）が必要である。そうだとすれば、消費税増税はもってのほかということになる。

二〇一五年三月六日

黒田総裁の二月二七日の日本記者クラブでの「原油価格と物価安定」という講演録を読んで驚いた。黒田総裁は「日本銀行が二％の「早期の」実現にこだわる」理由について、次のように述べている。「米国のように（予想インフレ率が—岩田注）二％にアンカーされた後には、もう少し鷹揚に構えてゆっくりと目指せばよいのかもしれません。しかし、二％に持っていくまでは、人々の期待を変えるだけの「速度と勢い」が必要なのです。デフレ均衡はひとつの安定的な状態ですので、そこに向けて引力が働きます。だからこそ、景気の循環的な振幅や金融・財政面の刺激策にもかかわらず、一五年も続いてしまったのです。そこから脱出するためには、ロケットが強力な地球の引力圏から離れる時のように、大きな推進力が必要となります。すでに安定軌道を回っている人工衛星とは違うのです。そして、他国の衛星より低い、例えば高度一％の軌道まで辿り着けば十分ということではありません。低い軌道では、また引力に引き戻される惧れがあるからです。二％の高度は、各国が採用しているグローバル・スタンダードですが、そこには、上昇率が高めに出るという消費者物価指数の「上方バイアス」とデフレに陥らないための「のりしろ」、この二つのグローバルな経験知が込められていると思います」。

「人々の期待を変えるだけの「速度と勢い」が必要」だと述べ、そのことを「ロケットが強力な地球の引力圏から離れる時」に喩えたことは、わかりやすく見事である。

しかし、そうであれば、「量的・質的金融緩和」という大きな推進力で「デフレ均衡」から「二%インフレ均衡」に向かって飛び立ったばかりで、まだ、「デフレ均衡」の引力圏にとどまっているにもかかわらず、「消費税増税を延期すると、どえらいリスクがある」と「脅し」をかけて、消費税増税という逆噴射をかけよ」と主張するのは、一体どういうことであろうか。

黒田総裁は、「消費税増税した方が、人々は財政の持続性を信頼するようになるから、消費税増税後の消費の反動減はあるにしても、それは一時的で、中長期的には、消費は増える」という、実証されていない、あやふやな「非ケインズ効果」を確信していたとしか思えない。

私の周囲の人が言うように、「黒田総裁も財務省DNAから自由ではない」のだろう。

二〇一五年三月九日

午後一時からのメルケル・ドイツ首相主催の昼食懇談会に出席した。メルケル首相は明るいブルーのジャケットを着ていたためか、これまでテレビニュースで見てきたよりも、明るい印象を受けた。

私は、メルケル首相の短いあいさつの後、最初の意見陳述者に指定された。メルケル首相の私に対する質問は、日銀の「量的・質的金融緩和」の効果、世界中で金融緩和しているため、為替を通ずる効果がなくなる一方で、緩和しすぎによるリスクが高まると思うが、どう考えるか、といったことであった。

私は、「量的・質的金融緩和」は消費税増税が実施されるまでは、想定通りの展開を見せたが、増税後はその消費下押し圧力が想定以上に強くかつ長引いているため、二%に向けた消費者物価上昇の足取りは鈍っている。それに加えて、昨年夏頃からの原油価格の大幅下落で、消費者物価上昇率はさらに鈍化し、その傾向は今年夏頃まで続くと予想される、と述べた上で、メルケル首相が懸念していると思われる金融政策と為替相場の関係を次のように説明した。

「世界の多くの国が金融緩和しているが、それは通貨安競争ではない。各国がそれぞれの自らの国の経済が良くなるように金融緩和すれば、内需拡大に伴って貿易が盛んになるため、どの国も景気が回復し、お互いに利益を得ることになる。一九三〇年代の大不況期も各国が金融緩和による通貨安競争をしたため、景気回復が遅れたといわれたが、一九八〇年代に発表されたアイケングリーンとサックスの論文は、一九三〇年代の各国の金融緩和は内需と貿易の拡大という経路を通じて世界経済の回復を助けたことを示している。この意味で、今回ユーロ圏が量的金融緩和に踏み切ったことを歓迎している」。

その後の議論は、メルケル首相と日本側の出席者（メガバンクや日本郵政の社長や証券界の代表など）の構造改革・成長戦略重視の立場を反映して、これまでのアベノミクスの成長戦略はどこまで進んだか、TPPの締結は重要である、今後は、柔軟な雇用形態を可能にする雇用改革が重要な課題になる、構造改革の進め方を考える上では、ドイツが進めた構造改革が参考になる、といった議論が中心になった。

メルケル首相はギリシャの混乱が二〇一〇年当時のように、ポルトガル、スペイン、アイルランドなどに波及していないことが安心材料であるが、その一方で、フランスとイタリア、とくに、ユーロ第二の大国であるフランスの財政再建をはじめとする構造改革が遅れていることに不満のようであった。

メルケル首相との昼食懇談会を終えてから、早稲田大学大隈会館の楠亭でのウィリアム・ガーサイド早稲田大学教授（私たち夫婦は彼をリックと呼んでいる）の送別懇親会に向かった。私がメルケル首相との昼食懇談会に出席している時間に、リックの最終講義があったが、残念ながら出席できなかった。代わりというわけではないが、妻が最終講義に出席した。というのは、リックの講義を受けたアジア中心の留学生は春休みですでに一時帰国しているため、リックが「最終講義には誰も来ないのでは」と心配していたからで、講義をよく理解できないかもしれない私の妻も「枯れ木も山の賑わい」というわけである。後で、若田部昌澄教授に聞いたところ、三〇人くらいの人が出席したとのことであるから、まあまあだったと思う。

懇親会場につくと、懇親会はすでに始まっており、私が指定された席の前には、ガーサイド教授夫妻が座っており、二人とも、ドレスアップしていた。着席するとすぐに、スピーチを求められたので、次のような思い出を話した。

リックは二〇〇八年の夏休みの期間に、当時、学習院大学経済学部教授だった湯沢威教授の紹介で、客員研究員として、一ヵ月ほど学習院大学経済学部研究室で研究生活を送っていた。私はかねてから学部長職を終える二〇〇九年にサバティカル（研究休暇）をとってニュージーランドで過ごしたいと思っていたので、学部長という立場を利用して、リックに面会を求め、彼が当時勤めていたニュージーランドのオタゴ大学に客員研究員として招待してくれるように、頼んだ。これがリックとの最初の出会いである。

二〇〇九年九月に私たち夫婦がオタゴ空港に着いた時には、リックは親切にも空港に出迎えてくれ、アパートの契約に立ち会ってくれたうえ、オタゴの街を案内してくれた。さらに、夕食に中国料理店に連れて行ってくれ、そのあと、彼の家に招待されて、夕べを彼とともに過ごしたりした。

私のリック夫妻とのお別れのスピーチでは、こういった外国の大学関係者の親切な出迎え＝ホスピタリティーは、私たち夫婦にとって初めての経験だったこと、奥さんのグレンが一〇月にイギリスのホームタウンからオタゴに戻ってきた際や正月にリック家に招待された時には、奥さんの手料理やバーベキューなどをご馳走になったことなど、思い出話を語った。

しかし、隣に座っていた妻が「スピーチが長すぎる」というサインを送ってきたので、これから、いよいよ来日してからのリックの話をしようとしていたのであるが、仕方なく、「リックは良い研究者であるだけでなく、良い教育者でもあり、講義の用意のために大変多くの時間を割くことを惜しまない人だった」ことを付け加えて、スピーチを終えた。

懇親会が終わってから、隣のリーガロイヤルホテルのロビーラウンジで、リック夫妻に若田部先生とリックのバーミンガム大学当時の大学院生だった加藤大阪産業大学教授を交えて、二時間ほど過ごしたが、その席で、グレンが「キクオ。スピーチはとっても良かった」と言ってくれたのは、お世辞でもうれしかった。

なお、帰宅してから、妻が言うには、「最終講義で学生から花束の贈呈を受けた時に、リックは涙ぐんでいた」という。妻が「あなたは最終講義でどうだった？」というので、振り返ってみたが、私には涙ぐむような感慨にふけった覚えはない。当時、次の仕事になる可能性があった日銀正副総裁人事のせいで、七〇歳定年の思い出にふけっている暇がなかったのであろう。

感慨にふけるとしたら、最終的に仕事から離れて、引退生活に入る三年後であろう。

デフレ型ビジネスでは生き残れない

二〇一五年三月二三日

今日は、午前中に、朝日新聞社からのインタビューを受けた。朝日新聞をはじめ、マスコミや世間には、「量的・質的金融緩和」に対する誤解が満ちているので、誤解を解くという意味でも良い機会であると思い、インタビューの申し入れを受けた。

インタビューでは、「量的・質的金融緩和」の具体的成果を考える上では、二〇一四年四月の消費税の税率引上げの影響と、二〇一四年夏頃から起きた原油価格の大幅な下落の影響を取り除いて考える必要があることを、最初に断わり、消費税増税がなかった二〇一三年度は、「量的・質的金融緩和」は想定に沿った効果を発揮したことをデータで示した。

「量的・質的金融緩和」は効果がなかったと、主張する人は少なくないが、労働市場の改善を見れば、「量的・質的金融緩和」が絶大な効果を発揮したことは明らかである。このことを次のように具体的数値を示して述べた。

「「量的・質的金融緩和」は、雇用を大きく改善したという点でも成果を上げている。二〇一二年の失業率は四・三％だったが、最近（今年一月）は三％台半ばまで下がっている。有効求人倍率は、二〇一二年平均は〇・八倍だったが、最近は一・一二倍で、人手不足経済になっている。生産年齢人口が減っているのだから、普通、労働市場は売り手市場になるはずである。ところが、長い間、就職氷河期や就職超氷河期などといわれたような就職難の時期が続き、失業率は四％台後半から五％台にまで上昇し、労働市場は買い手市場だった。労働市場はこうした異常な状態から、「量的・質的金融緩和」以降、ようやく、正常な状態に戻りつつある」。

多くの失業者が職を得られるようになったことは、高く評価されるべきであると思うが、もっぱら、名目賃金は上がったが、物価上昇を差し引いた実質賃金は下がっていることが強調されている。しかし、「量的・質的金融緩和」の実質賃金に対する影響を見るうえでも、消費税増税による物価上昇分を取り除いてみる必要がある。

消費税増税による物価上昇分を取り除くと、一般労働者の実質賃金は二〇一四年七月のボーナス期は前年同月比で上昇し、その後、若干低下したが、二〇一四年一一月以降は再び上昇している。同じく、消費税増税の影響を取り除くと、パートタイマーの実質時給が消費税増税後前年同月比で見て低下したのは六月と九月で、それ以外の月は増税後も上昇し続けている。消費税増税の影響を取り除いた、雇用者全体の実質雇用者所得（『毎月勤労統計調査』の常用労働者数×一人当たり実質賃金）はすでに消費税増税前の二〇一四年三月から一〇カ月間連続して上昇している。実質雇用者所得はボーナス期の二〇一四年七月と一二月は、消費税増税による物価上昇分を除かなくてもともに増加しているのである。

ところが、以上の雇用の大きな改善効果を認めようとしない人が少なくない。その理由については、次のように説明した。

「少なからずの人が景気回復の実感がわかないのは、普通の人は消費税増税の影響を分離して実質賃金を計算するわけではないからだ。消費税増税で、増税分を含めた物価が大きく上昇したため、実質賃金は大きく低下した。しかし、少なからずの企業が二年続けてベアに踏み切ったことに象徴されるように、今後も、「量的・質的金融緩和」効果により、雇用需給が一層引き締まるため、名目賃金の上昇が続くと予想される」。

朝日新聞記者の質問の中には、「日銀に入られる前と比べて、政策に対する考え方など、認識が変わられたり、発展されたりしたことはありますか」というものがあった。これについては次のように答えた。

「日銀に入ってからは、学者時代には入手できなかったデータや日銀スタッフによる調査・研究の成果を利用して、金融システムの安定に配慮しながら、金融政策を運営できるようになった。日銀のスタッフからは、こちらから求めなくても、「量的・質的金融緩和」の下での日本における予想インフレ率の形成メカニズムや、「量的・質的金融緩和」が実体経済やインフレ率に影響を及ぼす波及経路などについて、研究成果を提供してもらっている。こうした日銀スタッフからの情報提供に助けられて、「量的・質的金融緩和」の効果に関しては、学者時代よりも確信を強めている」と、私の金融政策に関する考え方は、元日銀の翁邦雄氏がどこかで語ったといわれている「岩田氏も反省している」のではなく、むしろ、日銀のスタッフの助けにより、進化・発展していると述べた。

実は、われわれ正副総裁が執行部になって以降、日銀の金融政策に関する研究は、翁氏のように、「量的・質的金融緩和」は偽薬だ」という考えではなく、最近の欧米の「政策金利ゼロの下での量的緩和」に関する理論的・実証的研究成果を取り入れて、大きく進化しており、「量的・質的金融緩和」の有効性と「出口」の進め方の研究に注力しているのである。その研究によると、「理論的にみて、福井日銀のように、量的金融緩和から早期に出口に向かうと、再びデフレ均衡に陥る」という結論が導かれるのである。

二〇一五年四月一六日

今日は、何人かの民間銀行幹部と話す機会があった。昨年四月の消費税増税以降、私の関心事はもっぱら、消費税増税の影響である。一人の銀行マンは、円安によるコスト高をすでに販売価格に転嫁した企業とこれから転嫁を計画している企業を合計すると七割程度になり、転嫁は難しいという企業は二割程度であるという。

私からは、直近の二〇一五年二月の消費関連のデータは、昨年四月から実施された消費税増税の消費下押し圧力がいまだに続いていることを示しているが、銀行の取引先からはどういう感触を受けているか、尋ねた。その場にいたどの銀行マンも、消費税増税の影響は昨年の秋を過ぎてからはほぼなくなっており、今後は、実質賃金前年比がプラスに転じるとともに、原油安のプラス効果もあって、消費は着実に回復するとみていたのには、正直信じられない気持ちだった。

もう一つ、気がかりだったのは、二〇一五年三月短観では、大企業製造業の業況判断が、円安、原油安、収益好調にもかかわらず、横ばいで、先行きはやや低下しているのはなぜか、という点である。これに対する銀行の方々の見方は、業況はすでにかなりの高水準に達しているため、今後はそれほど高まらないとみているだけで、水準自体高いので心配する必要はない、ということであった。

私からは、デフレ期の非正規社員を低賃金で雇って、こき使い、低価格で販売する、というデフレ型ビジネスは、人手不足で賃金が上がる状況では、成立しないのではないか、と尋ねたところ、「すき屋にみられるように、低価格ビジネスは転換しつつあり、価格の再構築（repricing）が始まっている」という。

四月一〇日に、日経平均株価が一五年ぶりに一時二万円台をつけたことを伝えるNHKのニュースで、どこかの衣料品店の個人企業経営者が「日経平均が二万円台をつけましたが」というアナウンサーの問いかけに、「われわれには関係ありませんね」と冷ややかに回答していた。

テレビに映し出されたその衣料品店は、所狭しと洋服を吊るして並べており、店はまるで衣料品の倉庫のようである。今時、そんなディスプレイをしている衣料品店から洋服を買おうとする人がどれだけいるであろうか。低価格のユニクロにせよ、洋服の青山やアオキにせよ、楽しく買い物ができるように、洋服が並び、店もきれいで、雰囲気が良い。

これからは、低賃金・低価格のデフレ型ビジネスでは生き残れず、買い物にせよ、食事をするにせよ、ただ買うだけ、ただ食べるだけではだめで、楽しく買い物し、楽しく食事できるサービスを提供しなければ、生き残れないであろう。

アベノミクスや「量的・質的金融緩和」の恩恵は、地方や中小企業には届いていないとか、トリクルダウン（大企業などの利益が地方や中小企業などに行き渡ること）は起きていないと嘆き、新聞などもそう報道し続けている。しかし、ただ、口を開けて待っていれば、トリクルダウンの利益を享受できるわけではない。トリクルダウンの利益を受けるには、自ら努力する必要があるのである。

（日記後記）二〇一四年度の日本経済

この日記を書いていた時には、二〇一四年度のデータがそろっていなかったが、日記を整理している二〇一八年六月現在、データがそろっているので、消費税増税が実施された一四年度の日本経済を概観しておこう。

二〇一四年度（二〇一四年四月から二〇一五年三月）の実質成長率（国内総生産の増加率）は、消費税増税による需要下押し圧力を受けて、マイナス〇・三％と落ち込んだ。二〇一三年夏の消費税増税の賛否を問う「集中点検会合」で、多くのエコノミストが「消費税増税の成長への影響は軽微」と述べていたが、その予測は大きく外れたのである。

この大きな落ち込みは、一四年四‐六月期のマイナス六・八％（前期比、年率換算）というリーマン・ショック後の二〇〇八年一〇‐一二月期のマイナス八・九％に次ぐ大きさのマイナス成長を、その後の3四半期の成長で取り戻せなかったからである。

一四年四‐六月期の家計最終消費支出は前期比一七・二％（年率換算）も落ち込んだ。その後の消費の回復は弱く、一四年度の家計最終消費支出の前年度比はマイナス二・四％へとマイナスに転落した。一九九五年以降、家計最終消費支出の前年度比がマイナスになったのは、消費税増税（三％から五％への引き上げ）が実施された一九九七年度のマイナス〇・九％とリーマン・ショックが起きた二〇〇八年度のマイナス二・一％の二回だけである。一四年度の落ち込みはこれら二回の落ち込みよりも大きかった。

消費税増税前に、財務省幹部は、「住宅減税を、住宅を一四年度以降に購入した方が有利にしましたから、一四年度の住宅投資は落ち込みません」と、私に向かって断言したが、一四年度の前期比は四‐六月期と同年七‐九月期は、それぞれ、マイナス三二％とマイナス二五・九％もの落ち込みとなった。一〇‐一二月期は回復したものの二・三％という弱々しさだった。結局、一四年度の住宅投資は前年度比九・九％もの落ち込みになった。

消費税増税後の経済を支えるはずだった一四年度の公共投資は、前年度比マイナス二％で、支えるどころか、押し下げに寄与した。

一方、一四年度の実質成長率はマイナスだったが、雇用は改善した。失業率は一四年三月は三・七%、四月は三・六%であったが、以後、上昇する月もあったが、全体として低下傾向を保ち、一五年三月には三・四%まで低下した。一方、有効求人倍率は順調に上昇し、一四年三月の一・〇七倍から一五年三月には一・一六倍まで上昇した。

消費者物価前年同月比は、二〇一四年四月には、消費税増税による上昇分を除いて、一・五%まで上昇した。しかしその後は、消費税増税による消費の減少の影響を受けて、低下し始め、一五年入り後は、一四年夏頃から始まった原油価格の急落（日本の原油輸入の大半を占めるドバイ原油価格は、二〇一四年四月の一〇四・七ドルから、一四年度の終わりの二〇一五年三月には、五四・九一ドルと一年間で四八%もの下落である）の影響を受けたエネルギー価格（ガソリン代や電気料金など）の下落が加わって、一五年三月には〇・一%まで低下した。一四年度の一年間で、一・四ポイントの低下で、「量的・質的金融緩和」によって、一三年度に一・八ポイント上げた分の七八%を失ってしまったことになる。

消費税増税と原油価格急落の消費者物価への影響、恐るべしである。

第四章 「経済音痴」の民主党国会議員の対応に追われる日々

的外れな質問を繰り返す議員たち

二〇一五年四月二三日

今日は午前一〇時から、久しぶりに国会に呼ばれて、参議院財政金融委員会で答弁することになった。前川清成民主党議員が三〇分間、なんと黒田総裁には質問せず、私と原田審議委員にだけ質問するという。実際に質問を受けて分かったが、経済学の「け」の字も知らない、とんでもない人だった。

なお、以下の国会での質疑応答は、ネットで検索できる「国会会議録」からの引用であるが、冗長な部分や主語などがはっきりしない場合があるので、趣旨を変えない範囲で、若干修正したり、括弧をつけて言葉を付け加えたりしていることを、お断りしておく。

前川氏は「岩田副総裁におかれましては、教壇にも立っておられましたので分かりやすく説明することはお得意だろうと思いますので、是非、報道を接して副総裁の発言を見聞きされる国民の皆様方にも分かりやすいように、答弁していただければ幸いでございます」と、まずは丁寧に切り出した。「今日は、量的緩和についてお尋ねしたいんですが、不景気になりますとお金がない、だから、企業は設備投資しない、個人も住宅を建てないと、その結果需要が生じない。そこで、かつては公定歩合、日銀の各金融機関に対する貸出金利を下げた。公定歩合が下がったら、各銀行はいわば仕入れ値が下がるわけですから安く金を貸すことができると。金利が安いんだから、そうしたら借金してでも工場を建ててみようか、住宅を建ててみようかと。これらの需要が呼び水になって景気が回復すると、これが教科書に書いてあったような金融政策であります」と切り出した。

私はこの切り出しでまず、がっくりきた。日本銀行は一九九六年以降、前川氏がいうような「公定歩合」による金融政策は行っていないからだ。

前川氏の質問は次のように続く。「今、日銀がやろうとしているのは、いわゆるマネタリーベース、世の中に供給するお金の量を増やそう、二年間で二倍に増やそうと、そうしたら二年間で物価が二％上昇すると、……今お金が眠っている、だからインフレを起こすことでそのお金に目を覚ましてもらおうと。デフレからインフレに誘導することで企業や個人がお金を使うようにする、お金が回りだすことによって企業や個人の景気がよくなっていくと。こういう理屈だろうと思うんですが、そうだとすると、世の中に供給するお金の量を増やしたらどうして企業や個人はお金を使うようになるのか。この点を、期待に働きかけるとかいうことはおっしゃらずに、分かりやすく説明していただきたいと思います」。

この質問で、「期待に働きかけるとかいうことはおっしゃらずに、分かりやすく説明していただきたい」という要求は無茶である。白川前日銀総裁も退任時の記者会見で「期待に働きかけるという言葉が、中央銀行が言葉によって、市場を思い通りに動かすという意味であるとすれば、そうした市場感、あるいは政策感には危うさを感じる」と語ったという（ブルームバーグ、二〇一三年三月一九日）。読者には、このような、「中央銀行が言葉によって、市場を思い通りに動かす」といった極端な物言いで、「期待に働きかける政策」そのものを否定しようとする態度には、気を付けてほしい。

日銀にせよ、政府にせよ、予測の専門家と自称するエコノミストにせよ、誰も「市場を思い通りに動かす」ことなどできないことは自明である。リフレ派がいう「インフレ予想の形成に働きかける」とは、「中央銀行が言葉によって、市場を思い通りに動かそうとする」ことを意味しない。「一五年以上も続いたデフレのために、人々の間に強固に定着してしまったデフレ予想を「量的・質的金融緩和」によって打ち砕き、人々が次第にインフレを予想するようになる」という意味で、「人々のインフレ予想形成を促す」ことに他ならない。日本銀行が人々のインフレ予想形成を促しても、実際に、人々がインフレを予想するようになるか、なったとして、日銀が目標とする二％まで上昇し、そこでアンカーされるか（安定するか）どうかは不確実である。しかし、リフレ派は、「たとえそうした不確実性が存在しても、日銀が人々の予想インフレ率が二％で安定するまで、「量的・質的金融緩和」の実施にコミットすることこそが、デフレから脱却し、二％の物価安定目標が安定的に達成される唯一の道である」と考える。

右で、私は「期待に働きかける」とか「期待インフレ率」とか言わずに、「予想形成に働きかける」とか「予想インフレ率」という言葉を使った。それは、日本の「期待」には「合格を期待する」といったように、「よい結果を願う」というポジティブな価値判断の意味が込められているからである。それに対して、予想は価値判断から中立的であり、金融政策運営においては、そうした価値判断を含まない中立的な言葉を使用すべきである。

ちなみに、私が日銀に来て以来、企画局の文書では、「期待インフレ率」ではなく「予想物価上昇率」という言葉が定着している。

白川前日銀総裁には、自身は目的としていなかったとしても、自分が実践した金融政策が、「実は、人々のデフレ予想の形成に働きかけていた」という自覚がない。実際に、白川総裁時代（二〇〇八年四月九日から二〇一三年三月一九日）のＢＥＩ（ブレーク・イーブン・インフレ率）はマイナスで、デフレ予想が続いたのである。

話が少しそれたが、前川氏の「期待に働きかけるとかいうことはおっしゃらずに」という要求は、「量的・質的金融緩和」の物価に及ぼすまでの波及メカニズム説明をするな」と言っているのに等しく、まったくもって言語道断な要求である。

さらに、私が実質金利の引き下げ効果（予想実質金利というべきだが、おそらく、実質金利の意味が分かりそうもない人に、予想実質金利といえば、一層わからないと思い、実質金利ということにした）を述べようとすると、委員長（古川俊治氏）が「答弁は、端的に、質問者の趣旨に正面から答えるようにしてください」という。この委員長も「量的・質的金融緩和」の効果が分かっていないから、肝心なところで、こういう要求を出す。これでは、「量的・質的金融緩和」効果の起点である実質金利が低下すると、何が起きるかを説明する時間がないから、私も「そういうメカニズムがあるということで……」と説明を飛ばすしかない。

そうすると、前川氏は「あのね、副総裁、僕は実質金利が云々かんぬんとか、そういう理屈は聞いていいないんですよ」ときた。

前川氏が考えている「公定歩合を下げる→銀行の仕入れ値が下がる→銀行は安く金を貸すことができる→（企業は）金利が安いんだから、借金してでも工場を建ててみようか」というメカニズムにおける「金利が安いんだから」という部分の金利も、前川氏は分かっていないが、単なる金利ではなく、「名目金利から、企業の予想インフレ率を差し引いた予想実質金利」なのである。それが分かっていないから、前川氏にとっては「実質金利」はへ理屈になってしまう。

さらに、前川氏は「僕が岩田さんの講義を取っていたら、必ず単位を落としますね。言ってる意味が分からないもの」という。

これに対しては、「その通り単位を落としますね」と答弁するのが正解であるが、国会答弁の経験者によると、国会の場でこう言うと、「経済学のことは何も分かっていないのに、分かっていると勘違いしている」多くの国会議員たちは、大騒ぎになり、国会は大混乱に陥るとのことである。

前川氏は、国会議員は答弁者（私の場合は、参考人）に対してどんな侮辱的発言をしても許される存在であると誤解しているようである。そもそも、私に向かって、「あのね、副総裁」とか「聞かれたことに答えましょうね。小学校でもそう習ったでしょう」などという前川氏こそ、自分の経済と金融政策への無知蒙昧を認識せずに、品性下劣な発言を繰り返していることを自覚していない。

その後は、民主党お決まりの、私が副総裁就任時、国会での所信説明の際に述べた「二年たって二%に達していなかったときの最高の責任のとり方は、辞職である」に関するやり取りであった。

前川氏の私に対する質疑が長引いたため、予定されていた原田審議委員への質疑は飛ばされてしまった。

前川議員に続いて、民主党の礒崎哲史議員が私に対して質問に立った。礒崎議員は冒頭次のように述べた。

「今、前川委員との間でも様々なやり取りがございました。岩田副総裁、辞職という言葉は、確かに我々が使ったのではなくてご自身が発せられた言葉。確かに様々な環境変化がありますから、当然二年というタイミングではなく、それが早まったり、遅まったり、これはあると思うんです。であれば、反省するという言葉も、その当時、就任会見のところでは述べておられますので、素直に反省すれば私はよかったと思うんですけれども。今お話しされました、説明責任が果たせなければやっぱり辞めますという、私はこれは発言として本当に反省されているのかなということを正直思います。

……日銀の信頼性をしっかり高めていくということを一番に私は考えていただきたいと思います。ご自身の考えをもってどうのこうのというのではなくて、そのお立場の中で日銀という組織の信頼性を高めていくという考えの中でしっかりと私はご発言をしていただきたいなと思っておりますので、また、二年前の就任会見の時に出てきていた、説明責任を果たせなければ辞めますというご発言をここで繰り返されているのも、少々私としては非常に残念な思いで今発言を聞かせていただきました」。

前川議員は私に辞職を求めているようであった。それに対して、この礒崎議員の発言の意味ははっきりしないが、「二%達成の時期は様々な事情で変化するので、たとえ、二%達成の時期に関して説明責任を果たせなくても、副総裁の職を辞さずに、物価安定目標達成に向けて職を全うすることが、日銀の信頼性を高めることにつながる」と言っているように聞こえる。民主党の議員にもいろいろあるようだ。

しかし、その一方で、礒崎議員は「結果的には、今二四カ月、二年間というタイミングでは、これ物価上昇目標は達成できなかったということであります。説明責任をしっかり果たしていただくという意味で、改めてなぜ達成できなかったのか、原因はどこにあったのか、その原因の分析について、岩田副総裁の見解、お聞かせいただきたいと思います」という。やはり、礒崎議員も「説明責任を果たす」ことが重要だと考えているようである。

この落ち着いた、礼をわきまえた礒崎議員の質問に、私自身も落ち着きを取り戻し、次のように丁寧に説明することができた。

「量的・質的金融緩和というのは、一方で予想物価上昇率を上げるとともに、片方では、名目金利を引き下げて実質金利を下げるということで、実際に凍りついたお金が動き出すということ、それによって物価が上がるとともに景気も良くなるということを目指しているわけでありますが、実際にその所期の目的は発揮されておりまして、先ほど申しました一四年四月、消費税がちょうど増税されたときには一・五%まで物価が上がっております。それは、我々が量的・質的緩和を始めたときにはマイナス〇・五%でありましたから、二%ポイント上げる力があったわけであります。

しかしながら、その後、消費税率引き上げの反動減が非常に長引いてしまって、これも九七年の消費税増税の時には七–九月にはもう経済は成長経路に戻っていたんですけれども、今回はそれも戻らない。いまだ、消費税増税の影響は完全になくなっていない状況であります。

それが需要面の弱さ、消費の弱さをもたらして消費者物価上昇率を低下させたわけですが、さらに加えて、原油価格が大幅に下落するということで、その後の伸び率としては、現在はゼロ%にあるということであります。

原油価格下落による物価上昇率低下は世界的にみられる現象でありまして、米国、英国、ユーロエリアでは、消費者物価の前年比はゼロないし小幅のマイナス状態です。

ただ今申し上げました二つの要因のうち、消費税率引き上げ後の反動減に起因する下押し圧力は収束しつつあります。また、原油価格の下落については、まだ影響が残るとは思いますが、やや長い目で見れば、経済活動に好影響を与えることによって結局は物価上昇要因になっていくということで、前年比で見た物価引下げ圧力はいずれ剝落するということで、……重要な需給ギャップ（需要と供給の差）の拡大と予想インフレ率の安定的な上昇という、そういう基調は変わりがないということで、現在の量的・質的金融緩和をつづけることによって、二％に向けた基調は保たれていくと考えております」。

礒崎議員はこの私の説明を受けて、「岩田さん、就任会見のなかでもこういうお話をされていまして、金融政策で期待に影響する最初の段階はこれは資産市場なんだと、マーケットという言い方をされていました。そのマーケットを通じて、それから実体経済に移っていくということで、その期間で必要なのが大体二年間、ほかの外国の例を見ても大体二年間ということですけれども、今のこの時点において実体経済に影響というのは及んでいるという認識でしょうか」と質問した。

礒崎議員の右の発言から、礒崎議員は前川議員と違って、私の就任会見における「金融緩和政策がどのような経路をたどって、実際の物価上昇率を目標としている二％まで引き上げていくか」の説明を踏まえて、質問されていることがわかる。日銀のホームページに掲載されている私の「量的・質的金融緩和」の実体経済へ波及メカニズムの説明を読んだこともなく、また、目の前で説明している私を馬鹿にする態度に終始して、あらゆる金融政策の効果の起点である実質金利の意味も分からずに、「僕が岩田さんの講義を取っていたら、必ず単位を落としますね。言ってる意味が分からないもの」と言い放って恥じない前川議員とは大違いである。

礒崎議員の質問に対して、私は「実体経済に関して一番顕著に良い環境が現れているのは、雇用市場だと思っております」と述べて、量的・質的金融緩和後の失業率の大幅低下と有効求人倍率の大幅上昇を上げた。さらに、「消費税増税の分で二％急に物価が上がりましたので、実質賃金は低下しましたけれども、基本的な賃金は上がる方向に動いております。実際に、昨年と今年について何年振りかでベアが実施されたように、雇用市場はよくなっているし、失業者もどんどん減って、（失業者は）職を得ていると。……そのほか、企業収益も良く、非製造業で中小企業は大変だといわれますが、短観などによると、それもリーマン・ショック前のピークくらいに達しています」と述べた。

それに対して、礒崎議員は私の出した「いくつかの例」に対して「違和感がある」と述べて、「失業率の件でいえば、当然今団塊の世代が六五歳を迎えて、企業としてはどんどん人がいなくなっていくわけですから、これ自動的に新入社員を雇わないと、企業としては人材としては減ってしまいますからね。……ですから、失業率が低下したのは金融緩和政策によってではなく、そもそもの人口構造からきているという点も私は大きいんじゃないかなと思います」と疑問を提示された。

これは最近よく見かける意見であるが、私は「生産年齢人口は二〇〇〇年（正確には、一九九七年がピーク―岩田注）くらいからずっと減っているわけです。生産年齢人口が減っているということは、普通に考えれば、労働者が減っていくわけですから、労働市場は売り手市場になってこないとおかしいわけで、失業率が上がるということ自体がおかしいわけですね。やはりそれは金融政策を含めて経済政策に何らかの問題があって、生産年齢人口が少なくなっている中でも、失業率が上昇してしまう、失業者が増えるということが起こった。……それを止めて逆転させたという、量的・質的金融緩和にはそういう力があったと考えております」と答えた。

非製造業の中小企業も含めて、企業収益はリーマン・ショック前のピークに戻ったという私の説明に対しては、礒崎議員は「リーマン・ショックの前はデフレだったんじゃないですか。……そこまで戻ったというのは元々あったところにやっと戻ったということですから、大きく飛躍しているという」見方には違和感があるという。

これに対しては、「リーマン・ショック前は、原油価格の高騰にも助けられて」、「物価」は「ゼロからプラスの領域をうろうろしていたわけでありまして、完全にデフレ脱却をしたわけではありませんが、何よりもリーマン・ショック前は世界経済が実は絶好調だったんです。まれに見る、世界史的にも。アフリカのようななかなか成長しないと思われた国も、年率でいうと、もしもそれが続けば一〇年でGDPが倍になるほどの好況だった。そうした世界経済が絶好調にあった中で達成した収益の水準に今近づいているということであります」と答えた。

この答弁に対しても、礒崎議員は「リーマン・ショック前は世界経済が良かったという意味でいけば、今もアメリカ経済は絶好調です。……その意味でも、ちょうどアメリカ経済が戻ってきた、あるいは欧州の経済の低迷、いわばギリシャの破綻の話が一段落したタイミングでまさにこの金融緩和が始まったわけですから、その恩恵も十分受けている」。したがって、「全てが日銀の金融緩和による成功の部分なのかなと、もう少し私はそこは冷静な見方をしていただかないと、この後の政策、見誤る可能性があるんじゃないか」という。

この意見に対しては、礒崎議員が黒田総裁への質問に切り替えてしまったので、私が答弁する機会はなかった。

そこで、ここで、リーマン・ショック前と現在の世界経済を比較して、読者の参考にしておきたい。

リーマン・ショックが発生したのは二〇〇八年九月であるので、リーマン・ショック前の期間として二〇〇四年から二〇〇七年を取ろう。この期間の世界経済、ユーロ圏、先進七カ国（G7）、その他先進国（G7とユーロ圏を除く）、新興国と発展途上国のそれぞれの実質経済成長率の平均は、五・四%、二・五%、二・五%、四・九%、八・〇%である。一方、「量的・質的金融緩和」の期間である二〇一三年（正確には「量的・質的金融緩和」は二〇一三年四月からであるが、データの関係上、二〇一三年からとする）から二〇一四年の二年間は、それぞれ、三・四%、〇・二%、一・六%、二・五%、四・八%である。リーマン・ショック前の期間の平均実質成長率が「量的・質的金融緩和」期間の平均に比べて極めて高いことが理解されるであろう。ユーロ圏については、リーマン・ショック前の平均二・五%から二〇一三年からの二年間の平均は〇・二%へとほぼゼロ成長という悲惨な状況への転落である。

ちなみに、礒崎議員が「今もアメリカ経済は絶好調です」というアメリカの二〇〇四年から二〇〇七年の平均実質成長率は二・九%であるのに対して、二〇一三年から二〇一四年の平均実質成長率は二・三%である。アメリカ経済はすでに、リーマン・ショックがおきた二〇〇八年より一年前にサブプライム・ローン問題が顕在化し、二〇〇七年の実質成長率は一・八%まで低下していた。この点を考慮して、リーマン・ショック前の期間として、二〇〇四年から二〇〇六年を取ると、アメリカの平均実質成長率は三・二%（二〇一三年と二〇一四年の平均は二・三%）になる。この点から見ても、「今もアメリカ経済は絶好調です」とは到底言えない。むしろ、アメリカでは「長期経済停滞論」が台頭している状況なのである。

礒崎議員は前川議員に比べればその経済知識ははるかにましであり、礼節もわきまえている。しか

ト、日銀の中曽宏副総裁が来て、国会で質問するから待っていてくれと言われて待機していると、その前に岩田規久男副総裁が来て、大蔵委員会へ移動したりした。

し、事実認識に関しては、「量的・質的金融緩和」の効果を認めようとしない反リフレ派エコノミストの発言に影響されているようである。

今日は午後からの国会質問にも立ち会ったが、維新の党の藤巻健史議員が冒頭、午前の前川議員の質問に言及して次のように発言した。

「先ほど、前川委員の方から、量的緩和がどういうことで景気にいいのかという質問に対して、岩田副総裁が大分難し過ぎたので、代わりに私がお答えいたしますけれども、前川さんいらっしゃらないんですが」といって、藤巻議員はがっかりした様子であった。前川議員は私への質問が終わると、さっさと帰ってしまったようである。

藤巻議員が私の代わりに説明した「量的・質的金融緩和」が景気を良くするメカニズムは次のようなものであった。

「まず、いろんな経路がありますけれども、一つは、余ったお金が株とか土地に行く、そうすると株とか土地の値段が上がる、上がると消費も増える、というういい回転が起こるわけですね」といって、一九八〇年代後半に起きたバブルで、日産の高級車シーマが売れたという「シーマ現象」に触れた。

「シーマがたくさん売れれば、当然ながら、日産の従業員の給料も上がって、ベアも上がると。これを資産効果というわけですけれども、量的緩和によって、資産効果があって、まさにあのバブルの狂乱経済が生まれたという経路が一つあります」。

藤巻議員の量的緩和による資産効果の指摘は正しいが、これにより、「バブルの狂乱経済が生まれた」という指摘は当てはまらない。まあ、それは見過ごすことにして、藤巻議員の解説を進めよう。

「二番目に、……量的緩和によって円安が進む、円安が進むことによって日本の競争力が上がる。それは、別に輸出だけじゃなくて、サービス、輸出物、それから労働力も競争力が上がる。すなわち、……今円安によって観光客が増えているのと同じように、サービスも良くなるし、……円高で海外に行っていた工場が戻ってくることによって、日本人のベアにも貢献するというような非常にいい回転が起きる。

ということで、量的緩和がいいというのは、私も今日だけを考えれば認めます。……大企業とか金持ちだけじゃないかという批判もあるかもしれませんが、……景気回復というのは……お金持ちとか大企業が先にスタートして、その後に中小零細企業の収益等が上がっていくということで、これは単なる時間差の問題でして、これだけお金をじゃぶじゃぶにすれば、やはり最終的には世の中良くなるし、景気も良くなるし、インフレ率も上がってくると思います」。

なかなかわかりやすい、私に対する応援演説である。しかし、藤巻議員はこれから先が問題で、「重要なのはインフレがスタートした後にコントロールできるかどうか」といって、いつものように、「量的・質的金融緩和」の出口の話になって（「量的・質的金融緩和」をやめるとき）日本銀行と日本経済に悪影響があるという主張を展開する。要するに、バブルになったり、インフレを止められず、ハイパーインフレになったりするという、毎度おなじみの話である。

数少ないリフレの意味をわかっている人たち

二〇一五年四月二四日

昨日、夕食後、ネットでロイターのサイトを何気なく見ていたところ、「円高逆戻り招く日銀緩和

「出口論」というタイトルの記事に出くわした。政井貴子という人の記事で、今まで全く知らなかった人である。

記事は次のように始まる。「このところ、二％から一％程度へのインフレ目標の引き下げや、国債購入額の減額など、緩和縮小スタンスの打ち出しを日銀に対して勧める意見をよく耳にするようになった。しかし現段階で、こうした議論は通貨の安定推移の観点から得策ではないと考えている。日本経済は、構造改革も含めてデフレ型からインフレ型思考へと、やっと変化し始めた「かもしれない」という段階だ。アベノミクスの原点が「金融緩和と円高是正」にあったことを考えれば、ここは我慢のしどころだろう」。

ここまで読んで、「あれっ、この女性（エコノミスト？）はこれまで私がネットで出くわしたエコノミストとは違う」と思い、先を読み続けると、三月のアメリカの連邦公開市場委員会（ＦＯＭＣ）が利上げに対して非常に慎重な態度を示していること、欧州中央銀行（ＥＣＢ）が開始した量的緩和、中国の今年二回目の預金準備率の引き下げなど「世界的に緩和スタンスが強まっている」「にもかかわらず、仮に日本が緩和スタンスの後退を市場に明示するようなことがあれば、通貨高を受け入れるとのメッセージになりかねない」とある。

「仮に今のタイミングで日本が緩和スタンスを後退させるようなことがあれば、円高方向への調整を招き、デフレ心理を再燃させ、せっかく弾みのつき始めた企業業績や輸出動向の気勢をそいでしまう可能性がある」。

「確かに、年金積立金管理運用独立行政法人（ＧＰＩＦ）など年金基金の資産運用積極化の流れや、それに続く生命保険会社や郵貯の海外資産投資積極化の予想が市場の円安期待の下支えとなっているが、そうした機関投資家の行動変化も、政府・日銀による断固たるデフレ脱却姿勢、金融緩和継続予想が根底にあればこそではないだろうか。

言い換えれば、こうした運用姿勢の変化は、現下のインフレ志向型の金融政策にポートフォリオをマッチさせる結果なのであって、政策が再びデフレ的になれば、その運用スタイルもデフレ志向に回帰する可能性がある。どのような環境下でも無条件にこの円投フローが存在すると考えるのは、少しナイーブではないかと思っている」

さらに、次の発言は、日銀の物価安定目標がなぜ二%なのかをよく理解していることを示している。すなわち、「政府・日銀がデフレ脱却のための政策連携を担保し、日銀が物価安定目標を欧米並みの二%にアンカーしたことは、変化し得る海外情勢と並走するとの決意表明になった。それがあって初めて、過去二〇年以上にわたって円市場に吹いていた理論値の円高トレンドを少なくともトレンドレス（横ばい）化させる可能性を暗示できたのだ」。

「加えて、昨年一〇月末のサプライズ追加緩和の実行が円安維持心理として市場に与えている影響は大きい。仮にデフレ期待が再び台頭しかねない円高傾向の強まりがあったとしても、その折には、迷わず日銀による追加緩和があるという期待が市場で維持されている。

このプットが効いているからこそ、今年一月のスイス・フラン・ショックや昨今のユーロ圏の動向、あるいは米国の利上げスピード、また国内フローの変化にあっても、円相場が安定した動きを維持できているのだろうと考えている。また、結果として、企業や家計、機関投資家の行動にも最近ようやく良い変化が見られ始めているのだと思う」と述べ、「デフレ型からインフレ型経済思考へと完全脱皮できていない道半ばの段階で緩和姿勢の縮小スタンスを明示することは得策とは思えない。実験的な政策だけにいろいろな副作用の議論があるのは理解できるが、我々がもう少し経済成長に対して貪欲になるのであれば、ここは我慢のしどころではないか」と締めくくっている。

履歴を見ると、いくつかの外資系銀行を経て、二〇〇七年五月に新生銀行に入行し、とんとん拍子で出世し、二〇一三年四月に新生銀行初の女性執行役員として、市場営業本部市場調査室長に着任したとある。修士を取得してノバ・スコシアバンク（東京）に入行した年から推測して、五〇歳前後くらいであろうか。

ネットで政井貴子と入力して検索すると、政井氏が外資系金融機関を辞めて新生銀行に転職したのは、「日本人として日本に税金を納めたかったから」であるという。また、テレビ番組のモーニングサテライトにもよく出演していることも分かったので、YouTubeで彼女が出演している場面を見ることにする。

二〇一五年四月二九日

四月二三日の前川議員の私への発言に対しては、次のような後日談がある。

まず、日銀担当記者の多くが、私に「前川氏の発言・態度はひどかったですね」と感想を述べたことである。

次に、髙橋洋一嘉悦大学教授が今日の夕刊フジの「「日本」の解き方」の欄で、「日銀副総裁の質疑でも再確認　民主党の金融政策への無理解　まともな人起用しない不可解」という見出しで、次のように述べている。

「四月二三日の参議院財政金融委員会で行われた民主党の前川清成議員と日銀の岩田日銀副総裁の質

疑が話題になっている。インターネット上で審議状況を見て、正直びっくりした。……経済学を知っていれば、①マネタリーベースを増やすと実質金利が下がる②実質金利が下がると実体経済がよくなる。たったこれだけのことである。このメカニズムが分からない人は「実質金利」がわからない。

……前出の質疑では、岩田副総裁が実質金利について丁寧に説明しようとすると、前川議員は「僕は実質金利が云々かんぬんとか、そういうへ理屈を聞いていないんですよ」という。これでは岩田副総裁に説明せよと言いながら、説明を聞かないということになってしまう。実質金利を知らないならば、せめてその意味やその数値の推移を質問すべきだった。実質金利とは、名目金利から予想インフレ率を引いたもので、それが下がれば、消費、投資、輸出それぞれに好影響が出ることを、岩田副総裁は説明しただろう」。

しかし、前川議員はどんなに説明しても、「実質金利が下がる→消費、設備投資、輸出などの総需要の増加」というメカニズムを理解できなかったであろう。経済学の素養がない人にこのメカニズムを三〇分以内で理解させること自体無理な話なのである。ましてや、国会での金融政策に関する質疑をテレビで見ている、経済学の素養のない人が「量的・質的金融緩和」のような非伝統的金融政策を理解することは不可能である。

髙橋教授の記事は以下のように続く。

「民主党でも金子洋一参議院議員のように、よく理解している者もいる。……ところで、前川議員は奈良県選出であり、かつては馬淵澄夫衆議院議員を党代表に担いでいた。馬淵議員も民主党内では数少ない金融政策を理解している人だ。

こうした人たちが党の金融政策で前面に出ないというのは、民主党自体が金融政策を理解していないことを公言したようなものだ。金融政策が無理解のままでは雇用を増やせないことを肝に銘ずるべきだ」。

髙橋教授がこのご自身の新聞記事を馬淵澄夫民主党衆議院議員にメールで送ったところ、馬淵議員から以下のメールが髙橋教授に返信され、私のアドレスに転送されてきた。

「我が社の経済オンチには、もはやついて行けなく、うんざりしています。いつも金子と二人でお互いに励ましあっている状態で（笑）、残念でなりません。……あきらめずに、へこたれずに、リフレ派の先頭で頑張ります」。

馬淵議員は二〇一一年八月二九日の民主党代表選挙に立候補され、私が当時在職していた学習院大学の私の研究室に来られて、代表選挙への立候補とその際「インフレーション・ターゲット政策を掲げる」と決意を述べられた。私は馬淵氏の当選を祈願したが、代表に選ばれたのは野田佳彦議員だった。あの時、馬淵議員が代表に選出されたら、日銀は現在のようなインフレ目標政策を採用せざるを得なくなり、馬淵政権のもとで景気回復が始まっていたであろう。したがって、安倍政権も誕生しなかったであろう。

物価の正しい見方

二〇一五年四月三〇日

今日、日銀は金融政策決定会合を開き、「経済・物価情勢の展望」（基本的見解。いわゆる「展望レポート」）を発表し、消費者物価の先行きについて、次のように述べている。

「消費者物価の前年比（消費税率引き上げの直接的な影響を除くベース）は、当面〇％程度で推移するとみられるが、物価の基調が着実に高まり、原油価格下落の影響が剝落するに伴って、「物価安定の目標」である二％に向けて上昇率を高めていくと考えられる。二％程度に達する時期は、原油価格の動向によって左右されるが、現状程度の水準から緩やかに上昇していくとの前提にたてば、二〇一六年度前半頃になると予想される」。

この文章で注目されるのは、「物価の基調」という言葉であり、「展望レポート」ではじめて現れた言葉である。

われわれは、一四年夏頃からの原油価格の急落の消費者物価に及ぼす影響を短期と中長期に分けてみる必要を感じていた。すなわち、原油価格の低下は、短期的には消費者物価上昇率を引き下げるが、中長期的には、引き上げる要因である（例えば、ガソリン価格が下がれば、消費者はガソリン以外のモノの消費を増やす余裕が出てくるから、他のモノの価格は上がる）とともに、原油価格の低下が止まれば、その影響は剝落する。

そうであれば、物価全体（総合）から、原油価格急落により低下したエネルギー価格と、気象の変動を受けて価格が大きく変動する生鮮食品とを除いて、物価を見た方が、物価の基本的な動きを良くとらえることができる、と考えられる。そこで、われわれは「生鮮食品及びエネルギーを除いた総合物価指数」を、「物価の基調」を示す指標のひとつとして採用することにした。総務省の「消費者物価指数統計」では、この指数は発表されていないので（二〇一七年一月分から発表）、日銀自らが作成して、発表することにした。

一五年三月の消費者物価（除く生鮮食品）の前年同月比は消費税増税の影響を除くと〇・二％で、

一年前の一四年三月に比べて一・一ポイントもの低下である。それに対して、「物価の基調」である「生鮮食品及びエネルギーを除いた消費者物価」の前年同月比を見ると、一五年三月は消費税増税の影響を除くと〇・六％で、一年前の一四年三月の〇・八％に比べて、〇・二ポイント低いだけである。このことから、われわれは「物価の基調」は崩れていないと判断した。

右で引用した「展望レポート」が「消費者物価の前年比（消費税率引き上げの直接的な影響を除くベース）は、当面〇％程度で推移するとみられるが、物価の基調が着実に高まり、原油価格下落の影響が剝落するに伴って、「物価安定の目標」である二％に向けて上昇率を高めていくと考えられる」と述べている背景には、右のように「物価の基調」を見ていたことがある。

二〇一五年五月二日

昨日、日銀が公表した「展望レポート」（背景説明を含む全文）には、「量的・質的金融緩和」の効果が検証されている。

検証期間は、二〇一三年一－三月期（「量的・質的金融緩和」が始まる前の四半期）から二〇一四年一〇－一二月期までである。

この検証によると、「量的・質的金融緩和」は実質金利（一〇年物金利換算）をマイナス〇・七〜マイナス〇・九％ポイント、大まかにいえば、マイナス一％ポイント弱押し下げた。右の実質金利引き下げ効果の中間値であるマイナス〇・八％ポイントを採用して、日銀のマクロ経済モデルを用いて試算すると、この実質金利の低下により、需給ギャップは一・一％ポイント、消費者物価（除く生鮮食品）前年比は〇・六％ポイント、それぞれ押し上げられた。

さらに、実質金利の低下が株高・円安をもたらしたことを考慮すると、需給ギャップは三%ポイント程度改善し、消費者物価（除く生鮮食品）前年比は一%ポイントの上昇となった。

それに対して、実際の需給ギャップの改善幅は二%ポイント（マイナス二・一%からマイナス〇・一%への拡大）、消費者物価前年比は一%ポイント（マイナス〇・三%から〇・七%への上昇）である。

以上から、「展望レポート」は、「経済・物価は、概ね、「量的・質的金融緩和」が想定したメカニズムに沿った動きを示していると評価できる」と結論している。

しかし、実際の需給ギャップの改善幅（二ポイント）は、右の試算における「量的・質的金融緩和」の効果（三%ポイント）よりも小さい。その一因は、やはり、一四年四月からの消費税増税による消費の弱さ（消費は主要な需要のひとつであるから、消費の弱さは、需給ギャップの改善幅を縮小させる）にあると思われる。

バーナンキ発言の意味がなぜわからないのか

二〇一五年五月一四日

民主党の風間直樹議員から、参議院財政金融委員会で質問を受けた。質問は事前に、風間議員が日銀に通告してきた内容とは全く別物で、当日、同議員が配布した資料に依拠したものであった。その資料とは、昨日、私の事務室に配布された『日経ヴェリタス』の「プロが解説」という欄の河村小百合氏の連載記事、ゼロ金利下の金融政策①「日米の緩和政策　導入に異なる哲学」である。

この資料を読んだときの私の感想は、「日本の多数のエコノミストの誤解の典型的な例で、よくこれで「プロの解説」といえるな」というものだった。今回が「プロの解説」の第一回だから、今後も連載されるわけで、とんでもない俗説がまき散らされることであろう。

河村氏は、バーナンキFRB議長は「量的・質的金融緩和はアメリカの量的緩和とは違う哲学に基づいている」といった（かのように）と書いている。しかし事実は全く違う。

バーナンキ議長は、われわれが二〇一三年四月四日に「量的・質的金融緩和」を開始してから約一カ月半後（二〇一三年五月二二日、日本時間二三日）の米上下両院合同経済委員会で、「量的・質的金融緩和」に関する意見を求められて、次のように答えている。

「我々は日本の政策を支持する。二点指摘したい。第一に、大まかな規模比較として、日本の現在の計画においては、日銀のバランスシートの対GDP比はFED（アメリカ連邦準備制度）の三倍となるであろう。第二に、彼らのとった行動は、金融市場のみならず、われわれが認識できる範囲において、実体経済のいくつかの側面に、かなり劇的な影響を与えているようだ。このことは、これらの政策が経済に確かな効果を与えることの更なる証左であると受け止めている」。

バーナンキ議長は、二〇〇一-〇六年の日本の「量的緩和」（速水総裁の後半から福井総裁時代にかけて実施された）には効果がなかったといっているが、現在の「量的・質的金融緩和」については、二〇一三年六月一九日のFOMC後の議長記者会見で、日本経済新聞記者の「「量的・質的金融緩和」を支持しているのか」という質問に、「私は黒田を支持している。いま日本がやっていること（これは文脈から、第一の矢だけでなく、アベノミクスの三本の矢全部を含んでいると思われる）を支持している」と回答している。

河村氏は、日銀が二〇〇一年から二〇〇六年まで実施した「量的緩和」と二〇一三年四月からわれわれが始めた「量的・質的金融緩和」との区別がつかずに、「プロ」を自称して、解説という名の誤解を振りまいている。

ちなみに、河村氏の略歴をネットで調べたら、やはり元日銀だった。新聞、雑誌、通信社の報道などで、われわれが実施している「量的・質的金融緩和」を評価しない人の経歴を見ると、元日銀の人が実に多いのである。

日銀の人に河村氏の「解説（?）」を見せて、「こういうことを言う人の略歴を調べると、元日銀が多いですね」というと、その人から、「河村さんは日銀にいたころ、金融政策には関係のない仕事しかしていませんでしたからね」という答えが返ってきた。

日本では、金融政策をはじめとするマクロ経済学に関して大学院レベル以上のアカデミックな訓練を全く受けていない人が、金融・財政政策を「解説」しており、多くの記者がそういう人に金融・財政政策に関して意見を求めるのである。恐ろしい国である。

マクロ経済学の知識のまったくない風間議員は、こういうとんでもないエコノミストである河村氏の「解説（?）」をうのみにし、それを心底から信じて、かつての日本の「量的緩和」とわれわれが現在実施している「量的・質的金融緩和」との区別がつかぬまま、「バーナンキは量的緩和には効果がないといっている」と執拗に繰り返す。

読者には、以下の風間議員とのやりとりを読むのは面倒だと思うが、いかに、民主党議員のレベルが低いかを代表する発言なので、概要を引用しておこう。

風間議員は次のようにいう。

「例えば、バーナンキ議長以下、二〇〇八年当時のＦＲＢの幹部はこう言っています。〇一年から〇六年の日銀による量的緩和アプローチには効果がないと言明している、後ほど詳しく申し上げますが、岩田さんの認識と全く違うんですね」と述べ、次のように続ける。

「私の手元に当時の、二〇〇八年一二月のＦＯＭＣの議事録があるんですが、そこからベン・バーナンキの発言を引用したいと思います。

「日本のアプローチ、量的緩和アプローチは、つまり、〇一年から〇六年に取った日銀のアプローチは、中央銀行のバランスシートの負債側、特に準備預金やマネタリーベースの量に焦点を当てたものだ。……量的緩和政策に関する私の評決は極めてネガティブだ」」。

右で、風間議員が引用したバーナンキ議長発言で、バーナンキ議長がその効果を否定しているのは、「〇一年から〇六年に取った日銀のアプローチ」であり、われわれが二〇一三年四月から始めた「量的・質的金融緩和」ではない。それにもかかわらず、風間議員は、二〇〇八年一二月のバーナンキ議長の発言を引用して、バーナンキ議長が「量的・質的金融緩和」の効果を否定している、と言いたいようである。つまり、風間議員は、「バーナンキ議長は二〇〇八年一二月の時点で、すでに、日銀がそれからほぼ四年三カ月後に、「量的・質的金融緩和」政策を導入することを知っており、その効果を否定した」と主張しているのである。それにもかかわらず、その場にいた国会議員の誰一人として、この風間議員の発言が「とんでも発言」であることに気づかず、委員長も風間議員の発言を止めることもなく、議事は進行するのである。私は「こんなとんでもないことを長々と主張し続けることを許す日本の国会は、大丈夫なのか」と思いながら、風間議員の主張をじっと我慢して聞くしかなかった。

そもそも、われわれは、「〇一年から〇六年に取った日銀のアプローチ、すなわち、速水総裁の後半から福井総裁が採用した「量的緩和」にはデフレを脱却する効果がなかった」からこそ、二〇一三年四月から「量的・質的金融緩和」政策を採用したのである。

そこで、私は、風間議員が、なぜ、バーナンキ議長が〇一年から〇六年に取った日銀のアプローチの効果を否定的にとらえているかの理由も知らずに、私に質問している（というよりも、とんでもない誤解に基づく〝言いがかり〟といった方が適切である）と思ったので、次のように回答した。

「今委員が……引用されたバーナンキの発言要旨に、私、全く賛成であります。つまり、二〇〇一年から二〇〇六年までの量的緩和がなぜ効かなかったかということですが、ある程度効いたという実証研究もあるんですけれども、デフレ脱却には十分でなかったというのはバーナンキが言うとおりでありまして」と述べて、バーナンキが考えている、当時の「量的緩和」が効かなかった理由について説明した。

「（問題は）量としてのマネタリーベースを増やす手段ですね。手段が量的緩和の時代は短期の国債が中心でした。短期の国債の金利はデフレの下では、ほぼゼロになっていますので、日銀がゼロ金利の短期国債を買って、その代金としてゼロ金利の日銀当座預金を金融機関に渡すわけですが、この行為はほとんど同じ（ゼロ金利の）資産の交換に過ぎないために、何ら経済に影響を与えないということです。そこをバーナンキは言っているわけです。

バーナンキは、短期国債金利はゼロになっているが、長期金利はゼロではないから、長期の国債とかMBS（住宅ローン担保証券）のようなもの（つまり長期の債券）を買うことによって長期金利を引き下げる余地がある、という考えなわけです。ですから、われわれも、バーナンキがやっているように長期国債を中心に買っているわけです。

そこが量的緩和と今の量的・質的緩和の違いでありまして、量的・質的緩和では、マネタリーベースもこのくらい増やすといっていますが、バーナンキがやったように、長期の国債、そういった日銀当座預金とはリスク性が違う、リスクのもっと大きい、そういう資産を大量に買っているという点では、バーナンキがやっている政策と全く同じであります」と説明し、「日本銀行が今やっている政策はバーナンキがやっている政策とほぼ同じだとお考えください。したがって、バーナンキは量的・質的緩和を評価しています」と締めくくった。

さすがの風間議員もこの私の説明で理解したと思ったところ、次のような発言が返ってきた。

「こういう答弁を、これ大学の講義では通用するんでしょう。学生さんたちも従順で素直ですから。国会ではこういう答弁を詭弁と言います。バーナンキはそんなこと言っていませんよ、議事録を見ると。

先生（岩田のこと）は、……その後、一三年の三月、副総裁に就任されて、日銀当座預金残高をその三月当月から飛躍的に拡大させていく、これをバーナンキは肯定してるんですか、こんな政策を。それは先生、今おっしゃった御答弁とは全く事実違いますよ。時間がないので、答弁は結構です」と話題を日銀の利払い費に移してしまった。

「国会ではこういう答弁を詭弁と言います」という、自信に満ちた、居丈高な風間発言には、参ってしまった。「なんとかに、付ける薬はない」というのが、率直な思いである。

こういう人には「量的・質的金融緩和」の波及メカニズムをいくら説明しても無駄である。そもそも、経済学の素人が「量的・質的金融政策」波及メカニズムを理解するためには、一年間の講義期間とその理解度を試す数回のテストに合格することが必要である。

繰り返される不毛な質問

二〇一五年五月一九日

今日もまた、民主党礒崎議員から質疑を受けることになった。礒崎議員から質疑を受けるのはこれで三回目ではないかと思うが、なぜ、総裁でなく私なのか。

礒崎議員は「四月の二三日に行われた質疑で」、「前川委員のほうから、根本的な、まず、ベーシックなお話でしたけれども、世の中に供給するお金の量を増やすとどうして企業ですとか個人がお金を使うようになるのかという、少しベーシックなお話をしました。私自身もいま一つ副総裁のお話を聞いたところでずっと腹に落とし切れなかった部分もございましたので、改めて今日、その点をお伺いしたいと思います」といった発言から察すると、「量的・質的金融緩和」の波及メカニズムについては、黒田総裁ではなく、元経済学部教授の私に聞きたいということのようである。

しかし、私が「量的・質的金融緩和→名目金利の低下と予想インフレ率上昇による実質金利の低下=資金調達コストの低下と株価上昇→民間投資などの最終需要の増加→物価上昇→予想インフレ率の上昇」というメカニズムを説明すると、議長である委員長(古川俊治議員)までもが「答弁は簡潔にお願いします」と私の答弁を遮り、礒崎議員は「ベーシックな、基本的なことを今お伺いしたので、ほかのことを付け加えられると逆に理解が進まなくなる」とか「今も、量的・質的という言葉も加わってしまうと、私は単純にお金を増やすとどうしてというお話を伺いましたので、私的な話ですとか、企業とか株価とか、そういう話まで持ってこられてしまうとたぶん理解が進まなくなる原因だというふうに思いますので、極めてシンプルに副総裁にはお答えいただきたいというふうに思います」という。

しかし、前川議員や礒崎議員が思い込んでいるように、「量的・質的金融緩和」のメカニズムとは、「日銀がお金を増やせば、企業や個人がお金を使うようになる」とか、「日銀がお金を増やせば物価が上がり、デフレを脱却できる」といった「単純な話ではない」のである。

「量的・質的という言葉も加わってしまうと、私は単純にお金を増やすとどうしてというお話を伺いましたので、私的な話（私の説明の中の「私的な話」とはいったいどれを指すのか、分からない―岩田注）ですとか、企業とか株価とか、そういう話まで持ってこられてしまうとたぶん理解が進まなくなる原因だ」という。しかし、「量的・質的金融緩和」と物価安定目標達成への強いコミットメントこそが、「量的・質的金融緩和」の基本であり、まず影響が及ぶのは株価や為替相場なのだ。基本中の基本に言及せずに、「基本的なこと」を説明せよといっても、無理な話だ。

「供給するお金の量を増やすとどうしてお金を使うようになるかといえば、そうした金利の部分の引き下げによって期待に働きかける、物価を上げますよと発言することによって期待に働きかけると、これが二つの入り口だというふうに私は理解しておりますが、こういう理解でよろしいでしょうか」という。

どうも、期待に絡ませたいらしいが、何を言おうとしているのかよく分からない。しかし、「全然違う」と答えると、収拾がつかなくなり、面倒になるだけなので、「基本的には大体いいんじゃないかと思いますけれども」と妥協したうえで、「ただ、二％に上げますと言うだけじゃなくてまず、量的・質的緩和をするというふうにその裏打ちがあるということですね。実現するために、実現できるまでそういうことを続けるんだという裏打ちがあることと、それから、過去の二〇〇〇年代の量的緩和と違うところは、長期国債のような長めのものを買うということ、それによって、（民間にとって）リスクのある（長期国債保有を）日本銀行のバランスシートに置き換えることによって、民間のリスクを減らし（し、それに）によって民間がリスクを取りやすくするという、そのメカニズムが働（くことで）、リスクのある設備投資など（の最終）需要が拡大する経路が（存在する）ということです」と説明する。

そうすると、「そこの部分も理解はしております。ですから、あくまでもベーシックな部分と、要は景気を回復させよう、物価を安定させて上げていくというその根本部分でいけば、やはり期待に働きかけるというところだというところをまず確認したかったということです」という。

しかし、問題はどのように期待（正しくは、予想形成）に働きかけたら、人々のデフレ予想をインフレ予想に転換できるかが基本である。だからこそ、どのような手段を使って期待に働きかければ、人々のデフレ予想を緩やかなインフレ予想に転換できるかを説明しているのである。

「日銀がお金の供給量を増やし、これからはインフレにします」といえば、期待に働きかけることができ、人々のデフレ予想がインフレ予想に変わる、といった単純な話ではない。そもそもそんな単純な話を信ずる人もいないであろうし、そんな単純なメカニズムで、実際に、失業率が下がったり、物価が上昇したりするわけがない。

一九九九年二月から二〇〇〇年八月までの「ゼロ金利政策」の期間も、二〇〇一年三月から二〇〇六年三月までの「量的緩和」の期間も、「日銀によるお金の供給量」が増えた、という点では、二〇一三年四月四日からの「量的・質的金融緩和」と変わらない。しかし、「ゼロ金利政策」と「量的緩和」では、人々のデフレ予想をインフレ予想に変えることはできず、デフレ脱却はできなかったのだ。だからこそ、なぜ日銀がお金の供給量を増やすだけでは、人々のデフレ予想をインフレ予想に変えることができないのか、礒崎議員の言葉でいえば、デフレ脱却を可能にするように、「期待に働きかける」ことができないのかを、説明しようとしているのである。

その説明を余計な説明だというのは、自分が思い込んでいるメカニズム以外の説明は聞きたくない、と言っているだけの話である。理解できないなら、どの点が理解できないかを明らかにして、もっと詳しく説明してほしい、というべきである。私の学者時代の学生で金融政策を理解して卒業した学生はみな、授業が終わっても、壇上に詰め寄って、熱心に私に質問し続けた学生である。

礒崎議員にせよ、前川議員にせよ、風間議員にせよ、自らの金融政策に関する無知を自覚していれば、私を追及するのではなく、謙虚に私から学ぼうとしたはずである。ただし、礒崎議員の名誉のために言っておくと、礒崎議員は前川議員と風間議員に比べれば、はるかに礼節をわきまえて、謙虚ではあった。

二〇一五年六月一六日

また、民主党の風間直樹議員から国会に呼ばれた。今回は、日銀が「量的・質的金融緩和」からの出口で被る損失や国債について生ずる含み損が膨大になると予想され、マーケットが大変心配しているが、大丈夫なのか、という質疑である。

五月一四日の参議院財政金融委員会で、風間議員は、私の「バーナンキは量的・質的緩和を評価しています」という答弁に対して、「バーナンキはそんなこと言っていませんよ、議事録（二〇〇八年一二月のFOMCの議事録—岩田注）を見ると、先生。ドナルド・コーンもそんなこと言っていませんよ。量的緩和アプローチには効果がない、だから我々は異なる政策を議論すると言っている」と発言した。

それに対して、私は直ちに、秘書を通じて、バーナンキの二〇一三年五月二二日の米上下両院合同経済委員会証言と、二〇一三年六月一九日のFOMC後の議長記者会見において、バーナンキが、日銀が二〇一三年四月四日から始めた「量的・質的金融緩和を支持している」旨の発言をしている証拠（この日記の二〇一五年五月一四日を参照）を、風間議員が英語を理解できないことを予想して、私の和訳付きで風間議員に送った。

しかし、今回の私への再度の質疑で、風間議員はこの私が示した証拠に対して何らコメントしなかった。普通の礼節をわきまえた人であれば、質疑に先立って、自らの不明とそれに基づいて私に失礼極まりない態度を取ったことを詫びるであろう。ところが、風間議員はそれどころか、今日も前回にまして居丈高であった。

風間議員は「ヨーロッパ中央銀行の場合、EU条約で、マネタリーファイナンスが禁じられていますので、それを避けるために明確な買入れ基準を設けています。……一つは発行体ごとに三三％、そして各銘柄ごとに二五％、こう明確にしています」と述べて、日銀は「どのように買入れ基準の検討を行って買入れを開始したのか」という。

それに対して、私が「「量的・質的金融緩和」の導入に際しましては、国債を買い入れていくのはあくまでも金融政策の目的、二％の物価安定目標をできるだけ早期に達成するために行うということで、財政ファイナンスではないことを明記しております」と答えると、風間議員は「甚だ説得力に欠ける答弁でありまして、岩田さん、そんな答弁をしていて、マーケットが現在の日銀の国債買入れ、財政ファイナンスではないと納得しますか。とてもしませんよ。マーケットに、今の日銀の国債購入によって現在の日銀の法定準備金が食いつぶされることはないんだ、円の信認が毀損される、崩れることはないんだと、こういうメッセージを送ってほしいと思って私は質問したんですが、残念ながら、それに答える答弁はありません」という。

風間議員は「ヨーロッパ中央銀行のように、保有する国債それぞれの銘柄について」、「中央銀行がどれぐらいのシェアを上限に保有しますと」いう「基準を定めていれば、マーケットは」、中央銀行の「保有国債」のそれぞれの銘柄についてどの程度の含み損がでるか、法定準備金の食いつぶしはどの程度で済むかを予想できる、という。

それに対して、私が「ユーロの場合も、（買入れの期間の―岩田注）一応期限を示して」いるが、物価上昇率が「二%の安定に達しない」限りは、「オープンエンドで続ける」とありますので、ヨーロッパ中央銀行も「基本的には（日銀と―岩田注）同じだと考えております」と答えると、何やら議場が大騒ぎになり、委員長（古川俊治氏）は「速記を止めてください」という。

しかし、風間議員は「オープンエンドにやっていないでしょう」、「条件を定めてやっているじゃないですか」と反論する。ヨーロッパ中央銀行は、発行体あたり発行残高の三三%と各証券銘柄の発行残高の二五%という基準を示しているが、発行残高が増えれば買入れ額は増えるので、買入れ額に上限を設けているわけではない。しかも、「中長期的な物価安定の目標（二%未満、かつ二%近傍）と整合的な物価上昇のパスへの持続的な調整がみられるまで継続する」ことが明記されているから、買入れ額も買入れ期間もオープンエンドなのである。

さらに、私が「ですから、二%の物価安定を超えて財政ファイナンスをするわけじゃありませんので、その心配（今のままだと財政ファイナンスとみなされるんじゃないか、という心配―岩田注）はないということを申し上げているんです」というと、「それでは、二％の物価安定を達していない今は、財政ファイナンスしていることになる」といった声が聞こえ、議場が再びざわめき、大塚耕平民主党議員が委員長席まで行き、委員長は再び、「一回速記を止めてください」という。

どうにもやりきれない思いで、「要するに、二％を達成するために、物価安定の目標のために長期国債を買っているんであって」、「中央銀行が物価安定のために長期国債などを買うことに対して、それが財政ファイナンスだと言っているような、私、国はないというふうに思います。アメリカにしろ同じことをやったわけですね。……ＥＣＢも同じですね。あるいは、イギリスのイングランド銀行も同じですね。要するに、物価安定のために長期国債をずいぶん買ったわけです。

先ほど申したのは、……財政ファイナンスのためにやっているんじゃないということを申し上げているんです。これは、どこの中央銀行も同じです」と、もういい加減にしてくれという気持ちで、二回も「要するに」という言葉を使った。

ところが、風間議員は「岩田さん、副総裁の発言は非常に重いです。一つ一つの発言について慎重に正確に発言してください。でないと、マーケットに混乱を与えます」という。

大塚民主党議員は、風間議員の質疑の後で、この風間発言と同じ趣旨のことをとうとうと述べ、私に説教した。

しかし、私は、今日の国会の質疑の冒頭で、「物価安定目標達成のために、長期国債を買っているのであって、財政ファイナンスではない」、「あくまでも二％の目標を達成する」ためであって、「それが達成されたにもかかわらず、まだまだ財政再建を何か援助するために国債を買うことはない」と言っているのである。

ところが、大塚議員は、こうした私の冒頭の発言を無視して、「二%の物価安定を超えて財政ファイナンスをするわけじゃありません」という言葉尻をとらえ、「それは、二%の物価安定を達成するまでは財政ファイナンスしていると言っているに等しい」と言いがかりをつけて、私に「発言に注意せよ」と長々とお説教を続けたのである。

(日記後記)

人の話の全体の文脈を切り離して、発言の一部分を取り出して問題にするのは、そもそも議論のルール違反である。この大塚議員の威張り腐って、私に説教する態度も、大塚議員と対等な立場で渡り合える現在であれば、私は決して許さない。

実際、この日のマーケットは私の国会答弁に全く反応しなかった。マーケットの方が、風間議員や大塚議員よりも、遥かに私の発言の意味を理解している証拠である。

二〇一五年六月一六日(続き)

今回は何回も速記が中断するほど混乱したので、ある国会答弁に慣れている人が私を訪ねてこられた際に、「この間の国会答弁はまずかったですかね」と尋ねると、「まったく問題ありません。ただ一点だけ申し上げると、ヨーロッパ中央銀行の量的緩和はオープンエンドであるのに加えて、銘柄ごとの上限(二五%)も、買入れ開始から六カ月後に、政策理事会において見直す、と述べている点に触れれば、さらによかったですね」という。次回聞かれたらそうしよう。

ちなみに、日銀の期間損益が出口で赤字になることを問題にしているのは、翁邦雄氏や河村小百合氏のような元日銀の人に多い。

河村氏は『日経ヴェリタス』に連載している「ゼロ金利下の金融政策」の第二回で、欧州中央銀行（ECB）は「『財政ファイナンス』による弊害や市場機能の低下を回避するため、買い入れ債券の上限として①発行体ごとに三三％②各銘柄ごとに二二％——という上限を設定しました。これに対して日銀の場合は、国債残高全体に対する保有シェアはすでに三割を超え、個別銘柄ごとでは六割、七割にまで達するものも少なくなく、政策細部の設計はここでも極めて対照的です」（二〇一五年五月一七日）と述べている。また、「『異次元緩和』からの正常化とは何を意味するのか　日銀の逆ザヤを財政資金で補塡できなければ八方ふさがりに」という話を、雑誌『金融財政事情』（二〇一五年五月一八日）に寄稿している。

どうやら、風間議員は前回（二〇一五年五月一四日）と同じように、河村氏の記事を読んで、それに心酔して、私に質問しているようである。

しかし、河村氏は、なぜ、日銀の逆ザヤを財政資金で補塡しなければならないのかを説明していない。河村氏や翁氏にとっては、これは自明のことだから、説明するまでもないと思い込んでいるのである。

今日は「とんでも質問」に付き合ったため、日記をつけることに疲れたので、右の元日銀パーソンたちの思い込みとそれを真に受けた債券村を中心とするエコノミストたちの反応については、別の機会に話すことにして、今日のところは筆を置く。

（日記後記）

「量的・質的金融緩和」からの出口（「量的・質的金融緩和」を終了に向けていくプロセス）において発

生するかもしれない、日銀の経常損益がマイナスになったり、日銀の自己資本が毀損し、日銀が債務超過になっても、何ら問題はないことを、吉松崇「中央銀行の出口の危険とは何か」（原田泰・片岡剛士・吉松崇編著『アベノミクスは進化する――金融岩石理論を問う』二〇一六年、中央経済社に所収）は鮮やかに証明している。わかりやすい説明なので、読者には是非読んでいただきたい。

円安で企業はどうなるのか

二〇一五年七月一六日

今日は、中小企業経営に関して、経営者と話す機会があった。

その中のある人が、円安を問題に取り上げ、「円安やエネルギー価格上昇に伴うコスト増が続く中で、取引価格への転嫁の遅れ、人手不足、人件費の上昇などを指摘する声が多い」という。

一方で、通商白書（二〇一三年版）の労働生産性の国際比較の図を引用して、「付加価値の向上、イノベーションへの投資、また、働き方の改革などにより、生産性の向上に取り組むことが非常に重要な喫緊の課題といえます」ともいう。

為替については、「円安すぎる」と訴える人が多かったが、中小企業関係の調査では、「経営上望ましい為替水準は、一ドル＝一〇〇円～一〇五円未満が二一・九％で一番多いものの、全体の約七割が一〇〇円～一二〇円のレンジに入っており、昨年九月の調査に比べて円安にシフトした」という。

その背景として、大企業の生産拠点の国内回帰による中小企業からの調達が増えていることと、大企業の輸出増加に伴って中小企業の一部にも数量増加の円安メリットがようやく及び始めたことの二点を挙げられた。

さらに、「もちろん、円安を前提に、中小企業としても収益を最大化するために」、「新たに輸出を行うとか、新商品を開発して取引価格を引き上げるといった経営マインドへの転換が必要です」とも述べ、その上で、「日銀は、為替が安定して推移するような金融政策をお願いします」といういつものお願いである。

そこで、「円安によるコストアップ分の転嫁が難しい理由」は何かと質問したところ、ある経営者が「大企業と中小企業の間の価格交渉力が大きく異なることが、価格転嫁が進まない根源的な原因である」と答えた。

私は、「これから申し上げることは耳に痛い話ですが、最大の問題は日本企業の労働生産性の低さにあるのではないでしょうか。製造業ですら労働生産性はアメリカの七〇％（二〇〇九年）の水準に過ぎない。非製造業はアメリカの五四％（二〇〇九年）で、イギリスにも及ばない。働き方を含めて、設備投資などにより生産性を挙げて、コストアップを吸収するのが本道ではないか」と述べた。

それに対して、ある経営者は、「生産性向上が必要という点については全く同感です。ただし、中小企業にとってコストアップは目前の困難である一方、生産性向上は中長期的な視野に立ったときの課題と考えています。……企業としてもお金を貯めこむのではなく、前向きな投資に取り組んでいく所存ですが、……我が国の生産性の低いことの背景を考えてみると、各種の規制に加えて、デフレマインドの根強さも大きいと思います。物価が二％になることが絶対に必要かどうかはわかりませんが、日銀がデフレ経済からの脱却が必要と主張し続けられていることには大賛成です」という。

円安による原材料価格の上昇や人手不足による賃金上昇は、中小企業にとって目前の困難である。

しかし、その困難がなければ、中小企業は労働生産性の向上に取り組もうとせず、もっぱら低賃金労働に頼って生き残ろうとする。デフレ経済はそうした企業経営による生き残りを可能にするため、企業の新陳代謝も進まない。

そうした企業を取り巻くデフレ環境が今変わろうとしているのである。それにもかかわらず、二〇一五年六月の日銀短観によると、中小企業の二〇一五年度設備投資計画（ソフトウェア含む。除く土地投資額）は製造業前年度比五％減、非製造業一五・六％減である。一方、大企業は、製造業は一七・三％増と極めて高く、非製造業でも六・六％増で、中小企業がいかに労働生産性を引き上げる設備投資に消極的であるかを示している。これは、中小企業がいまだにデフレ経済からインフレ経済に転換したことを確信していないためであろう。

日本の中小企業、特に、中小非製造業は国際競争にさらされることなく、大企業よりも低い法人税、政府系金融機関などからの低利かつ長期の融資、各種補助金などの保護のもとに甘やかされてきた。介護などの分野では、参入規制や価格規制によって一部の生産性の低い中小企業を強烈に保護している。

低い法人税すら支払っていない中小企業も少なくない。二〇一三年度税制改正では、中小企業に対してのみ八〇〇万円までの交際費が税制上、全額損金算入になった。

以上のような各種の優遇措置や規制により、中小企業、特に中小非製造業では、新陳代謝が進むことなく、労働生産性の低い企業がひしめき合って共存している。こうした一連の中小企業保護政策は中小企業から大企業になるのではなく、いつまでも中小企業のままでいようとする誘因になる。

中小企業保護政策を転換して、国際競争にさらされている製造業並みの競争政策に転換しなければ、中長期的にも中小非製造業の設備投資やイノベーションは盛り上がらないであろう。それでも、これから進むデフレからの脱却過程での人件費の高騰は、労働生産性の低い中小非製造業の淘汰を進めるであろう。なぜならば、労働生産性の低い企業は市場賃金を支払うことができないため、雇用を確保できなくなるからである。デフレ倒産ではなく、人手不足解散・倒産こそ、日本の労働生産性を引き上げる道である。

二〇一五年八月四日

今日また、風間議員が私を呼び出すというので、昨日、想定される質問に対して回答を用意しておいた。

今回の風間議員の心配は、内外金利差によって起こる円安による物価上昇である。なお、国会答弁は話し言葉のため、しばしば冗長になるので、これまでのように、以下の引用は、趣旨を損なわない程度に、「国会会議録」の文章を修正していることをお断りしておく。

まず、アメリカの金利引き上げ開始について、「早ければ九月といわれています。バンク・オブ・イングランドは八月中にも利上げを開始するという話も出ています。この内外金利差の拡大、副総裁はこの点のリスクをどのように認識していますか」という。

私が「その点に関しては、特別リスクを感じてはおりません」と回答すると、「本当ですか。本当に今の御答弁でいいんですか。ちょっと私はびっくりする答弁だったんですが、もう一度確認します」という。

私の方こそ、この風間発言にびっくりした。彼はどういうリスクを考えているのか。

そこで、私は「例えば、米国と日本の金利差が拡大すれば、円安要因になります。ですが、それをすでに織り込んでいると、円安にはならない。市場がどこまで織り込んでいるかによって違う」と答えると、風間議員は、「市場の参加者は、一〇年物米国債（の金利―岩田注）が一七年で四％、一八年には五％程度という水準を見込んでいるといわれています。……そうすると、現在一ドル一二四円前後で推移していますが、岩田副総裁のお考えでは、今後アメリカが金利水準を引き上げていっても現在の為替水準はほとんど変わらないだろうと、それでよろしいんですか」と問う。

以下、質疑応答は次のようである。

岩田「為替は金利差にも影響されますが、それ以外にも、インフレ率、予想インフレ率、リスクプレミアムに影響する要素とか、いろいろな要因があるので、為替を予想することは難しい。いずれにしても、為替は経済や金融のファンダメンタルズを反映して安定的に推移することが望ましいと考えます」。

この私の回答は優等生的であるが、風間議員の返答はまたも意外である。

風間議員「この一連の答弁はかなり驚くべき答弁でありまして、日銀の副総裁がこういう認識で果たしてマーケットは大丈夫なのか、安心できるのかと、正直不安に思っております。岩田さんは、アメリカの金利水準が今後上がっていく中で円安に振れていく可能性は、今の御答弁だとそれほど高くないと、どうも深刻には捉えていらっしゃらないようですから、今後日銀が金利を引き上げて円の防衛をする必要性はあまり感じていないわけですね」。

岩田「日本の今の金融政策は、二％の物価安定を達成することを目的としていますから、為替を中心にやっているわけではありません」。

風間議員「いやあ、驚きの連続です。今日の答弁も。そうすると、日銀の今の目標に照らせば、為替水準がどう動くか、それに伴って日銀が我が国の金利水準をどのように変更していくか、これは現在のところあまり眼中にないわけですね」。

風間議員は、今回だけでなく、前回、前々回の私の答弁にも驚いているという。私の方こそ、風間議員の無知に基づく、言いがかりに辟易し、民主党はこんな議員を参議院の「財政金融委員会」に送り込んで、質問させているのかと、驚きである。風間議員の質問は次のように続く。

風間議員「金利水準が日米で開いてくるということは、常識的に円安ドル高の方向に今後ますます行くと。そうすると、輸入物価が上がってきますから、ガソリン価格も上がるほか、そうすると様々な国内の消費、生産を圧迫することになります。物価全体も上がっていく。そうなると、当然、中央銀行としては、この物価の好ましくない上昇、これ賃金の上昇が伴えばいいですよ、そうでない好ましくない上昇を、金利水準を引き上げて円安を抑えようとするのが、あまねくどこの国でも当然の金融政策かと思いますが、こういうルートを想定していらっしゃらないんですか」。

岩田「各国とも金融政策は国内の物価安定のためにやっています。……為替レートはその下で結局市場で決まるという考え方でありまして、これはG7やG20でも共通の認識だと理解しております」。

風間議員「私は、岩田さんはもう少し金融政策について見識のある学者だと思っていたんですが、今日の答弁を聞いてその認識を改めることにしました。あなたが副総裁として日銀の金融政策を今後も取り続けるのであれば、我が国の経済が今後非常に大変な影響を被る可能性があるといわざるを得ない、そのことを表明しておきます」。

この風間発言にも驚いた。私が「金融政策を為替レートの水準を操作するために用いてはならない」というのは、「G7やG20など、世界的な合意事項だ」と説明しているのに、風間議員は「そういう世界的合意を無視して、今後の円安への流れを止めるために、日銀は金利を引き上げよ」というのである。そして、金融政策を為替水準の操作のために使おうとしない私を「見識のない学者だ」と断罪する。

「あきれて、物が言えない」とはこのことである。私は「金融政策について見識のないのはあなたの方です」といいたかったが、参考人は質問に答えるだけで、相手の間違いを直接話法で正すことは許されていない。こういう一方通行のやりとりに一体どれだけの意味があるのか。これでは、質問する議員の無知はいつまでたっても解消されない。

まだ、「量的・質的金融緩和」が始まっていなかった二〇一三年の一月のダボス会議では、安倍政権誕生前からの円安が問題になり、ドイツのメルケル首相は「円安誘導懸念」を公然と表明していた。こうした懸念があったため、二〇一三年二月一五日から一六日に開催されたモスクワでのG20（財務大臣・中央銀行総裁会議）では、共同声明で通貨安競争への強い懸念を表明し、次のように宣言している。

「金融政策は各々のマンデートに従って、国内の物価安定に向けられるとともに、経済の回復を引き続き支援するべきである」とし、「我々は、通貨の競争的な切り下げを回避する。我々は、競争力のために為替レートを目的とはせず、あらゆる形態の保護主義に対抗し、我々の開かれた市場を維持する」。

さらに、日銀が「量的・質的金融緩和」を開始してから一六日後の一三年四月一八〜一九日（日本時間一九〜二〇日）のワシントンでのG20終了後の記者会見（以下、ワシントン、一九日、ロイターより）で、麻生太郎財務相は、「日銀が導入した新たな金融緩和策は円相場の押し下げを狙ったものではなく、デフレ脱却が目的であるとする日本の主張が、G20各国の理解を得た」との考えを示した。G20の「声明は「通貨の競争的な切り下げを回避し、競争上の目的で為替レートを利用しない」とした二月のモスクワG20の内容を踏襲しつつ、日本の経済政策は「デフレ脱却と内需支援を目的とするもの」」だと明記した。

財務相は会見で「これまで繰り返し、日銀の金融緩和は為替操作を意図したものではなく、長年にわたるデフレ不況からの脱却を目的にしたものだと主張してきた。こうした主張に対し、（声明は）国際社会から理解を得たものと考えている」と表明。金融政策について、二月の声明と同じ「各々のマンデートに従って、国内の物価安定に向けられるとともに、経済の回復を引き続き支援するべきである」との文言が盛り込まれたことに言及し、「日銀の金融緩和は、引き続きこうした合意に沿ったものだ」と述べた」。

以上のように、日本政府と日銀は「量的・質的金融緩和」は円安を狙ったものではないと、何度も世界に説いて回るという努力を重ねることにより、ようやく「物価安定が目的で、円安誘導を目的とするものではない」という世界の理解を得てきたのである。

風間議員はこういう経緯も知らずに、私の金融政策の見識を疑い、私に金融政策を任せると日本は大きな災いを被ると、主張したのである。

その後、風間議員は話題を、私が大学教授の頃、白川日銀総裁（当時）や当時の審議委員を強烈に批判した論文に言及して、「現在あなたは、就任以来二年半がたとうとしている今、ご自身が公約されたことをまだ達成できていません。前任の白川総裁あるいは副総裁以下の方々に対して今のあなたから何かおっしゃることはありますか」と質問した。

風間議員は、私に白川総裁以下当時の政策委員会メンバーに謝罪することを期待したようであるが、私は次のように回答した。

「その論文を書いた頃は、ずっとデフレが何十年も続いており、私がもっとも心を痛めたのは、就職氷河期といった言葉に代表されるように、教えている学生が就職難にあえいでいるのを目の当たりにしたわけです。面接を何十回受けても受からないという状況でした。そのような状況で、非常に失業率も高く、有効求人倍率は一を割っていました。そういうことは金融政策によって解決できるんだと思っておりました。現役の世代がそういう就職難にいたのでは、生産する能力が日本経済になくなりますので、結局、財政も年金ももたなくなる。そういうことで、私は絶望的な気持ちになっていました。そういう絶望的な気持ちから、（日銀の政策委員会メンバーに対する）強い批判になってしまったということです」と述べ、デフレ脱却のためには金融政策が重要であることに触れた後、「実際に、量的（質的）緩和導入後の日本経済の動きを見ると、需給ギャップは改善し、失業率も低下し、企業収益は今過去最高の水準に達しており、多くの企業で二年続きのベースアップを含む賃金も上げている。あるいは企業の価格設定行動を見ても付加価値を高めつつ販売価格を引き上げる動きがありまして、デフレマインドの転換は着実に進んでいます」。

この私の回答に対しては、風間議員はいつものように「二年で二％に達しなかったら、辞任するといった」ことを持ち出したので、私は毎度お馴染みになってしまった、「二年で二％達しなかったイコール辞任とはいっていない」という趣旨の回答を繰り返した。

賃金の変化を正確に読み取るために

二〇一五年八月一一日

今週は総裁が夏休みを取っているため、会議も執行部の説明も何もないが、何か起きた時に備えて副総裁がいなくてはならないため、中曾副総裁と私は留守番役として出勤している。審議委員は八月八日（土）から二三日（日）まで、一六日間の長い夏休みで、うらやましい。

ところで、最近、消費が振るわないのが気がかりだ。消費が振るわないのは、食料品価格の上昇が続く中で、賃金が伸び悩み、節約心理が働いているためだ、という見方がある。

食料品価格を前年度比で見ると、デフレ期の一九九八年度から二〇一二年度までの平均はマイナス〇・二五％で、ほとんど毎年度低下傾向にあった。これが上昇傾向に転じたのは、「量的・質的金融緩和」が始まった二〇一三年度以降である。二〇一三年度は〇・六％の上昇だったが、この程度の上昇は、デフレ期の一九九八年度（〇・八％）、二〇〇四年度（〇・八％）、二〇〇六年度（〇・六％）にもあった。

それに対して、二〇一四年度は大きく上昇した。二〇一四年四月から五％台に上昇し、いったん秋口に三％台に低下したが、一四年一二月から一五年三月にかけては四％台前半になった。こうした上昇のうち二％程度は二〇一四年四月からの消費税率の三％引き上げに起因する分である。

二〇一五年四月以降は、消費税増税による消費者物価引上げ要因がなくなり、四月二・七％、五月三・一％、六月二・五％と、一四年度よりも低下した。一五年度に入ってからの食料品価格上昇の主因は円安であろう。食料品価格は消費税増税により二%程度上昇し、円安によりさらに上昇したということである。

食料品価格の上昇は、食料支出のウェイトが高い低所得者と高齢無職者の節約志向を高めると考えられる。高齢無職者のほとんどは年金受給者であろう。低所得者の中にも年金受給者が少なくないと推測される。こうした人たちは、アベノミクス、特に、第一の矢である「量的・質的金融緩和」で雇用が安定するとともに、賃金が上昇するという恩恵を、働きに出ない限り受けることがない。

年金受給者は、一九九七年三月末は二六二七万人だったが、二〇一四年三月末は三九九一万人へと五〇%も増加している。今や、三人に一人は年金受給者である。

一人当たり実質年金額（消費者物価指数総合で実質化）は、二〇一三年三月は前年同月比（以下、前年比）〇・九%増加したが、二〇一四年三月は前年比二・五%も減少した。一四年三月の一人当たり名目年金額は前年比〇・九%減少したから、一四年三月の二・五%の一人当たり実質年金額減少のうち、一・六%が消費者物価の上昇に起因することになる。なお、現時点では、二〇一五年三月の年金支払額データは入手できない。

今後しばらくは、低物価上昇率のもとで実質賃金は上昇基調をたどると考えられるが、三人に一人の年金受給者のうち働けない人はその恩恵を受けられないため、彼らの消費は低迷すると予想される。

実質賃金であるが、二〇一五年五月からは、消費税増税による物価上昇分が完全になくなるので、上昇すると予想されたが、「毎月勤労統計調査」（以下「毎勤」）の五月の確報値では前年比〇%（事業所規模五人以上。以下同。事業者規模三〇人以上では〇・五%増）で、横ばいだった。しかし、「毎勤」の実質賃金はミスリーディングである。「毎勤」の実質賃金は新聞やテレビで報道されるので、そのミスリードは無視できない。

そこで、「毎勤」の中身をよく見てみよう。一五年五月の一人当たり現金給与総額は前年比〇・七%増（事業者規模三〇人以上では一・二%増）である。同統計の実質賃金とはこの増加率から、持ち家の帰属家賃を除く消費者物価指数総合（以下、除く帰属家賃総合）の前年比を差し引いて計算される。除く帰属家賃総合の上昇率は、帰属家賃を含めた総合のそれよりも高くなる。たとえば、五月の帰属家賃も含めた総合の前年比は〇・五%であったが、除く帰属家賃総合の前年比は〇・七%だった。こうした傾向があるため、「毎勤」の実質賃金は、帰属家賃を除かない消費者物価の前年比を差し引いて求めた実質賃金よりも低くなる。

しかし、持ち家の帰属家賃は、住宅所有者にとって生計費であるから、実質賃金を算出する際に帰属家賃を除く消費者物価を用いることは、不適切である。ほとんどの持ち家の家計は住宅ローンを組んでいる。したがって、持ち家の帰属家賃は、住宅ローンの利子プラス持ち家の減価償却費で計算すべきである。

それに対して、「消費者物価指数統計」における帰属家賃の変化率は、「全国消費実態調査」の帰属家賃をもとにして計算されている。「全国消費実態調査」の帰属家賃は民営借家の家賃をもとに住宅の属性などを考慮して推計される。しかし、この推計が住宅の質（立地条件や築年数など）を適切に反映していないためか、推計された帰属家賃には下方バイアスがかかっている。日銀の調査統計局は、統計研究会で〇・二%程度の下方バイアスがあると発言している。

今述べた帰属家賃問題以上に、実質賃金の変化について、「毎勤」が世間をミスリードする要因は、一般労働者とパート労働者とを区別せずに、一人当たり現金給与総額（すなわち、一人当たり名目賃金）を実質化している点である。

一般労働者の現金給与総額はパートのそれよりも高い。したがって、一般労働者とパートの現金給与総額がともに増加したとしても、労働者全体に占めるパートの比率が上昇すると、労働者全体の一人当たり現金給与総額は減少してしまい、まるで、労働者の名目賃金が減少したかのような理解を生む。

二〇一五年五月の一般労働者の現金給与総額の前年比は一・一％増（事業所規模三〇人以上では一・五％増）である。一方、パートはマイナス〇・六％（三〇人以上では、マイナス〇・八％）で前年同月よりも減少している。

五月の一般労働者の名目賃金が一・一％増加しても、パートの名目賃金が〇・六％減少したのに加えて、パートタイム労働者比率が前年よりも〇・四三ポイント増えたため、一般労働者とパートの現金給与総額を合計して求めた一人当たり名目賃金は、〇・七％しか増えないことになってしまう。五月の除く帰属家賃総合の前年比は〇・七％だったから、「毎勤」では実質賃金の前年比はゼロになる。そこで、新聞は「五月の実質賃金の前年比はゼロ」という見出しを掲げて、実質賃金が増えないことを強調することになる。

しかし、一般労働者とパートという雇用条件が全く異なる労働者を区別してみると違った風景が見えてくる。一般労働者の実質賃金を「毎勤」と同じ方法（除く帰属家賃総合。以下、「毎勤」方式）で実質化して求めると、五月は〇・四％増になる。それに対して、帰属家賃を除かない総合で実質化すると、五月の一般労働者の実質賃金は〇・六％の増加になる。

次に、パートタイム労働者の実質賃金についてみてみよう。すでに述べたように、パートの五月の現金給与総額（すなわち、名目賃金）の前年比はマイナス〇・六％であった。パートの名目賃金の前年比を「毎勤」方式で実質化して、実質賃金を求めると、一・三％もの低下になる。この数値をそのまま見ると、いかにもパートの雇用条件が前年に比べて大幅に悪化したように見える。しかし、パートについては、総労働時間が減少している点を考慮しなければ、真の姿は見えてこない。パートの時間当たり名目賃金が上昇しても、労働時間が減少すれば、パートの名目賃金総額は減少してしまうからである。

五月のパートの総実労働時間は前年比一・八％の減少である。この減少の要因を見ると、所定内労働時間（労働協約などで決められた労働時間）一・八％減少、所定外労働時間（残業、休日出勤など）〇・九％減少、出勤日数〇・三日減少である。人手不足が言われる一方で、パートの労働時間が減少しているのは、短い時間だけ働きたいという女性や高齢者が増えているためである。

パートの労働時間が大きく変化していることを考慮すると、パートの名目賃金が上昇しているのかどうかを見るためには、時間当たり名目賃金の変化を見なければならない。五月のパートの時間当たり名目賃金（以下、パート時給）の前年比は一・二％増である。したがって、「毎勤」方式で五月のパートの実質賃金の前年比を求めると、〇・五％増になる。帰属家賃を除かない総合で実質化した場合は、〇・八％増になる。

以上から、実際の新聞の見出し「五月の実質賃金の前年比はゼロ」とは違って、真実を伝える使命を自覚した新聞の見出しは、「五月の実質賃金上昇　一般労働者〇・六％増、パート〇・八％増」でなければならない。

それでは、これまで、一般労働者の実質賃金とパートの時間当たり実質賃金はどのように変化してきたのであろうか。

アベノミクスが始まる前年の二〇一二年をみると、一般労働者の実質賃金前年比（帰属家賃を含めた総合で実質化。以下同）がプラスになった月は五カ月ある（最大一・〇%、最低マイナス一・一%）。パートの時間当たり実質賃金前年比がプラスになった月は九カ月ある（最大一・七%。最低マイナス〇・七%）。実質賃金が上昇する月があったのは、消費者物価が下がるというデフレだったためである。一方、この期間の失業率をみると、四・一%から四・五%の間で推移している。

以上から、二〇一二年中は一般労働者の実質賃金もパートの時間当たり実質賃金も上がる月がかなりあったが、それはデフレで物価が下がったためで、高い失業率と低い有効求人倍率というコストを伴うものであった。

それでは、アベノミクスが始まった二〇一三年からこれまではどうであろうか。たとえば、二〇一五年七月一七日の日本経済新聞は、「厚生労働省が一七日に発表した五月の毎月勤労統計調査（確報値）によると、物価変動の影響を除く実質賃金指数が前年同月比で横ばいとなり、二〇一三年四月以来、二五カ月ぶりにマイナスを脱した」と報じている。

この記事は、「毎勤」通りの報道とはいえ、ミスリーディングで、人々に、実質賃金はようやく下げ止まったにすぎず、失業率は低下したとはいえ、雇用条件は少しも改善していない、と思わせる。

アベノミクス以降の実質賃金の動向を見るためには、一般労働者とパートを区別するだけでなく、一四年四月からの消費税率の三%引き上げの影響を除いて考える必要がある。この消費税増税は消費者物価を二%程度引き上げたと推測される。「量的・質的金融緩和」によって、消費者物価を二%まで安定的に引き上げて、デフレから脱却しようとしているうえに、消費税増税でさらに消費者物価を二％引き上げれば、名目賃金が三％台後半以上の勢いで上昇しない限り、消費税増税込みの消費者物価で実質化した実質賃金は上昇しない。デフレが一五年も続いた日本経済で、名目賃金が急に三％台後半で上昇することを求めることは無理である。

そもそも、消費税増税はアベノミクスの三本の矢に入ってはいない。実質賃金に対する三％消費増税の影響は極めて大きい。たとえば、一四年七月はボーナス支給の増加もあって、一般労働者の名目賃金は二・七％と大きく上昇した。しかし、消費税込の消費者物価総合が三・四％と大きく上昇したため、この物価上昇率で実質化した一般労働者の実質賃金前年比は〇・七％の減少になった。しかし、消費税増税による物価上昇分を除いて実質化すれば、一般労働者の実質賃金前年比は一・四％増になるのである。

パートの労働時間当たりの実質賃金（以下、実質時給と呼ぶ）にも同じことが当てはまる。一四年七月のパートの名目時給は一・八％と大きく上昇したが、消費税込みの物価で実質化すると、実質時給は一・七％もの減少になってしまう。しかし、消費税増税による物価上昇分を除いて実質化すれば、パートの実質時給の前年比は〇・四％増になるのである。

そこで、アベノミクスが始まった二〇一三年以降の実質賃金前年比を一般労働者とパートに分け、二〇一四年四月以降の消費税増税による消費者物価上昇率の引き上げ効果を除いて、それらの推移を見てみよう。

まず、一般労働者の実質賃金前年比は、アベノミクスが始まる前の二カ月間はマイナスだったが、アベノミクスが始まった二〇一三年一月からプラスに転じ、プラス傾向は同年四月に「量的・質的金融緩和」が始まって以後も六月までは続いた。しかし、七月からはマイナスに転じ、その傾向は一四年六月まで、すなわち、一年間続いた。消費税増税の影響を除いた消費者物価総合で実質化した実質賃金前年比は一四年七月に一旦プラスになったが、八月から再びマイナスになり、一四年一一月に〇％でようやく下げ止まった。それ以後は、一五年五月まで、〇・四％から一・一％増の間で推移している。

一方、パートの実質時給前年比は二〇一三年一月から同年六月までプラスが続き、それ以後、プラスになったり、マイナスになったりしたが、二〇一四年五月以降は、消費税増税の影響を取り除くと、六月と九月を除いて、今日までプラスの月が続いている。

消費低迷の真相

二〇一五年八月二五日

私の手元に、毎日のように、「甘利内閣府特命担当大臣記者会見要旨」が配布されてくる。八月二五日の記者会見を見ると、「昨日の参院予算委員会で安倍総理が、日銀の二％物価目標に対して、原油価格が下落する中で達成は難しいという発言がありました。大臣、これに関してどうお考えですか」という質問に対して、甘利大臣は、「それは、その通りであると思います。日銀の物価安定目標は、（ＣＰＩ）総合でどのくらいを目指すかということだと思います。その大きな要素を占めているものが、半分以下に下落しているということは、当然、ＣＰＩに与える影響も大きいわけでありますから、それを無視した場合には、原油価格が戻ってきたときには、むしろインフレをどう抑えるかということと闘わなければならないことになっていきますから、そこは総理の答弁どおりでいいのではないかと思います」と回答している。

右の記者の質問にある「昨日（八月二十四日）の参院予算委員会の安倍総理の発言」とは、次のような答弁である。すなわち、小川敏夫民主党議員の「総理は、二％目標を達成できない日本銀行の責任についてどうお考えですか」という質問に対して、安倍総理は「私が申し上げている責任というのは」、「日本銀行に説明責任が生じる」というものである。「原油価格が暴落した中においては」、「当初の目標を達成できない」ことは「やむを得ないと、こう考えているわけであります。つまり、原油価格の暴落というのは、これはＣＰＩに大きく影響を及ぼすわけでございますが、同時に、経済にはプラスの影響を及ぼすわけでございます。その中においての目標達成が事実上難しくなっている」ことについては「我々は日本銀行側の説明を理解している、ということでございます」と答弁している。

この答弁に対して、小川議員は「総理は、民主党政権が行っていた一％物価目標の金融緩和は失敗なんだと、二％でなければ駄目なんだと言って始めたわけです。一％と二％の違いについて」、「総理、説明してください」と質問している。

これに対しては、安倍総理は「まあ一％という、申し訳ないんですけれども、そういうやや弱々しい目標では、市場の空気を」「変えることができないというのが我々の考え方でありました。その中で二％という目標を掲げ」、「その二％に向けて黒田総裁がしっかりとした金融的な手段を表明したことによって市場の空気が大きく変わったのは事実なんですよ。民主党政権時代の一％の目標というのは何の変化も起こすことができなかったのは事実であります」と答えている。

小川議員は「二％というのが」、「合理的理由がない」、「掛け声だけの、ムードづくりの、まさにマジックだったんじゃないですか。……結局二％を実現できていなくて、一％も実現できていない」のだから、「民主党の目標でよかったんじゃないか」と反論している。

八月二五日の甘利大臣の記者会見に戻るが、ある記者の「アベノミクスは、一つは資産効果で、株高などを通じて個人消費が増えていくという回路が」あるが、この「資産効果」は「株価が下がれば影響をうけるのではないか」という質問をしたのに対して、甘利大臣は「資産効果による消費の拡大というのは、確かにそのとおりです。しかし、それはあくまでも経済が進展していく連鎖の火付け役の役割であります。本来の姿は、企業業績が上がって内部留保が拡大し、それが賃金改善につながり」、「消費の拡大を起こし、それが企業業績をさらに伸ばしていくという、これが本来の姿です。デフレで凍りついている氷を解かす役割で、資産効果は起爆剤の一つにはなろうかと思いますが、巡航速度を支えていくということの主役ではないと思っております」と答えている。

右に引用した記者は、「円安が発生することによって輸出が増えることを期待していたのですけれども、中国の変調によって輸出はかなり厳しい状況になるのか」とも質問している。

これに対して、甘利大臣は「輸出につきましては、よくJカーブ効果が現れていない」と言われるが、「日本企業の輸出に対する、あるいは利益の取り方に対する戦略が変わってきているのだと思います。為替が安くなると、輸出価格を下げてシェアを拡大していく」やり方から、「輸出価格はそういじらないで利益を確保していって、その利益をもとに投資を考えていくというように、企業の戦術が転換してきている」と思っている。「要は、それによって得られた利益を体質改善、企業の体質強化、そして新たなフロンティア開発に向けてどう使っていくかだと思います。……未来に向けての投資が動いていくように、アベノミクスで掲げていますす大きな柱、イノベーション・ナショナルシステムが具体的に動いていく」と述べている。

以上からわかるように、安倍政権の閣僚の中で一番アベノミクスを理解しているのは、甘利大臣だと思う。

安倍政権になる前に、私が自民党の日銀法改正の勉強会に招かれた際に、「デフレの原因は家計が買いたいものがないためだ」と主張して、私の金融緩和政策の効果を否定した、あの甘利大臣の（よい方向での）変わりようには驚かされる。

次の甘利大臣の記者会見（二〇一五年六月二二日）の財政再建に関する質問への回答は、甘利大臣の良い意味での変身ぶりを如実に物語っている。

「デフレという不健康な体、これについては、私はよくギリシャの例を出して言いますが、ギリシャは歳出額を三年間ぐらいほとんど変更していません。つまり、それだけ抑え込んでいるわけでありま す。例えば年金も一定金額以上については大幅なカットをしています」

「付加価値税も二％ポイント引き上げました。軽減税率も引き上げました。つまり、増税をし、歳出をカットし、その結果どういうことが起きているかというと、税収が三年連続減っているわけでありま す。歳出カットが更なる歳出カットの必要性を呼んでしまっており、泥沼に入ってあがいているわけです」

「ですから同じ轍を踏んでしまってはいけないのでありまして、現に安倍政権の三年間の中で、税収は一二・二兆円増えました。今期に至ってはさらに所得税、法人税の上振れであと二兆円伸びるという予測があります。一二・二兆円が一四・二兆円にならんとしているわけであります。この税収の伸びのうち、消費税による収入は六・七兆円しかないのです。つまり、税収が一四兆円以上伸びたうちの半分以上はアベノミクスで伸びている。この事実をしっかり認識せずに、歳出カットと増税だけでいけるのだということになると、そのとおりにやったギリシャは税収が減っているのです。それで更なる歳出カットを要求されるわけであります。この経済の原理・原則をしっかり認識できないと財政再建はできないということになります。

でありますから、安倍内閣の一丁目一番地は「経済再生なくして財政健全化なし」と、この総理の宣言は極めて正しい判断だと思います」。

メルケルさんに送りたいような甘利大臣の発言で、「ようっ、甘利大臣！」と大向こうから声がかかりそうだ。

二〇一五年八月三一日

消費が低迷しているといわれる。例えば、朝日新聞（二〇一五年八月二九日朝刊）は「雇用↗消費↘物価上昇に賃金追いつかず」という見出しで、「雇用は改善したが、家計の消費は冷え込んだまま――。二八日に発表された経済統計では、こうした傾向が改めて浮き彫りになった。求人は増えているものの、賃上げが広がりを欠く中で、消費税増税や円安の影響で、物価が上がり、消費を冷やしている」と書いている。

七月の家計調査（速報）によると、二人以上世帯の物価の影響を除いた実質消費は前年七月よりも〇・二％減である。朝日新聞は「背景にあるのは」、「実質賃金の低下だ。消費税増税に加えて、円安に伴う輸入物価の上昇で、乳製品や肉類、菓子などの食料品の値上げが相次いだため、実質賃金は増税前よりも三％程度低い。……食料（生鮮食品を除く）は前年七月よりも一・六％上昇し」、「買い物の機会の多い食料値上げが、家計の節約意識を高めた」という。

それに対して、日本経済新聞（二〇一五年八月二九日）の記事は「家計調査」に示された勤労者世帯と無職世帯とに分けた消費支出の違いを示し、「高齢者の節約響く」という小見出しを掲げており、朝日新聞よりもより実態に迫っている。

消費税増税から一年たった二〇一五年四月以降の消費支出を勤労者世帯と勤労者以外の世帯及び無職世帯に分けてみてみよう。勤労者世帯の実質収入（物価の変化調整後）の前年同月比は、四月二％、五月一・五％、六月二・八％、七月五・四％と順調に伸びている。実質可処分所得で見ても、四月二・三％、五月一・五％、六月一・七％、七月五％と順調に増加している。こうした実質所得の伸びを背景に、勤労者世帯の実質消費支出の前年同月比は、四月〇・五％、五月七・五％、六月マイナス一・四％、七月〇・七％と、六月以外は増えている。

それに対して、勤労者以外の世帯（個人営業世帯、自由業者、無職世帯など）の実質消費支出前年同月比は、四月マイナス三・九％、五月一・四％、六月マイナス二・八％、七月マイナス一％であり、そのうち無職世帯は、四月マイナス一・二％、五月二・二％、六月マイナス〇・五％、七月マイナス二・三％で、五月以外は減少が続いている。

メディアの多くは、消費税増税と円安で食料品価格が上昇したため、実質賃金が増えないことが、消費者の節約志向を強めているというが、節約志向が強くなっているのは勤労者世帯以外の世帯、中でも無職世帯である。三・三％まで低下した失業率や一・二倍まで上昇した有効求人倍率にみられるように、雇用が大きく改善し、賃金が上昇しても、無職世帯はその恩恵をほとんど受けることができない。

無職世帯の多くは年金生活者であると思われる。年金受給者数は一九九七年三月末の二五、五七万人から、二〇一四年三月末の三九九一万人へと、五〇%も増えており、いまや、人口（一億二六八九万人。二〇一五年八月一日現在）の三割は年金受給者である。これらの人々の多くは、「量的・質的金融緩和」によって、雇用が改善しても直接的な利益を受けることができない。むしろ、デフレ時代に、名目年金は物価スライドによる減額をまぬかれたため、実質年金額は上昇傾向を示していた。ところが、「量的・質的金融緩和」開始以降、名目年金額はデフレ時代に引き下げなかった分を取り戻すという理由で、引き下げられるようになった。二〇一五年四月からはマクロスライドが実施されるようになり、名目年金額は前年度比〇・九%引き上げられたが、消費税増税で消費者物価（総合）が二・九%上がったため、実質年金額は二%減少したことになる。統計が得られる二〇一四年三月末で見ると、一人当たり実質年金額の前年度比は二・二%の減少である。

このように、「量的・質的金融緩和」による雇用改善の利益を直接的に受けることがなく、むしろ物価上昇でマイナスの影響を受ける、無職世帯の大半を占めると思われる年金受給者の実質年金額が減少していることが、雇用が改善しても、消費が伸びない大きな要因のひとつであると考えるのが妥当であろう。

朝日新聞のように、「雇用は改善したが、家計の消費は冷え込んだまま」という解釈にとどまっていると、真実が見えず、消費が伸びないのは、円安をもたらす「量的・質的金融緩和政策」であるという結論に結び付く可能性がある。実際に、「量的・質的金融緩和」は円安により原材料や食料品価格を引き上げて、中小非製造業や家計を苦しめるから、やめるべきである、という主張も少なくない。

しかし、「量的・質的金融緩和」が実施されなかったならば、雇用は改善しなかったであろう。メディアの多くは実質賃金は低下しているというが、八月一一日の日記に書いたように、これは一般労働者とパートをひっくるめた一人当たり現金給与総額を見ているために生ずるミスリードな報道である。

一般労働者の実質賃金は、二〇一四年度中については消費税増税による物価上昇分を除くと、一一月に下げ止まり、一二月から上昇に転じている。二〇一五年五月の前年同期比は〇・六％の上昇である。一方、パートについては、人によって就業時間が異なるため、実質時給で見る必要がある。パートの実質時給（二〇一四年度中については消費税増税による物価上昇分を除く）は二〇一四年三月以降、二〇一四年の五月と八月を除いて、前年同月比で上昇しており、その上昇率は一般労働者よりも高い。

実質賃金が以上のような動向を示すのは、パートの賃金の方が一般労働者の賃金よりも、その時々の雇用の需給状況を反映して変化するからである。一般労働者、中でも正規社員の賃金は年度初めに改定され、それ以外はボーナスで調整されるだけであるため、パートの賃金のように雇用需給を反映して伸縮的に変化しない。特に、正社員のベアはいったん実施すると、企業業績が悪化しても下げることが難しいため、企業は業績が改善してもその持続性に確信が持てない限り、なかなか上げることができない。

いずれにしても、勤労者を一般労働者とパートに分け、パートの賃金を時給でみれば、ともに実質賃金は上昇傾向にある。また、安倍首相が国会答弁しているように、家計の実質所得が増加しているかどうかは、家計の一人当たり実質所得ではなく、家計の総所得で見るべきである。

「量的・質的金融緩和」による雇用改善効果を見るために、「家計調査」の二人以上の勤労者世帯の所得のうちの「勤め先収入」（世帯主と配偶者などの世帯主以外の勤め先収入を合計した、世帯全体の勤め先収入。以下、勤労所得）の動きに注目してみよう。この勤労所得を消費者物価指数（二〇一四年の消費税増税込の消費者物価指数）で実質化し、「量的・質的金融緩和」が開始された二〇一三年四月以降の対前年同月比を見ると、一三年四月から一三年一〇月まではプラスであったが、一三年一一月から一四年一月までマイナスになった。一四年二月に一旦わずかなプラスとなったが、一四年三月から一五年三月まで、連続、一三ヵ月マイナスが続いた。一四年四月からマイナスになった主因は、同年四月の三％消費税増税により消費者物価指数が大幅に上昇したことにある。しかし、二〇一五年四月からはプラスに転じ、一五年七月は五・六九％の大幅増となった。すなわち、一五年四月以降は、消費税増税による消費者物価指数の上昇を乗り越えて、二人以上の勤労者世帯の実質勤労所得は四ヵ月連続して伸びているのである。

次に、配偶者の実質勤労所得の前年同月比の動きを見ると、一五年三月以降、七月までプラスが続いており、六月と七月は、それぞれ、一二・五％と二三・五％と、大きな増加となった。

それでは、二〇一二年と比べるとどうであろうか。二人以上の勤労者世帯の実質勤労所得は二〇一五年七月になって、消費税増税による二％程度の物価上昇を乗り越えて、ようやく、一二年七月よりもわずかに上回る水準に達した。なお、一五年一月以降の配偶者の実質勤労所得の対一二年同月比は、一月から七月現在まで、五％から一三％という大きな上昇を続けている。

以上から見えてくるものは何か。それは、勤労者世帯の実質所得の引き上げについては、「量的・質的金融緩和」が雇用の改善を通じて効果を発揮している一方で、勤労者世帯以外、特に、年金受給者を中心とする無職世帯の実質所得は、無職世帯が株式や外貨資産などを十分保有していない限り、「量的・質的金融緩和」による消費者物価引き上げでは負の影響を受ける。しかし、無職世帯が負の影響を受けるからといって、「量的・質的金融緩和」をやめるべきであるとは言えない。この点は、インフレの逆のデフレを考えればはっきりする。

デフレになると、企業収益が悪化し、企業は設備投資やイノベーションに消極的になり、本来、内部留保を設備などの投資に用いるべき企業までもが、家計同様に、現金や預金の形で保有するようになる。社会において、所得を生み出すのは企業である。その企業が適正なリスクを取って設備投資やイノベーションに取り組もうとしなくなれば、所得は生まれない。所得が生まれなければ、年金も財政も持続不可能になる。年金も財政も持続不可能となれば、年金生活者にとってはよいと思われたデフレは、最悪に転化する。年金受給者をはじめとする無職世帯が頼りにする年金や財政を持続可能にするためには、企業を元気にし、それによって雇用を改善し、勤労所得をはじめとする所得を引き上げなければならないのである。

そのようにして、社会全体の所得を増やすことによってはじめて、年金と財政を持続可能にする財源が生まれる。その財源を使って、無職世帯のうちの低所得者を救済することができる。たとえば、無職世帯のうちの低所得者に対して、消費税増税分を還元することも可能である。

以上のように、デフレから脱却して、企業を元気にし、雇用を改善し、社会全体の所得を増やすためには、「量的・質的金融緩和」のような金融政策を割り当て、そのもとで生ずる貧困などの問題は所得再分配政策を割り当てるべきなのである。この原理を「経済政策の割り当て原理」というが、この原理を知らないと、そもそも「量的・質的金融緩和」では解決できない問題までも、「量的・質的金融緩和」の責任として追及する余り、デフレに逆戻りするという愚を犯すことになる。

金融政策ですべて解決できるとは言っていない

二〇一五年九月八日

今日のお昼に、山本幸三衆議院議員が私を訪ねてこられたので、日銀でランチを取りながら二時間ほど懇談した。

きっと、いつものように、「追加緩和をしないのか」とおっしゃると思っていたが、「今の状況をどう考えておられるか」というのが最初の発言だった。そこで、最近考えている、次のようなことを話した。

最も気になるのは、中国経済がどうなるかだが、今日は、消費税増税後の消費が弱い理由について、最近考えていることをお話ししたいといって、八月三一日の日記に書いたことを要約して伝えたうえで、

「リフレ派の多くは、二%の物価安定目標の達成が大きく遅れそうな現在、日銀が追加緩和しないと、日銀に対する信認が毀損される、と考えているようだが、果たしてそうか。今、追加緩和すれば、円安が進み、一二五円を突破するかもしれない。そうなると、円安が総需要を拡大する効果よりも、食料品価格やエネルギー価格の上昇といった、コストプッシュ効果が先に現れ、原油安の恩恵を打ち消してしまい、無職世帯を中心とする低所得者の消費をさらに冷え込ませる可能性があり、国民経済にとって必ずしも良い結果をもたらさないのではないか。そうであれば、今すべきことは、マイナンバー制度を活かして、給付付き税額控除のような所得再分配政策だ」と述べた。

それに対して、山本議員が「だいぶ考えがお変わりになった」というので、「考えが変わったのではなく、二年半の経験を通じて、データをよく見るようになり、インフレよりもデフレの方が良い年金生活者がこれほどまで多く増えていることを知ったからだ。今後、この人たちの生活はインフレと消費税再増税で実質年金額が減少するため、どんどん悪化する。それを防ぐためには、年齢や健康上の理由で、雇用が改善しても働けない年金生活者などの低所得者への所得再分配政策が必要なのだ。それなくして、二%達成を急ぐあまり、追加緩和すると、かえって、二%達成は遅くなる」。

「リフレ派は、金融政策ですべてを解決できるといったはずだ」と反リフレ派はいうが、そんなことを言ったリフレ派は一人もいない。リフレ派は、「政策目的に応じて経済政策を割り当てよ」という、「経済政策の割り当て原理」を重視する人たちだ。金融政策は物価安定と非自発的失業を減らすことに割り当てるべきで、そもそも、所得再分配政策の手段を持っていない。所得再分配政策を実施できるのは政府・国会である。民主党はもっぱら、第一の矢である「量的・質的金融緩和」を批判するが、そんなことをする暇があったら、年金生活者などの低所得者層に対する所得再分配政策を提案すべきだ。「量的・質的金融緩和」をやめよというのは、デフレに戻ろう、と言っているのに等しい。

「勿論、中国経済の減速が予想以上に大きいことが判明すれば、デフレマインドの復活を防ぐための追加緩和はありうる。しかし、今は、中国経済の実情をよく調べ、注意深く見ている時期だ。やるときには、日銀は二%達成のためには、そこまでやるのか、と思わせるようなことをしなければならない」と付け加えた。

山本衆議院議員は、「所得再分配政策かぁ」となりながら、「しかし、いざという時にはやるという姿勢は崩さないで」と言って帰られた。

午後遅くからは、LSE（London School of Economics）カンファレンス東京二〇一五で、講演した。私の前の講演者はLSEの教授で元BOE（イングランド銀行）副総裁のチャールズ・ビーン教授だったが、二五分の持ち時間を大幅に超過して、四〇分以上話された。そのため、私に残された時間はわずかになってしまったが、質疑応答の時間をなくしてもらい、三〇分程度話した。

この日の相手はLSEの研究者やみずほ総合研究所のエコノミストなので、専門的な話が良いと思い、私自身の研究ではなく、日銀のトップエコノミストの最新の研究を二つ紹介することにした。

カンファレンスの後の懇親会では、ビーン教授が私の前に座っておられたため、ほとんど彼の話を聞くことになったが、大変気さくな方であった。

私は、二〇〇四年にイギリスのブライトンにあるサセックス大学で客員研究員を務めていたことがあるが、その時の研究課題が「サッチャー改革の成果」であった。そのため、石油ショック後に各国の成長率が鈍化した要因やサッチャー改革の貢献に関するビーン教授の著作をずいぶん読んだものである。そのことを彼に告げると、大変うれしそうであった。

日銀執行部のレジーム・チェンジ

二〇一五年一〇月二二日

一〇月三〇日の金融政策決定会合を目前にして、三〇日に追加緩和があるかどうかの予測がエコノミストの間で行きかっている。おそらく、昭和恐慌研究会のメンバーを中心とする真正リフレ派の多数は、一〇月三〇日の政策決定会合で追加緩和すべきだと考えているであろう。

この点で興味深いのは、ブルームバーグの一〇月一九日の中原伸之元日銀審議委員と二一日の髙橋洋一氏へのインタビュー記事である。

中原氏は「日銀の金融政策は現状維持で十分だ。今の天気図がどのようになるか、もう少し様子を見なければならない。私はもともとマネタリーベースを六〇〇兆円まで拡大していいと言ってきたが、今やる必要はない。為替が落ち着いているので、特にやる必要はない」という。

一方、髙橋氏は「七－九月はマイナス成長になる確率が高い。黒田総裁は予想インフレ率は大丈夫と言ってきたが、それも怪しくなってきた。ブレーク・イーブン・インフレ率（BEI）や各種アンケートで見ると、あまり上がっていない。黒田総裁が言っていることが全部外れている。政策として動かないといけない段階に入った。しかし、黒田総裁は「皆がやれ、やれ」というとやらない。天の邪鬼な人なので予測するのは難しい」という。

私は、追加緩和の必要条件は「変動の大きい生鮮食品と、原油価格急落の影響を受けているエネルギー価格を除いた、物価上昇の基調が崩れることである」と考える。

日銀は一五年四月頃から、一時的な変動の大きい生鮮食品と、原油価格の急落の影響を受けたエネルギー価格の大幅低下によって、物価上昇率が低下したため、こうした一時的と思われる影響を取り除いた物価の変化率を「物価の基調」と呼び、金融政策の運営上、注目するようになった。

「物価の基調」は、一五年一～二月の〇・四％を底に再び伸びを高めている。九月は一・二％と、昨年二月の直近ピーク（〇・八％）を明確に上回っている。

したがって、私は、消費税増税でいったんデフレに戻りかかった「物価の基調」は、二〇一四年一〇月の「量的・質的金融緩和拡大」の効果が発揮されて、二〇一五年に入ってから現在までについては、二%に向けた上昇軌道に戻っている、と考える。

先行きについては、原油価格下落の消費者物価下押し圧力が次第に減衰する一方で、原油価格下落は中長期的には、家計の実質所得の増加と企業の投入コストの引き下げに通ずる企業収益の増加をもたらすため、消費と設備投資にプラスの影響を与え、その結果、需給ギャップの改善をもたらす。

このように考えると、先行き、「物価の基調」は高まり、原油価格下落の影響が剝落するにつれて、エネルギーを含めた消費者物価の上昇率も二%に向けて上昇していくと考えられる。

ただし、先行きの原油価格の上昇テンポは、最近の原油先物価格から判断して、七月の中間評価で想定されていたよりも遅くなると考えられる。そのため、消費者物価（除く生鮮食品）前年比が二%に達する時期も、後ずれすると考えられる。

しかしそうとはいえ、確かに、「物価の基調」を崩しかねない、先行き、下振れリスクも多い。

第一の下振れリスクは、中国が六%台後半の成長率を維持しつつ、構造調整を伴いながら、輸出主導型経済から内需主導型経済に移行できるかどうかである。

第二の下振れリスクは、中国経済の成長鈍化が大きく、かつ長引いた場合の、新興国経済と資源国経済の悪化のリスクである。中国経済の調整が予想以上の大きさになると、新興国経済と資源国経済は対中国輸出の減少と国際商品市況の悪化とにより、その回復が一段と遅延するリスクがある。

新興国経済と資源国経済の下振れリスクは、日本の輸出に対して下押し圧力として作用する。この日本の新興国向け輸出の減少を先進国向け輸出の増加で相殺できなければ、日本の景気と物価は下押し圧力を受ける。

第三の下振れリスクは、新興国と資源国の経済減速が先進国経済の減速をもたらすリスクである。

このリスクが顕在化する場合、日本の景気と物価は基本シナリオから下振れする。

第四の下振れリスクは、二〇一七年四月に実施が予定されている二％の消費税の税率の再引き上げによる消費の減少とそれに伴う「物価の基調」の悪化である。

さらに、髙橋氏がいうように、各種の予想インフレ率データは、低下を示しているものが多い。いま述べたような、これまでの「物価の基調」が改善傾向にある点よりも、各種の下振れリスクと予想インフレ率の低下の方を重く見れば、今回、追加緩和すべきかもしれない。

しかし、いずれ近いうちに、FRBが利上げに踏み切るであろう。そうなれば、日銀が追加緩和しなくても、円安・株高になる可能性がある。今は、FRBの利上げとその影響を見極めるときであると考える。

以上からわかるように、「追加緩和をやれ、やれ」と周りから言われると、黒田総裁は天の邪鬼だから、追加緩和しない」ということは、決してない。

また、中原氏の「昨年一〇月の追加緩和の意味は、裏を探れば黒田が一〇％への消費税増税を計画通りにやるべきだというシグナルだった」という発言も的を射ていない。

現在の日銀執行部は「できるだけ早期に二％の物価安定を達成するためには、どうすればよいか」という一点に集中して金融政策を運営している。巷のエコノミストの中には「政府に迫られて、追加緩和する」とか「しない」とかいう人がいまだにいるが、現在の日銀執行部は政府から完全に独立して金融政策を運営しており、旧日銀とは違うのである。

われわれが執行部になってから、金融政策はレジーム・チェンジしたが、日銀執行部もまたレジーム・チェンジしたのである。

二〇一五年一〇月二三日

私が大学院の博士課程の学生だった頃、日本開発銀行（当時。現在は、日本政策投資銀行）の設備投資研究所で一緒にアルバイトしたことがある櫻井眞氏を日銀に招いて、ランチミーティングを実施した。

元々は、櫻井氏と本田悦朗内閣官房参与と私の三人の予定だったが、原田泰、若田部昌澄、飯田泰之、安達誠司、片岡剛士の各氏に声をかけたところ、全員都合がよく、参加された。

櫻井氏の報告の題名は「アベノミクス三年間の効果と今後のマクロ経済政策」で、アベノミクスは成果を上げている、というのが結論であった。櫻井氏の報告の後、自由討議での各氏の発言をまとめると以下である。

安達誠司氏　企業に設備投資へのインセンティブを与える政策として、法人税減税と設備投資における減価償却の特別措置の実施。

飯田泰之氏　マネタリーベースをより増やす追加緩和の効果は期待できない。付利（金融機関が日銀に預けている当座預金に付与されている金利）撤廃のような枠組みの変化の方が効果的である。政府と日銀との間で、名目GDP六〇〇兆円を二〇二二年までに達成することにコミットする協定を結ぶ。公共工事対策は人手不足で無理だ。むしろ、公立病院、学校（図書館など）、役所などの設備更新のための公共投資の方が効果的である。

片岡剛士氏　コアコア（食料品［酒類を除く］とエネルギーを除く物価）二％をインフレ目標にすべき。

過去のデータから、コアコア二％でＧＤＰデフレーター一・四％である。物価目標の達成は今の金融政策では達成困難だ。家計と企業の予想インフレ率も低下している。予想インフレ率から判断すれば、追加緩和が必要な状況だ。しかし、足元のゼロ成長を追加緩和だけでは跳ね返せない。財政面から家計消費の下支えが必要で、住民全員に一人当たり二－三万円を配布する。三兆円強の財政支出になる。

二〇一五年一二月一五日

ＦＯＭＣは利上げに踏み切ったが、現在までのところ、国際金融市場は落ち着いている。今後、新興国経済がどのような影響を受けるかが、懸念材料だ。

日本経済については、ＧＤＰは一次ＱＥ（四半期速報）では、一五年七－九月期の成長率が前期比マイナス〇・二％と2四半期連続でマイナスで、景気後退に入ったといってもよい状態だった。しかし、二次ＱＥでは、プラス〇・三％と〇・五ポイントも上方修正され、緩やかな成長が続いていることが確認された。

企業設備投資は、一次ＱＥでは、前期比マイナスで、日銀短観にみられる強い一五年度の設備投資計画と比較すると、極めて弱い数値であったため、企業は中国経済の減速を受けて、設備投資の実施を見合わせているのではないかと思った。しかし二次ＱＥでは、前期比プラス〇・六％に上方修正されたことは明るい材料である。

企業にとって設備投資の環境は極めて良好なはずである。第一に、企業収益は過去最高の水準に達し、円安が定着している。「量的・質的金融緩和」によって、予想実質金利も歴史的低水準にある。第二に、企業設備年齢が高く（つまり、古くて非効率な設備が増えている）、人手不足であることなどを考えれば、設備投資はもっと堅調に伸びてもよいはずだ。

「量的・質的金融緩和」実施後の特徴として、内需型企業である非製造業の売上高経常利益率の上昇率が製造業を上回っていることが挙げられる。しばしば、「量的・質的金融緩和」やアベノミクスの恩恵は中堅中小企業には及んでいないといわれるが、データは、中堅中小企業の売上高経常利益率は「量的・質的金融緩和」実施以降、上昇トレンドにあり、最近は、リーマン・ショック前のピークよりも一・五ポイント程度高いことを示している。これは、日本経済が第三次産業主導型に変わりつつあることを示している。第三次産業は、製造業よりも労働集約的であるため、今後も、雇用需給の改善とそれに伴う賃金上昇が続くと期待したい。

中国経済の減速から、減少が予想された輸出も、一五年七‐九月期は堅調に増加した。足元の一一月も前期比一・六%の増加で、持ち直している。今後も、先進国の緩やかな成長の好影響が新興国にも次第に及んでいくにつれ、為替円安の下支えもあるのだから、輸出が緩やかに増加すると期待できそうだ。

以上の基本シナリオに対するリスク要因は、依然として、中国経済の減速とそれがニーズやアセアンや資源国に及ぼすマイナスの影響である。物価は、日銀一二月短観をはじめとして、予想インフレ率に弱い指標がみられ、心配の種だ。

最近の予想インフレ率指標の低下と金融政策運営については、次のように考える。予想インフレ率の低下に歯止めがかからなければ、金融政策による対応が必要になる。そこで、たとえば、一二月短観の企業の物価見通しが、前回九月短観に続いて下方に修正されたことを持って、金融政策対応が必要と考えるべきかどうかを考えてみたい。

日銀短観の企業の物価見通しは二回連続で下方に修正されたが、下方修正は一年先が最も大きく、三年後から五年後にかけて上昇している点に変わりはない。この下方修正の仕方から、企業は、原油価格の低下に歯止めがかからず、消費者物価指数（除く生鮮食品）前年同月比が八月から三カ月連続マイナス〇・一％で推移しているという状況を見て、適合型予想形成によって物価見通しを下方に微調整した、と考えられる。

しかし、原油価格はどこまでも低下し続けるものではなく、安定すれば、その物価への下方圧力は剝落する。したがって、原油価格が下げ止まれば、消費者物価前年同月比の上昇幅も拡大し、そうなれば、企業などの適合型予想による予想インフレ率も上昇に転ずると考えられる。

さらに、以下のデータも金融政策運営は現状維持が妥当であることを示している。

第一に、企業の価格設定に上方改定の動きがみられ、消費者もそうした価格改定を受け入れながら消費を増やしている。

第二に、消費者物価を構成する品目のうち、上昇した品目数から下落した品目数を差し引いた指標は急速に上昇している。

第三に、労働市場の需給はひっ迫しており、今後も賃金上昇が続くと予想される。すなわち、一〇月の有効求人倍率（一・二四倍）は一九九二年一月（一・二五倍）以来の高水準であり、一二月の日銀短観の雇用人員判断指数も全規模全産業でマイナス一九で、一九九二年以来の人手不足であることを示している。こうした労働需給のひっ迫により、賃金上昇も次第に加速すると見込まれる。

第四に、生鮮食品とエネルギーを除いた消費者物価指数の対前年比は一五年初来、上昇傾向にある。

以上から、現在は、今後の「物価の基調」とそれに影響を及ぼす需給ギャップの動向や予想インフレ率がさらに低下しないかなどを見守る段階で、金融政策運営は現状を維持することが妥当であると考える。

第五章　逆風に抗して、金融政策の転換

円高の始まり

二〇一六年一月一四日

年初から急速な株安・円高が進んでいる。円ドルレートは昨年末の一二月三〇日は一二〇円五銭（中央相場。以下同じ）だったが、今日（二〇一六年一月一四日）は一一七円三八銭である。円高につれて、昨年末（二〇一五年一二月三〇日）には一万九〇三三円七一銭だった日経平均株価の今日の終値は一万七二四〇円九五銭で、約一八〇〇円の下落、率にして九％もの値下がりである。

昨年末から、追加緩和すべきか、追加緩和するとしたら、どういう追加緩和がよいかと悩んでいたところ、二〇一六年は「とんでもない幕開け」になった。

昨年末の一二月の日銀短観では、企業が想定する円ドルレートは、一五年度下期は一一八円であるから、今日の一一七円三八銭よりも上昇すると、企業の想定レートよりも円高になってしまう。二〇

一三年四月四日に「量的・質的金融緩和」を開始して以来、企業の想定円ドルレートが実際のレートよりも円安になることはなかった。それが逆転すると、企業マインドの悪化は避けられない。それに加えて、大幅株安であるから、企業だけでなく、家計のマインドの悪化も避けられない。

金融政策にとって、家計や企業のマインドがどうなるかは極めて重要である。多くの企業や家計がデフレマインドになれば、企業と家計の行動自体が慎重になり、実際にも、デフレになってしまう。ここは、これまで改善してきた家計と企業のマインドがデフレマインドに後退してしまうことを防がなければならない。

そうした懸念があるため、最近、頻繁に、金融政策を企画・立案する企画担当理事の雨宮氏と意見交換している。私は、金融緩和政策が実体経済に及ぼす遅れを考慮すると、三月頃になって、生鮮食品とエネルギーを除いた「物価の基調」の上昇率が低下してから、市場に催促される形で追加緩和するのでは遅く、デフレマインドの悪化を食い止めるためには、一月の次回決定会合で追加緩和に踏み切るべきではないかと思う。

二〇一六年一月二〇日
私のパソコンの副総裁日記のフォルダーを開いてみると、昨年の一〇月二三日の櫻井眞氏との日銀におけるランチミーティングを最後に、昨年の一二月一五日まで、約二カ月弱も日記を書いていないことが分かった。
なぜ、これほど長い間日記をつけなかったのか。この期間、日記に書くようなことが全くなかったわけではない。実は、昨年の一〇月末頃から腰部脊柱管狭窄症が原因と思われる間欠跛行（少し歩いただけで、大腿部が痛くなり、歩けなくなるが、しばらく休むとまた歩けるようになる）がひどくなり、日銀からの帰宅途中で医療機関によったり、帰宅してからは、日記を書くよりも、ストレッチなどに励むことが多くなったためである。

実は、二〇一五年六月頃から、おそらく、国会での経済音痴の民主党議員の質問に閉口して、そのストレスからと思われるが、胃の調子が悪くなり、腰痛も悪化し、いわば、闘病生活が始まっていたのである。しかし、闘病生活と私の仕事であるデフレ脱却のための金融政策の話が混在すると、話が分かりにくくなるので、闘病生活についてはこの位にしておこう。

二〇一六年一月二二日

ドラギECB総裁がECB理事会後の記者会見で、来る三月に追加緩和する可能性を示唆したという。ドラギ総裁は世界的なディス・インフレ圧力に対する中央銀行の政策余地は乏しくなっているという見方に対して、「われわれは降伏しておらず」、「決してあきらめない」と述べて、この見方を否定したという。

しかし、中国経済の減速と原油価格をはじめとする資源価格の暴落によって、資源国と非資源国の新興国経済がともに大きく減速し、世界経済の先行き不透明感から、円以外のほとんどの国の通貨が安くなり、世界中で株価の下落が続いているというのに、ECBは三月になってようやく追加緩和するとは、悠長なことだ。

こういう状況では、日本こそ世界に先駆けて、大幅な追加緩和により、悲観に満ち溢れた世界経済の状況を反転させなければならない。

マイナス金利の巧妙な仕掛け

二〇一六年二月一日

私は、年初来の過度の円高を止めなければならないと考えていた。過度の円高は株安をもたらす。円高と株安は人々のマインドを悪化させ、企業も家計も萎縮して、支出を控える。これでは、物価は下がるばかりである。企業や人々のマインドの悪化を止めて、物価が安定目標に向かって上昇するモメンタム（勢い）を維持するためには、長期国債購入をさらに増やして、量的緩和を強化するべきだと考えた。

しかし、金融政策を立案する企画局はマイナス金利導入案を考えていた。どうやら、企画局は昨年夏頃以降、欧州各国のマイナス金利の効果を研究してきたようである。私は、長期国債購入量を増やすことは、予想インフレ率引き上げに寄与すると考えていたが、消費税増税と原油価格の大幅下落の下で、果たして、量を増やして、予想インフレ率を引き上げられるか、自信がなくなっていた。というのは、消費税増税により、経済政策の「リフレ・レジーム」が壊れてしまったため、日本の家計、企業、投資家たちのインフレ予想形成における「フォワード・ルッキング」な要素がほとんど失われてしまったからである。ここに、インフレ予想形成における「フォワード・ルッキングな要素」とは、過去や足元の実際のインフレ率に引きずられることのない、中長期的に安定した予想インフレ率のことをいう。

二〇一三年四月に開始した「量的・質的金融緩和」は、足元のインフレ率に依存して決まる「適合的予想形成」に加えて、「フォワード・ルッキングな予想形成」を促すという、予想形成の転換に働きかける金融政策であった。一四年四月の消費税増税までは、この働きは成功し、実際のインフレ率と予想インフレ率はともに順調に上昇した。しかし、消費税増税後、この働きかけの効果は大きく削がれ、一四年夏頃からの原油価格下落が一層その傾向に拍車をかけた。

「物価安定目標」の達成の観点から、デフレマインドを誘発する過度の円高・ドル安を回避するために、金融政策ができることは、名目金利を引き下げるか、予想インフレ率を引き上げるか、あるいはその両方によるかにより、米日予想実質金利差を拡大させることである。「量的・質的金融緩和」の「フォワード・ルッキングな予想形成に働きかける効果」が小さくなってしまった現在、長期国債購入量を増やしても予想インフレ率が上がらない可能性がある。そうであれば、確実に、名目金利を大きく引き下げることができるマイナス金利は魅力的である。さらに、量と質に加えて、マイナス金利という今までは考えられなかった手法が使えるならば、使った方が、金融政策手段が増えて、金融政策の幅が広がり、今後の負のショックに対しても柔軟に対応できる。

量の拡大かマイナス金利かで迷ったが、以上のように考えて、私はマイナス金利導入に賛成することにした。

日銀は一月二九日の決定会合で、「マイナス金利付き量的・質的金融緩和」を導入した。今回も、一四年一〇月の「量的・質的金融緩和の拡大」の時と同様に、五対四の一票差で、かろうじて議長案が過半数を獲得するという状況だった。

マイナス金利が適用されるのは、銀行が日銀に預ける当座預金の追加分だけで、銀行がこれまでに積み上げた超過準備（これを基礎残高と呼ぶ）に対しては従来通り、〇・一%の付利が適用される。

また、今後は、日銀が量的・質的金融緩和を進めるにつれて当座預金残高は増えていくが、その増えた分すべてにマイナス金利を適用すると、銀行収益に対して下方圧力が働きすぎて、かえって、銀行の金融仲介機能が損なわれる可能性がある。そこで、今後増える当座預金の一部（これをマクロ加算残高と呼ぶ）の金利は〇％とし、それ以上の残高（これを政策金利残高と呼ぶ）にだけマイナス〇・一％の金利を適用することとした。

以上のように当座預金残高を基礎残高、マクロ加算残高、政策金利残高と三層構造に分けて、それぞれ、プラス〇・一％、〇％、マイナス〇・一％の金利をつけるというアイディアは、大変巧妙な仕掛けである。

マイナス金利の導入は五対四の僅差で可決されたが、その票の割れ方は大変興味深い。賛成は正副総裁三名と二〇一五年三月と七月にそれぞれ就任した原田審議委員と布野審議委員である。すなわち、すべて、安倍首相が指名した政策委員である。他方、反対は白井、石田、佐藤、木内の各審議委員で、白川前総裁の金融政策を支持してきた委員である。

上記四名の反対者のうち、二〇一四年一〇月の「量的・質的金融緩和」の拡大に賛成したのは、白井委員だけであるが、今回は反対に回った。白井委員は「量的・質的金融緩和」導入以後、大変よく勉強され、その講演などからは執行部に近い考えを持っているという印象を持っていたので、今回反対されたことは意外だった。

今回の票割れは、安倍首相がいかに誤りなく審議委員を選ぶことが重要であるかを如実に示している。黒田総裁が「二％の早期達成のためには、なんでもやる」といっても、政策委員会メンバー九名の多数を獲得しなければ、実際にはできないのである。

「マイナス金利付き量的・質的金融緩和」に対して想定通り素直に反応したのは、国債金利であった。八年物までマイナス金利になり、一〇年物も〇・二％台から〇・一％台へと低下した。為替も素直に反応し、朝方は、一一八円後半で推移していた円ドルレートは、一二一円まで上昇した。

一方、日経平均株価は「マイナス金利付き量的・質的金融緩和」公表後、いったん下がった。いったん下がったのは、マイナス金利の導入で、銀行収益が悪化するという予想から、銀行株が売られたからであった。引けにかけては、銀行株を売って、自動車株を買うといった株式投資の入れ替えが進むにつれて、日経平均の終値は四七七円高になった。

このように、マイナス金利導入の初日は、想定通りの展開である。

二〇一六年二月四日

「マイナス金利付き量的・質的緩和」は二月二日までは、想定通りに、国債金利低下、円安、株高になったが、二月三日からは金利低下は続いたものの、円高・株安に反転してしまった。

追加緩和後の二営業日で八〇〇円超上昇した日経平均株価は、今日は追加緩和前の水準に戻ってしまった。この株価の大幅下落の主因は、一一八円五銭台まで低下した円ドルレート、すなわち急速な円高・ドル安への戻りであろう。

多くのエコノミストは、「中国をはじめとする新興国・資源国経済の減速・不透明感、下げ止まらない原油価格により、世界中の投資家がリスクを回避しようとして、安全資産と考えられている円を買っている。それによる円高が、日本株安を招いている」と解説している。

投資家たちのリスク回避行動への転換を「リスク・オフ」といい、リスクを取るようになることを

「リスク・オン」という。「量的・質的金融緩和」政策を始めて以来、われわれを悩ませてきたのは、世界で、何か不確実なことが起こるたびに「リスク・オン」が「リスク・オフ」に転換してしまい、過度の円高・株安になり、その結果、せっかく改善した投資家、企業、家計のマインドがデフレマインドへと悪化することである。

日本の大多数の経済学者と金融機関等のエコノミストは、「消費税増税で、一刻も早く財政を再建しなければ、そのうち国債価格が暴落（国債金利は高騰）する」とこの何年もの間、言い続けている。しかし、実際に証券取引をしている人たちは、日本国債をスイス・フラン建て国債やドル建て国債よりも安全資産と考えており、金融と経済のリスクが大きくなるたびに、「質への逃避」の手段として、日本国債を買いに来、その結果、過度の円高と株安になる。「国債価格が暴落する。金利が高騰する」と言い続ける「オオカミ少年」のような日本の大多数の経済学者やエコノミストとはいったい、こういう状況をどのように考えているのであろうか。

高橋洋一嘉悦大学教授がいつも言うように、そんなに国債価格が暴落すると心配するなら、国債のクレジット・デフォルト・スワップを大量に買ったらどうか。買っておけば、実際に、国債価格が暴落すれば、大もうけできるのだから。

二〇一六年二月一二日

昨日は建国記念の日で家にいたが、夕方、テレビをつけたまま料理をしていた妻が、「（円ドルレートが）一一〇円台だってよ」と叫ぶ。日銀に勤める夫とともに、日銀の金融政策の効果にこれだけ関心を持っている妻もそうはいないのではないか。

夕食を終えたところで、携帯電話が鳴る。ディスプレイには「本田悦朗」の文字。何かあったのかと、電話に出ると、「一一〇円台です。明日、総理とお会いするのですが……」という。この事態を総理に何と説明すべきか、相談したいらしい。

「どうしようもないね。リーマン・ショック後のように、他の主要国がみんな超金融緩和しているのに、日本だけがしないため円高になるのであれば、超緩和すればよいけど、今は日本が一番超緩和しているにもかかわらずの円高だからね。投資家がリスク・オフになるたびに、安全資産だといって短期円債が買われる。財務省と財務省のポチ・エコノミストは、消費税増税で財政再建を急がなければ、国債金利は暴騰すると言い続けているのに、実際は逆のことが起きている。そもそもてないはずの男が、時々、女性たちがパニックになると、なぜかもてるようになり、しばらくして、彼女たちが落ち着きを取り戻すと、さっさと別の男の所に行ってしまう。円はそういう男みたいなもんだ。全くいい迷惑だ。投資家たちが落ち着きを取り戻すまで待つしかないね」という趣旨のことを話した。

今日の午後は、国会から一時日銀に戻った黒田総裁と話す機会があった。総裁は中国の外貨準備が大幅に減り、その残高の対外短期債務比率が危険水域に達するのを恐れ、G20までに、資本規制の措置を取るのではないかと考えているようだった。

中国人民銀行によると、昨年一二月末時点で、中国の外貨準備高は三兆三三〇〇億ドルで、前月末比一〇七九億ドルの減少で、減少幅は過去最大になったという。二〇一五年は、過去最大の五一二六億六〇〇〇万ドルの減少で、その減少の大半は昨年八月以降である。昨年八月以降、外貨準備が急激に減少しているのは、資本流出によって進む元安を止めようとして、当局がドル売り・元買い介入をしているためである。

中国が元安を止めようとするのは、ドル建ての対外債務を負った企業の返済が困難になり、倒産などが発生することを避けたいからであろう。

国際金融のトリレンマ理論によると、金融政策の独立性、為替相場の安定、および、資本移動の自由のうち、二つまでの組み合わせしか選択できない。資本移動の規制なしに、為替相場下落を止めて安定化させようとすれば、景気が悪く、デフレのリスクがあっても、金融政策を為替の安定化のために使うしかない。

ところが、実際は、中国は景気が悪いために、金融緩和政策を取りながら、為替の安定化のために元買い・ドル売り介入をしている。元買い・ドル売り介入により、（中国人民）元という通貨、すなわち、マネタリーベースが民間部門から中央銀行に吸い上げられて減少するから、金融引き締め効果を持つ。すなわち、元買い・ドル売り介入は金融緩和政策と矛盾をきたす政策なのである。

私はいっそのこと変動相場制に移行すればと考えるが、黒田総裁はそうなると元は一五％くらい下落するだろうという。この大幅元安は対外債務を負った企業のデフォルトリスクを増大させるため、資本規制のほうがより現実的な政策なのかもしれない。

ところで、今日の日経平均株価の終値は七六〇円もの下落で、一万五〇〇〇円割れである。円ドルレートは一一二円前半（中心相場）で推移している。今日も、投資家のパニックは収まらない。

もう一つよくわからないのは、サウジアラビアが、WTI（アメリカの西テキサス地方で産出される原油）が三〇ドルを割っても（現在、二七・四一ドル）、減産しないことである。政府歳入の九割を原油の輸出に依存するサウジは、原油安で歳入が大幅に減少し、財政赤字が拡大している。サウジは国内安定のために、財政でばらまきを実施してきたが、それも困難になれば、サウジでもアラブの春が起きてもおかしくない。さらに、隣国イエメンと戦争状態にあり、イエメンを支援するイランとは先月、国交断絶している。

わたしは、サウジはアメリカのシェール・オイルをつぶそうとしているのかと考えていたが、国際事情に詳しい黒田総裁によると、「サウジはロシアとイランをつぶすために、原油安を放置しているのではないか、とも言われている」という。

二〇一六年二月一七日

朝方、NHKの芳野キャップから「二・二六事件から、八〇年、高橋財政について」という話題でインタビューを受け、高橋財政が果たした役割と現在、日銀が採用している金融政策への教訓について話した。ほとんどがオフレコであるが、一部がオンレコになり、NHKウェブ版に掲載されるそうだ。

昼からは、平野智裕君（私の上智大学時代の教え子で、この日記を書いている現在は、東京大学大学院経済学研究科講師）と柿埜真吾君（私の学習院大学時代の教え子で、現在は、学習院大学大学院経済学研究科博士課程で研究中）を招いて、ランチをともにしながら、金融政策に関して話し合った。

平野君に英文ジャーナルに投稿した論文の状況を尋ねたところ、四人のレフェリーのうちの一人が論文採用に反対しているが、そのレフェリーが指摘した問題点については、すべて問題はないと回答したので、今はその人がオーケーするかどうかを待っているとのことであった。四人のレフェリーのうち三人が論文採用に賛成すれば、採用すればよいのではないかと思うが、厄介な話である。論文を投稿してから、すでに五～六年は経っているはずだ。

平野君はすでにJournal of Monetary Economicsという一流雑誌に論文が採用されている。彼が東大の終身の准教授として採用されるためには、もう二本くらい一流雑誌に採用されることが必要なのではないか。彼が東大の終身の准教授に採用されたら、上智大学卒初の東大准教授の誕生で、まさに快挙である。

柿埜君はドクター論文を作成しなければならないが、研究したいことがたくさんありすぎて、あっちをやったりこっちをやったりで、なかなか落ち着かず困ったものである。しかし、この三月で博士課程三年が終わり、オーバードクターになる。そうそう迷っていられない。指導教員の眞嶋先生にも早く絞り込まなければダメと言われているそうで、ようやく「フリードマン」に決めたようだ。経済史を踏まえながら、フリードマンの経済学を評価することになるのだろう、と期待している。

二〇一六年二月一八日

昨日のNHKの芳野キャップの面談を終えて、一昨年、雨宮理事に「日銀百年史の高橋財政の記述は、高橋が暗殺された後の高インフレの原因を高橋が始めた国債の日銀引き受けに求めており、高橋の名誉を傷つけるものだから、改訂できないか」と話したことを思い出した。

その後、雨宮氏は日銀金融研究所のペーパーなどを調べ、「高橋の国債日銀引き受けを肯定的にとらえる研究も出ており、高橋の名誉は回復されている」といい、再来年高橋没後八〇周年を記念してシンポジウムなどの記念事業を開催してはどうかと提案してきた。

ところが、二〇一四年夏頃から、物価上昇率が低下し、消費税増税後の消費もパッとしなくなったため、金融政策をどうするかばかり考えるようになり、高橋没後八〇周年記念行事のことはすっかり忘れてしまっていた。

そこで、改めて、雨宮理事に「一昨年、高橋没後八〇周年記念行事をやろうという話になっていましたが、二月二六日は迫っており、没後八〇周年には間に合いませんが、何かしませんか」と相談すると、「秋の日本金融学会で、副総裁が講演するかパネルディスカッションをするかしてはどうですか」という。ただし、「高橋の名誉回復という趣旨ではなく、高橋財政が現在の金融政策に対してどのような意義を持っているかという趣旨の方がいい」という。雨宮理事は「近く、金融研究所長に相談に行かせます」と言って、その場は話が終わった。

米経済学者の柔軟さが日本にはあるか

二〇一六年二月二二日

平野君と柿埜君との日銀ランチの翌日、柿埜君がメールで、ロイターに載った「How a Fed inflation hawk changed his mind」という記事を送ってくれた。

金融政策に関してはタカ派だったNarayana Kocherlakota（ナラヤナ・コチャラコタ）がいかに変身したかという記事である。記事の日付は二〇一二年一〇月九日になっている。そこで、ミネアポリス連銀のサイトで、コチャラコタの講演録を探すと、“President's Speeches”の中に、“Planning for Liftoff”がある。変身して人々を驚かせたのは、この二〇一二年九月二〇日の講演である。この講演は、FOMCが「景気回復が強化された後も相当長い期間、極めて緩和的な金融政策を維持することが適切である」と述べた九月一三日から一週間後の講演であるが、コチャラコタは「FOMCがその物価安定マンデートを満たす限り、政策金利を失業率が五・五％を下回るまで非常に低い水準に維持すべきである」という利下げ案を提言している。

右の提言で、「FOMCがその物価安定マンデートを満たす限り」という点が具体的に何を意味するかであるが、コチャラコタは「長期的な予想インフレ率が安定的である限り、政策委員会はインフレーション（年率）の中期的見通し（medium-term outlook）が二・二五％という閾値（threshold）を超えない限り、あるいは、失業率が五・五％の閾値を下回らない限り、政策金利を上げるべきでない」と述べている。右の引用文の中期的とは何かについては次のように言う。

「（二〇一二年）一月に、FOMCは雇用の最大化を量的に定義することは困難であると指摘している。それと対照的に、物価の安定の定義は長期的に二％を目標とすることであると特定化している。しかし、この物価安定の定義は人が好むほどいつでも使えるものではない。一つの問題は金融政策の効果には遅れがあることだ。政策立案者は一般的にいって、約二年間の年率インフレーションに影響を与えるように政策を選択することを考えている。したがって、二〇一二年の終わりに向けての金融政策は、二〇一四年の年間インフレーションへの効果を評価して選択されるべきである。その結果、政策立案者の選択は私が中期的なインフレ率の見通しと呼んでいる、すなわち　二年後のインフレ率（年率）の見通しに基づいて決定されるべきだ」

そこで、なぜ、「失業率が五・五％以下で、インフレ率の中期的見通しが二・二五％を超えない限り」なのかである。コチャラコタは歴史的な基準から見て、失業率の閾値を五・五％にすることが妥当である、という。一方、インフレ率の中期見通しが二・二五％を超えない限りというのは、過去一五年間インフレ率の中期見通しが二・二五％を超えたことがなかったことを挙げている。そうであれば、失業率が五・五％を上回っている限り、物価安定のマンデートが満たされなくなる可能性は低いという。

さて、以上の内容のスピーチが人々を驚かせたのは、ほんの五カ月前に、コチャラコタは「一三年中のどこかで、あるいは二〇一二年（今年）の終わりには、利上げを正当化する条件が整うであろう」と述べていたからである（Kocherlakota, Thoughts about the Outlook, 二〇一二年四月一二日）。

このスピーチを受けて、ロイターは「米FRB、タカ派メンバー二人が超緩和政策に懸念表明」と題して、「米ミネアポリス地区連銀のコチャラコタ総裁とダラス地区連銀のフィッシャー総裁は一〇日、FRBの超緩和政策に対する懸念を表明し」たと報道している。

コチャラコタが「二〇一二年の終わりには、利上げを正当化する条件が整うであろう」と考えた背景には、「失業率は現在（一二年四月）の八・二％から一二年末には七・七％に、一三年末には七％に低下する一方、インフレ率は一二年は二％に、一三年は二％をこえる」と予想していることがある。

以上から、コチャラコタは一二年四月頃は、失業率よりもインフレ率が目標の二％に達することを重視していたが、一二年九月になると、インフレ率よりも失業率を重視し、それまで七％程度まで下がればよいと考えていたのに、五・五％以下まで下がることが望ましいと考えるようになったことがわかる。

その後、コチャラコタは二〇一三年は議決権がないFOMCメンバーだったが、二〇一四年には再び議決権のあるメンバーになった。彼は二〇一四年一月から始まったテーパリング（資産購入額の減額）には賛成し続けたが、二〇一四年一〇月のテーパリングとその後の残高維持の決定に対しては、インフレ見通しの停滞が続いていること及び市場の予想インフレ率が低下していることを理由に、

「一年から二年先のインフレ見通しが二%になるまで、政策金利を据え置き、資産買入れも現状のレベルで続けるべきである」として反対している。

コチャラコタがインフレ率よりも雇用を重視するようになったのはなぜか。コチャラコタは“Planning for Liftoff”を次のように締めくくっている。

「チャールズ・エバンズ・シカゴ地区連銀総裁もまた、私が「利下げ計画」と名付けた計画を提案している。昨年のメディアの質疑で答えたように、私はこの問題に関する彼の思考アプローチが大変気に入っている。彼の計画に精通している人たちは、私の考えが彼の考えによって大きく影響されていることがわかるであろう。このことは少しも驚くことではない。なぜなら、彼はＦＯＭＣの会合でいつもわたしのとなりに座っているからだ！」。

エバンスは著名な経済学者で、インフレ率が三%を超える脅威がない限り、失業率が七%以下に下がるまで政策金利を〇~〇・二五%に据え置くべきであると主張する、最もハト派で、成長重視のＦＯＭＣメンバーであると考えられている。コチャラコタは次のように続ける。

「私の考えがエバンスの創造的な提案に大きく影響されていることは、ＦＯＭＣがいかに運営されているかを示していると思う。バーナンキ議長のリーダーシップのもとに金融政策は非常に協調的に策定されている。当然のことながら、我々はかならずしも意見が一致しているわけではない。この普通でない経済条件のもとで、我々の意見が常に同じであれば、それこそサプライズである。私たちは常にお互いの見方から学んでいる。そうしたお互いに学びあうことで、我々が直面しているチャレンジングな経済問題に対して進歩するためのスタートを切れるのだと、私は信じている」。

翻って、我が政策委員会はどうであろうか。お互いに学びあっているであろうか。

コチャラコタが二三歳の若さで博士論文を書いた時の指導教授であったシカゴ大学のラース・ハンセン教授は、「ナラヤナは大変独立した学生でした。そのことを私は彼が大変若かったときに知りました。私は彼が頑固な人間だと思ったことは一度もありません。コチャラコタは彼の研究においても普通見られないほど広い考えの持ち主で、一つの考え方から他の考え方に簡単にジャンプしてしまうのです」と述べている。

別の言い方をすれば、彼は基礎にあるデータを大事にし、人の話をよく聞く人ということだ。FOMCメンバーの一人であるローレンス・シムキンズは「彼のスタイルはほかの人に話させて、その人の言うことを集中して聴くことだ」という。

インフレ・タカ派として有名であるにもかかわらず、コチャラコタがFEDに対してもっと経済を刺激すべきだとプッシュするのは、青天の霹靂(bolt from the blue)ではなかった。彼は二〇〇八年に始まった最初の資産買入れを評価し、二〇一〇年の第二次資産買入れも支持していたからである。

二〇一五年九月のFOMCのメンバーたちの経済見通しを示すドット・チャートを見ると、二〇一五年と二〇一六年の政策金利をマイナス〇・一%としているメンバーが一人いることがわかる。コチャラコタはブルームバーグのインタビューで、「マイナス〇・一%のドットが自分のものかどうかはFEDの秘匿義務から言えないが、スウェーデンやスイスの中央銀行はゼロ未満の金利を導入している」と述べている。最後に、コチャラコタとは聞きなれない名前であるが、彼の父はインドからの移民だそうだ。

マイナス金利でも円高に

二〇一六年三月一日

朝刊を開くと、中国の中央銀行は、景気減速や上海株安が続く中、追加の資金供給で市場の不安心理を払拭する狙いから、預金準備率を四ヵ月ぶりに引き下げたという。しかし、中国は一方で元安を食い止めるために、元買い・ドル売り介入をしている。これでは、一方で、金融緩和政策により元の供給を増やしながら、他方で、為替介入により元の供給を減らすことになり、金融緩和の効果が相殺されてしまい、何をやっているのかわからなくなる。

上海で開かれた先日のG20では、「景気の下振れを防ぐために、金融、財政、構造改革の三つの政策を総動員する」という声明を出した（二月二七日土曜日）。この声明発表後の最初の営業日である二月二九日の日経平均株価は朝方こそ、二七〇円高となったものの、終わってみれば、一万六〇二六円七六銭の一六二円安であった。円ドルレートも二九日の早朝は一一四円近くまで上昇（一円三〇銭の円安）したが、一五時には一二六日の水準に戻ってしまった。

朝刊で特に目についたのは、二月のユーロ圏の物価が〇・二％下落したことである。ユーロ圏で物価が下落したのは二〇一五年九月以来、五ヵ月ぶりである。一月は〇・三％の上昇だったから、この一転マイナスは危険信号である。日経新聞は「主因は原油安だ。一月にはニューヨーク原油先物相場が一バレル三〇ドルの大台を約一二年ぶりに割り込むなど、原油の値下がりが世界的に加速した。エネルギーの価格指数のマイナス幅は一月の五・四％から八・〇％へ拡大。物価水準全体を大きく押し下げた」と報じている。

日本の物価も危険信号がともっている。一月の生鮮食品を除く総合はマイナス〇・一％で昨年一二月より、〇・二ポイント下がった。食料（酒類を除く）及びエネルギーを除く総合も昨年一二月の〇・八％から〇・六％に低下した。

もっと心配なことは、最近、日銀が「物価の基調」として重視している「生鮮食品及びエネルギーを除く総合」が一・二％から〇・九％に低下したことである。

私の執務室には三台のパソコンがあるが、そのうちの一台にはブルームバーグの金融市場情報がリアルタイムで表示されている。それを時々気にして見るとは、因果な商売についたものである。そのパソコンを見ると、上海株総合指数が二六七〇を底に、急騰に転じ、一五時一九分現在（日本時間）二七二三になっており、昨日の暴落分を取り戻した。準備率引き下げが効いたのだろうか。

二〇一六年三月四日
日経朝刊に、政府は白井審議委員の後任に政井貴子新生銀行執行役員を充てることを決めた、とある。またまた、日経の事前リークである。二〇一二年二月に、事前リークがあっても人事が撤回されることはない、という合意が与野党間でできたのだから、大丈夫かとは思ったが、念のため、日銀に行く車の中から本田悦朗氏に電話する。
本田氏によると、昨年の原田審議委員のリークに次いで二度目だということで、野党が激高しているとのことである。報道によると、河村健夫衆議院議院運営委員長は、政井貴子氏は六月に任期が切れる石田審議委員の後任候補の一人かと記者団に聞かれて、「私はそう受け止めている」と答えたそうだ。ところが、今日、政府が議運に示した審議委員の名簿には、政井貴子氏の名前はなく、櫻井眞氏だけだった。

それにしても、議員たちは、候補者が日銀法（第二三条第二項）に定められた「審議委員は、経済又は金融に関して高い識見を有する者その他の学識経験のある者」であるかどうかを問題にすべきなのに、もっぱら事前リークがあったかどうかを問題にして、激高するとは、あきれた人たちである。

そもそも、日経記者は官僚と通じており、事前リークをなくすことは不可能ではないか。それでは、官僚は何のために日経を使ってリークするのか。普通に考えれば、官僚と日経記者の間に何らかのギブアンドテイクの関係があると考えるしかない。国会議員は事前リークに激高するよりも、こうした関係を調査し、暴き出すべきである。そうでなければ、官僚はいつでも日銀人事を潰すために、事前リークすることができる。あるいは、日経記者を情報上優遇して、記者にリークした官僚が属する省庁に都合の良い記事を書かせることもできる。それが本質的な問題であって、事前リークを追及して人事を潰そうとすることは、リークした官僚を喜ばすだけで、「そんなことしかできないのか」と国民を失望させて、票を失うだけである。

二〇一六年三月一六日

今日は、腰部脊柱管狭窄症の手術を受けるため、稲波病院に入院し、明日の午前中に手術を受けるというのに、宮崎岳志民主党議員による国会質疑に呼ばれたため、午前中は国会に出向いた。宮崎議員は冒頭の黒田総裁に質問する際に、「私は、民主党内では絶滅危惧種といわれているリフレ派でございます」と述べているように、われわれの金融政策を好意的に見ている人である。そういう人であるから、私に対する質問は、八％への消費税増税の影響の程度とさらに一〇％へ引き上げることの経済・物価に対する悪影響を心配されていることがうかがえるものだった。宮崎議員のプロフィールをネットで調べると、二〇一二年に消費税増税を含む社会保障・税一体改革関連法案を批判し、衆議院本会議の同案の採決では、棄権している。こういうわかっている人が、民主党の主流派になれないことが、民主党の没落とその後の低迷の原因であろう。宮崎議員の二問という短い質問に答えて、一一時過ぎに、国会から直接、稲波病院に向かった。

二〇一六年五月六日

三月一六日から、脊柱管狭窄症手術のため入院し、二週間ほど病院で治療を受けた後、四月末の金融政策決定会合近くまで、自宅療養していたので、日記を付ける時間もなく、また、その気にもなれずにいた。今日から、日記を再開しよう。

まず、気になるのは円ドルレートと日本株式の価格の動きである。二〇一六年に入って、二〇一五年末の円安・株高傾向から、一転して円高・株安傾向に転じた。円ドルレートは、年初は一二〇円台であったが、金融政策決定会合一日目の一月二八日には一一八円台へと円高になった。一方、日経平均株価は、年初（一月四日）は一万八〇〇〇円台まで上昇したが、一月二八日には、一万七〇〇〇円へと一〇〇〇円以上も下落した。まさに、一六年は「波乱の幕開け」で、困ったものである。

こうした急速な円高・株安は、企業や家計のマインドを冷やし、予想インフレ率を低下させる経路を通じて、実際のインフレ率を引き下げるリスクがある。

そこで、日本銀行は一月二九日の政策決定会合で、マイナス金利を導入し、企業や家計がデフレマインドに陥ることを未然に防ごうとした。マイナス金利政策発表後、円ドルレートは一二一円台に上昇し、日経平均株価は五〇〇〇円近く上昇し、政策がもたらすと予想される通りの展開になった。

ところが、その後の円ドルレートと日経平均株価は理論とは全く逆の方向に動いた。

このように理論的に考えられる方向と逆の動きになったのは、この間に、中国経済の減速予想が一層強まり、一月末に三〇ドル台（WTI）であった原油価格が二月初めから再び二〇ドル台へと下落したため、資源国経済への悲観的見方が高まった結果、投資家たちがリスク回避的になったことが考えられる。

投資家がリスク回避的（リスク・オフ）になると、日本円が買われて、円高になるという。しかし、これはおかしなことである。投資家たちは日本の国債残高のGDP比が突出して高いため、日本財政の持続可能性を懸念しているといわれている。それにもかかわらず、投資家たちはリスクを取れなくなると、日本の短期国債を買って、様子見するらしい。全く矛盾している。

この、投資家たちは、リスク・オフになると、世界で最も安全な資産である円に逃避するという話は本当かもしれないが、日本の予想インフレ率が低下しており、米日予想インフレ率差が拡大していることも、購買力平価説からすれば、円高要因なのではないか。

五月初めのゴールデンウィーク中には急速な円高が進み、連休明けは日本株安が進んだ。この急速な円高と株安は、日銀が四月二八日の金融政策決定会合で、市場が期待していた追加緩和を実施せず、現状維持の決定をしたため、市場が失望して、円買いドル売り、日本株売りに動いたためとされている。

私はこうした金融市場の混乱を心配し、ゴールデンウィークの谷間も休暇を取っている原田、櫻井の両審議委員に電話し、次回政策決定会合を待たず、追加緩和を検討すべきではないかと述べた。両氏は、基本的に賛成であったが、原田委員は五月末のサミット前に、追加緩和するのはどうか、という懸念を述べられた。

日銀内でも、私はいろいろな人の意見を聞いた。ある人は、「こういう国際金融が混乱しているときには、慎重にやらないと、かえって、逆効果になることがある」という。そうかもしれない。何しろ、マイナス金利で円高になるのだから。

二〇一六年五月一二日

国会で、白眞勲民進党議員から質問を受けた。白議員は「岩田副総裁、現在の原油価格、これほど想定を上回るもので急激に半年の間に下がるということであれば、各国も同じようなことが起きているから説明責任を果たしているとお話になったが、さっぱり私にはわからないんですけれど、つまり、原油価格を考慮しても、現在のところでも二%どころかやっと一%ですよ。……この原油価格だけでは説明責任を果たしていることにはならないと思うんですけれども、いかがでしょうか」という。

これに対して、私は、「物価安定目標が達成できていない要因は、前に国会で話したように、消費税増税と原油価格急落であり、……(物価下落のうち)、単純に一%だけが原油価格のせいだとはいえない。原油価格(の下落)によって、人々の予想インフレ率がどう変わるか、需給ギャップがどう変わるかといったマクロ的なことも含めないと、その本当の影響はわからない」と答えた。

二〇一六年五月一三日

金融政策に詳しいエコノミストとの議論の過程で、「マイナス金利政策の導入以降、イールドカーブ（国債を満期順に並べた時の利回り曲線）がフラット化（短期と長期の金利差が縮小すること）しすぎて、金融機関の利ザヤが縮小しているだけでなく、生保や年金基金が運用難に陥っており、生保各社は貯蓄性の高い一時払い終身保険など、一時払いの円建商品の販売停止や値上げを発表している」ことが問題点として浮上してきた。

一時払い終身保険が販売停止になるといったニュースは、低金利のもとで比較的有利だった貯蓄手段がなくなることを意味するから、家計のマインドを悪化させる。年金の運用難も将来の年金を当てにしている家計のマインドの悪化を招くであろう。

こうした状況を考慮すると、過度の円高・株安を止めるだけでは、済まなくなっている。

二〇一六年六月九日

今日は、金融政策を研究している人たちと会い、以下のような質問を受け、回答した。

質問① 金融政策の金融市場および実体経済への波及が弱まり、金融緩和政策は収穫逓減の局面に入りつつあるように見える。物価-賃金ダイナミクスが突然強まるとか、コモディティ価格の外生的上昇とか、予想インフレ率の上昇とかがない限り、二％インフレの達成には時間がかかるのではないか。

私の回答 「量的・質的金融緩和」は、二〇一四年四月に消費税の税率が五％から八％に引き上げられるまでは、当初想定された通りのメカニズムで、物価を押し上げ、二〇一四年四月には、消費者物価前年同月比は「量的・質的金融緩和」が開始される直前の二〇一三年三月のマイナス〇・五％から、一・五％へと二ポイントも上昇した。この物価上昇ペースでいけば、二〇一四年夏頃までには、二％を達成できた可能性が高かった。このペースを崩したのは消費税の税率引き上げである。この引き上げの消費抑制効果が日銀をはじめ多くのエコノミストが考えていたよりも強かったが、そのように、多くのエコノミストが過小評価したのは、年金受給世帯が三割以上にも達していたことや、長期のデフレで、賃金の低い非正規社員が急増していたことを見落としていたからである。

さらに、消費税の税率引き上げに加えて、二〇一四年夏頃から、原油価格が急落したことも、二％の物価安定目標の達成を遅らせている大きな要因である。

以上の要因から、「量的・質的金融緩和」開始から、三年三カ月近くたったが、エネルギーを含めた総合消費者物価前年比は二％には程遠い状況であり、最新の展望レポートが示しているように、二％の達成には当初念頭に置いていたよりも三年くらい長い時間がかかる予定である。

質問②　賃上げのための労働市場へのより直接的な介入、ヘリコプター・マネー、あるいは為替介入に対して消極的であるとすると、二％インフレ達成にはかなりの時間がかかるであろう。そうすると、日銀の金融緩和政策は、そのようなインフレ率を引き上げる拡張的な試みと整合的であるのか。

私の回答　賃金は基本的な労働市場の需給で決まるから、政府の賃上げのための労働市場への直接介入には限界がある。しかし、他の企業が賃上げをしないであろうという予想があるため、自社の賃金も上げないという、「協調の失敗」があると思われるので、政府の直接介入にはこの失敗をある程度回避する効果があり、実際に、一四年度と一五年度にその効果がある程度発揮されたと考える。その意味では、直接的介入は緩和政策を後押しする効果を持っていると考える。ただし、その効果はそれほど大きくはない。

日銀は国債の新規発行の大部分をすでに購入している。一方で、今後、政府が消費税再増税を先送りしつつ、財政支出を増やせば、ヘリコプター・マネーと同じような効果が発揮され、二％インフレ目標達成が視野に入ってくる。政府から政策手段の選択について独立している日銀の二％の物価安定目標は、この効果が行き過ぎて、高いインフレになることを防ぐ役割を担っている。為替介入は財務省の所管であるので、コメントを控えるが、ファンダメンタルズからみて行き過ぎた円高が続く場合には、マイナス金利付き「量的・質的金融緩和」のもとでは、金利が低位に維持されているので、為替介入は有効であろう。

質問③　「量的・質的金融緩和」やマイナス金利政策のコストがベネフィットを上回る指標として、どういう指標を考慮しているか。

私の回答　一般に言われている、「量的・質的金融緩和」やマイナス金利政策のコストは真のコストではない。例えば、日銀納付金が減ることをもって、国民負担の増加になるという説があるが、国民負担とは失業の増加や生産性の低下などで国民の効用が低下するといった指標ではかられるべきだ。国民全体の効用を上げるための金融政策の結果、一時的に日銀納付金が減ることは、コストではない。

日銀の赤字の増加や日銀の自己資本の毀損をコストだと主張する人もいるが、日銀は利益最大化を目的とする機関ではなく、物価の安定を通じて国民の福祉に貢献する機関である。また、金本位制でなく、管理通貨制度を採用している中央銀行は民間銀行と違って、本来、自己資本を保有する必要はない。しかし、世間には誤解があるので、日銀は引当金制度を導入して、日銀の収益の安定を図っている。

「量的・質的金融緩和」のコストとしては、株式や不動産の価格がファンダメンタルズを超えて上昇し、バブルが生ずることであろうが、その兆候は全くない。現在の日本経済は、バブルが起きるほどの元気がないことこそが問題である。

質問④ 二%インフレ達成に長い時間がかかるとすると、コミットメントを損なうことなく、人々や市場とどうコミュニケーションするか。

私の回答 「展望レポート」で二%の達成時期は二〇一七年度中になることを示している。したがって、それ以上、二%の達成が遅れるリスクが顕在化するときには、「躊躇なく、金利、量、質の三次元で追加緩和する」ことにコミットメントしていることを、人々や市場にわかりやすく伝えていくことが大事だと考える。

質問⑤ 日銀のコミットメントの低下を防ぐためには、中期的にインフレ目標を超えるようなインフレを許容するという伸縮性を示すことを考慮しているか。

私の回答 二%の物価安定が持続するためには、二%を一時的に超えるように、金融政策を運営することが適切であると考えれば、オーバーシュートもあり得る。

財政と金融のバランスをどうとるか

二〇一六年七月一日

日本の経済と物価見通しを考える上で、最近、私が特に注目している点は財政収支の動きである。アベノミクスの第二の矢との関係で以前から気にしていたことであるが、財政収支の赤字は、二〇一三年度は前年度よりもやや減少し、二〇一四年度には、消費税増税で大きく減少し、一六年度以降も減少が続くと見込まれることである。

このことは、アベノミクスの第二の矢（機動的な財政政策）は放たれるどころか、逆に、総需要抑制的に働いていることを意味する。たしかに、安倍政権は二〇一三年一月一五日の臨時閣議で総額一三兆一〇〇〇億円の補正予算を緊急経済対策として組んだ。しかし、財政政策の総需要創出効果は税収等の財政収入（国債発行による収入は除く）から財政支出を差し引いたネットの財政収支の赤字の大きさで決まる。「量的・質的金融緩和」開始以降、その財政収支赤字が縮小し続けている、つまり、財政緊縮の度合いが強まりつつあり、需要を拡大させるどころか、縮小させているのである。

アベノミクスで財政収支赤字が縮小しているのは、プライマリーバランスの対名目GDP比の赤字を一五年度までに半減し、二〇年度までに、同比率を黒字にするという公約を掲げているからである。この公約に縛られている限り、第二の矢の総需要創出効果に期待することはできない。

財政収支の赤字が減少している要因を見ると、一三年度は公共投資が増えたが、税収が大きく増加したため、財政赤字は縮小した。一四年度は公共投資も減り、消費税とその他税収（法人税や所得税）が一三年度よりもさらに増加したため、財政赤字は大幅に縮小した。一五年度も一四年度ほどではないが、同様の傾向が続いた。

よく言われるように、アベノミクスの第三の矢（成長戦略）の効果はいまのところほとんど現れていない。したがって、アベノミクスによる、企業収益の大幅な増加、雇用の増加、失業率の低下と有効求人倍率の上昇、実質雇用者報酬の増加などをもたらした要因は、第一の矢（大胆な金融緩和）だけであり、第二の矢はこれらの経済指標に対して、むしろマイナスに働いてきたのである。

あるいはこうも言い換えることができる。すなわち、第一の矢のおかげで、税収が増加し、財政赤字が縮小したということである。一方、一四年度の消費税増税は大幅な消費税収の増加をもたらしたが、その後の景気の悪化を招き、一五年度以降の消費税収増はその他の税収増よりも小さくなってしまった。

一六年度以降は、財政金融政策にも依存するが、名目成長率が低下するため、法人税や所得税の税収増もほとんど望めないであろう。

今後の日本の経済と物価に関しては、金融政策を一定とすると、今後どの程度の補正予算が組まれるかに大きく依存している。安倍首相は消費税増税を延期したため、約束していた社会保障関係費の増加は部分的にしか実現できないが、そのできない分を、赤字国債を発行してまかなうこともしないと述べている。

こうした状況でどうしたらよいかを、六月二八日に、昭和恐慌研究会の仲間にメールで問い合わせ、髙橋洋一氏には電話で問い合わせた。私の設問の内容は、以下である。

①この先何をすべきか？
②二〇年債や三〇年債の利回りが一％を切っている状況で、さらに引き下げて、円高（一六年六月二八日の円ドルレートの中心相場は、一ドル一〇二・〇五円）が反転するか？
③むしろ、日銀が国債を買うから、国債が安全資産になり、投資家がリスク・オフになるたびに、国債金利低下と円高が共存する、という奇妙な事態が発生するような感じがするが、どう思うか？
④安達誠司さんの修正ソロス・チャート理論が成立すれば、日本のマネタリーベースをさらに増やせば、長期円ドルレート均衡値を上昇（円安方向に）修正できるのか。その場合、短期的な効果はどうなるのか？
⑤超長期債金利をこれ以上引き下げると、生保の運営はどうなるか？
⑥予想インフレ率を引き上げるにはどうすればよいか？

まず、高橋洋一氏の回答は以下である。

①財投債発行で、公共事業を拡大する。財投債は国債であるが、プライマリーバランスには影響しないようにするという取り決めがある。各種剰余金を活用して、財政支出を増やす（給付金など）。すなわち、特別会計の剰余金を一般会計に組み入れて、支出に充てる。例えば、失業率が低下しているため、労働保険特別会計には大きな剰余金がある。
②政府が外国為替証券を発行して、円を調達し、その円を売ってドルを買う。つまり、政府による円売り・ドル買い介入。非不胎化（政府は外国為替証券を発行して、民間部門から円を吸収してから、円

売りするので、差し引き、市場に円は増えない。この状況を、円が増えないという意味で、不胎化という。そこで、不胎化にならないようにすることを、非不胎化という）のため、日銀買いオペ増を先に実行する（日銀が国債を購入することを国債の買いオペという。これにより、民間部門に円が供給される）。日銀による非不胎化政策が伴えば、世界各国が日本の円売り・ドル買い介入に協力する協調介入でなくても、円安効果はある。

これらの内、②は財務省権限であるが、今の財務省に為替介入をする気はないであろう。一ドル一〇〇円を割る状況が続けば、介入に踏み切るかもしれないが。

そうなると、日銀の追加緩和が必要であるが、安達氏の私の設問に対する回答は以下である。

①最近の円高は、マイナス金利政策が「量的・質的金融緩和」によるリフレの限界（＋マイナス金利自体も限界がある）を意味しているという（外国人）投資家の認識によるものではないかと思うので（それを否定する事象が今のところない）、マイナス金利ではなく、「量的・質的金融緩和」による追加緩和をできる範囲内でやって、とりあえず「限界論」をぶち破ることが重要なのではないか。

②と③日銀のさらなる国債買いオペで、これ以上、国債利回りの低下を誘導しても、名目金利がゼロかマイナスになるだけで、予想インフレ率の上昇につながらないのではないかと思う。したがって、超長期国債の買いオペの増額による円安誘発の限界効果が低下しているきらいがある。確か、コクランというエコノミストが、中央銀行による国債購入が、岩田先生が指摘しているように逆効果になる可能性があると述べていたと思います。為替は名目金利差で決まる訳ではないので、円高是正

効果も小さいのではないか。

④私が今提唱しているタイプのソロス・チャートでは、単純なマネタリーベースの増加は長期均衡値を変えるだけなので、実際のドル円レート自体を円安に誘導できるかと言えば自信がない。①で指摘したように、投資家が「量的・質的金融緩和」の限界説に立っている場合には、限界説を打ち破るほど「量的・質的金融緩和」を拡大して、日本のマネタリーベースの供給経路を引き上げれば、現在、長期均衡値対比で円高になっているドル円レートが、再び、円安にジャンプする可能性があります。

若田部先生の回答は以下である。

①日銀としてはさらなる追加緩和しかないでしょう。政府との協調は必要で、その枠組みを強化することは大事ですが。

②単独の効果が減衰していることはあり得ると思います。

③仮にそうだとすると、危険資産を買ってもそれが安全資産化することになり、金融政策はあらゆる資産を安全資産に変える魔法の杖になります。そういうことはあり得ないと思います。

むしろ、最近の日本側の予想インフレ率の下落ないしは低迷で、米日実質金利差が縮小して円高になっている気がします。

④これは安達さんのほうが詳しいでしょうが、安達さんの話は長期均衡値の決定と、短期の一五％程度の変動という二つからなります。ただ、長期的な効果は円安方向でしょう。ただ、緩和を発表し

て短期的に円高にふれることはあまり考えられないと思います。ただ、結局は同じことになるとしても、⑤個別機関の経営云々は議論しにくいところがありますね。マイナス金利に頼るのはやめた方がよいかもしれません。

あまり好ましくはないかもしれませんが、株の購入の一環として生保の株を買うというのがありうるかもしれません。

⑥日銀単独では、まずはマイナス金利導入時からくすぶっている「金融政策限界論」を打破する必要があるでしょうね。そのためには、量的・質的部分での緩和が必要です。

次に何もしないとしても（それはありえないと思いますが）、もっと期待を持たせるようなプレゼンはありうるのではないでしょうか。

それ以上については、政府の側のコミットメント強化が重要です。日銀法改正をいつも唱えておりますが、それが無理だとしても何かアベノミクスの再構築が必要ですね。消費税の増税凍結くらいまで踏み込むといいのですが。

若田部先生は別のメールで、「外債購入は昔からあるアイディアです。中原伸之氏の時代に話題になって、法的には可能という結論が出ているはずです。これはやりたくない人が多いでしょうが、危機となればやるべきです。ただ、まだ長期国債を購入してもいいですし、順番からすれば地方債を購入するのもよいのではないでしょうか。本当に危ない状況ならば、ＥＴＦだけでなく、株を購入してもいいはずです」とも言っている。

外債購入を最初に提案したのは、矢野浩一先生であるが、その際の外債はＵＫやユーロ各国の国債である。
飯田泰之先生からは以下の回答が来た。
・マイナス金利の拡大よりも量の拡大を急ぐべき
安達さんが指摘されているように、量的緩和限界論の火消しをしておくべきだと思います。これはいわゆる黒田バズーカ第一弾と第二弾が効果を発揮したのはメッセージが明確であったからではないでしょうか。
・何を買うか
量の限界論の理由のひとつが国債の枯渇論です。ここで地方債、外債、社債への購入対象の拡大を検討する必要があります。
・外債購入論
今回の場合は海外ショックが引き金になっているため、外債購入は提案しやすいのではないでしょうか。介入に近い行動なので、政府（そして欧州や英国）との政策協調として行う必要があります。その協調のための協議そのものが為替安定の効果を持つのではないかと思います。
・これからやるべきこと
インフレ率ではなく名目GDPの水準に関して目標を設定し、その達成までの緩和継続を政府とともに宣言する必要があるのではないでしょうか。

飯田先生と若田部先生は地方債の購入を挙げているが、地方債は地銀が地方政府から相対取引で引き受けている部分が多く、市場性がないため、日銀が買うことは難しいと思う。

飯田先生の国債枯渇論は、今まで、日銀は金融機関が買った新発債を発行後しばらくして買っていたが、今後、国債発行額が減少するため、日銀は金融機関が保有している国債を買わなければならなくなり、それは難しいと考えていることを意味していると思われる。しかし、市中には大量に国債が残っているから、日銀が買えるかどうかは価格次第であろう。そうなると、価格が上がり、金利は一層下がることになる。その場合、利回り曲線（イールドカーブ）が現在よりもさらにフラット化（短期の金利と長期の金利差が縮小する）すると、銀行の利ザヤがさらに縮小し、信用仲介機能の阻害要因になるかもしれない。国債購入を増やす場合には、現在よりも、短いものを多く買って、日銀保有国債の平均残存期間を短期化して、利回り曲線の傾きを大きくする（短期の金利と長期の金利との差を大きくする。銀行は預金などの資金を短期で借りて、長期で企業などに貸すので、短期金利と長期金利の差が大きくなると、利ザヤを稼げるようになり、経営が安定する）必要があるように思う。

いずれにせよ、追加緩和を七月にするかどうかは、イギリスのEU離脱の影響が今後どのように展開するかに依存する。

確信的な方針が打ち出せない

二〇一六年七月五日
日銀内で、金融政策運営について議論した。私は、追加緩和を検討すべき時期ではないかと考えているが、議論しているうちに、昨年、二〇一三年四月以降の金融政策の効果を検証したが、この辺でもう一度その作業をしたうえで、どのような政策がよいかを検討したほうがよいのではという話になった。

その話の後で、私は「量的・質的金融緩和」のフェーズを四つに分けて考えてみた。

第一のフェーズは、二〇一三年四月四日（「量的・質的金融緩和」実施開始日）から二〇一四年四月一日の消費税増税前までで、この時期は「量的・質的金融緩和」の想定通り、インフレ率と予想インフレ率がともに上昇し、金融政策が最もうまくいった時期である。

第二のフェーズは、二〇一四年四月の消費税増税と同年夏以降の原油価格の急落で生鮮食品を除く総合消費者物価上昇率と、生鮮食品とエネルギーを除く消費者物価上昇率がともに低下した時期である。

第三のフェーズは、第二フェーズで、インフレ率と予想インフレ率が低下する中で、二〇一四年一〇月末に「量的・質的金融緩和」を拡大したところ、しばらくして生鮮食品とエネルギーを除くインフレ率が上昇に転じ、予想インフレ率も徐々に上昇に転じた時期である。

第四のフェーズは、今年（二〇一六年）になってから、中国経済の減速がはっきりし、原油価格が下げ止まらず、中国を除く新興国の経済もかなり減速し、さらに追い打ちをかけるように、六月末に、イギリスのEU離脱派が勝利した時期である。これにより、アメリカの年内利上げの可能性が大きく低下したため、年初来、リスク・オフになっていた投資家が一層リスク・オフになり、円高・株安が進み、二〇一七年度中の二％達成がほぼ不可能になった時期である。

「量的・質的金融緩和」は最初、レジーム・チェンジの効果が発揮されて、名目金利が大きく低下しただけでなく、予想インフレ率も上昇し、その結果、予想実質金利は大幅に低下した。しかし、第四フェーズに入った現在、再び、レジーム・チェンジにより予想インフレ率を引き上げることは、難しいように思う。

リフレ・レジームは、財政再建の手段として選択された消費税増税によって毀損されたのだから、それをもう一度再構築するためには、金融政策ではなく、財政再建の手段が変わらなければならない。

日銀保有国債は二〇一六年六月現在、三七六兆三八二二億円で、「量的・質的金融緩和」を開始した一三年四月の前月の三月の三倍に達しており、名目GDP（二〇一六年一 - 三月期五〇三兆二三七九億円）の七五%、発行済み国債残高（一六年三月末現在、八〇五兆四一八二億）の四七%という大きさである。

したがって、財政政策の協力なしに、これ以上国債を買ってマネタリーベースを増やしても、予想インフレ率は上がらないかもしれない。

二〇一六年七月六日

審議委員の櫻井氏を私の部屋に呼んで昼食を一緒にとる。今日は、一段と円高が進み、円ドルレートは一〇〇円から一〇一円の間を推移しており、この過度の円高とそれに伴う株安の状況は、デフレマインドを復活させるので、放置できないと意見が一致する。原田審議委員も呼んで相談しようということになり、原田氏を携帯電話で呼び出し、来室してもらい、三人で、金融政策について語りあう。原田氏には、七月に追加緩和するとしたら、どういう手段があるかをまとめてくれるように頼む。

二〇一六年七月八日

原田審議委員が、私が一昨日依頼した、七月追加緩和の案をもって来室したので、それを土台に次のようなことを議論した。

・マネタリーベースを増やすとしたら、次は、年間約一〇〇兆円ペースの増加という大台を選択するしかないだろう。

・長期国債について、保有残高が年間約一〇〇兆円に相当するペースで増加するように買い入れを行う。ただし、イールドカーブの極端なフラット化を避ける観点から、金融市場の状況に応じて柔軟に運営する。買い入れの平均残存期間は五〜一五年とする。

・日本銀行当座預金のうち政策金利残高にマイナス〇・二％ないしマイナス〇・三％のマイナス金利を適用する。

円ドルレートは七月六日以後、一〇〇円台で推移しており、今にも一〇〇円を割り込みそうである。支店長が本店に集まった際に、支店長たちとの立ち話で、為替レートに関して質問すると、ほぼ全員が「一〇〇円を切ったら、日本国内での生産計画を見直し、海外移転を考えるという企業が多い」という。「量的・質的金融緩和」以降の円安で、北九州への回帰を進める計画の日産自動車も一〇〇円を切るようなら、計画を見直すという。どうやら、一ドル一〇〇円が国内生産のすれすれのラインのようである。

この状況では、追加緩和が必要である。ところが、今度は、「イタリアの銀行の不良債権問題により、銀行株が軒並み大きく下げており、マイナス金利の深掘りが難しくなる」という問題が持ち上がった。下手をすると、マネタリーベースを増やすという追加緩和によって、一層、長短金利が下がり、その結果、利ザヤが縮小する銀行株が大きく下がり、日経平均株価が下落するリスクがある。七月五日の日記に書いたように、「量的・質的金融緩和」導入後の第一フェーズと違って、国債購入量を増やせば、予想インフレ率が上昇するという状況ではない。

となると、今日、一つの案として考えたマネタリーベース一〇〇兆円案の効果にも自信が持てない。私は、明後日（七月一〇日）の参院選後に、政府がどういう予算案を出してくれるかにも注目していた。一〇兆円で、真水を七兆円くらい出してくれればいいのだが。参院選が終わったらすぐに、経済対策作成に取り掛かってくれないと、間に合わない状況だ。

いずれにしても、経済対策の概要がわかり、その結果、マーケットがどう動くかを見極めてからでないと、どうすべきかを決められない。

二〇一六年七月一一日

昨晩、NHKの参議院選挙結果速報を見ていたら、奈良（改選数一。野党共闘で候補者を一本化）で、現職の前川清成氏（民進党）が落選したという。

この人は二〇一五年四月二三日の参議院財政金融委員会で私に質問し、「僕は実質金利が云々かんぬんとか、そういうへ理屈は聞いていないんですよ」といって、金融政策に関して無知をさらけ出した人である。こういう人が落選したことは喜ばしいことだ。

しかし、民進党の中でも、インフレターゲット論者で、現在の日銀の政策に賛成している数少ない議員の一人である、金子洋一氏も、私が居住している選挙区である神奈川県で落選してしまったのは残念である。もっとも、民進党にいる限り、インフレターゲット論者は主流派になれず、意味がない。

二〇一六年七月一二日

今日は、昨日の安倍首相の大型景気対策の概要が示された効果のせいか、株価が朝方から大きく上昇した。一時は、五〇〇円を超える上昇だったが、終値は三八六円高にとどまった。それでも、イギリスのEU（欧州連合）からの離脱決定を受けて急落した二〇一六年六月二三日以来、約半月ぶりの一万六〇〇〇円台回復である。

円ドルレートも昨夜二一時現在は、一〇〇円二八銭だったが、今日は急上昇し、午後三時五六分現在、一〇三円三〇銭である。

この調子で、円ドルレートが一〇五円程度まで上がり、日経平均株価が一万六〇〇〇円台半ばまで上がれば、マインドの悪化は防げると思われるから、それほど大きな追加緩和でなくてもよいかもしれない。しかし、小粒すぎると、最近の金融政策限界論に拍車をかけることになり、難しいところである。さらに、今日の円ドルレートには追加緩和期待が織り込まれている可能性があるから、小粒の追加緩和では円高・ドル安になる可能性もある。

株価を大きく下げるリスク

二〇一六年八月二日

金融政策が難しい局面を迎えている。七月末の金融政策決定会合では、ETFの年間三兆円買い増し（合計六兆円と人材投資などのETF〇・三兆円）と企業と金融機関に対するドル供給の増額を決定した。

この日の公表文に、「この間、政府は、大規模な経済対策を策定する方針にあるなど、財政政策・構造政策面の取り組みを進めている。日本銀行としては、今回の措置も含め「マイナス金利付き量的・質的金融緩和」を推進し、きわめて緩和的な金融環境を整えていくことは、こうした政府の取り組みと相乗的な効果を発揮するものと考えている」という一文がある。これは、現在の「マイナス金利付き量的・質的金融緩和」の効果は、財政政策と一体で効果を発揮しているという意味を込めたものである。

今回、私が、二〇一三年四月や二〇一四年一〇月のような大規模緩和を主張しなかったのは、例えば、長期国債買い入れ額を一〇〇兆円に増額する、といった大規模緩和もありうるが、それが果たして、過度の円高・株安をどれだけ食い止められるか、予測できなかったからである。

長期国債買い入れ額一〇〇兆円への大台乗せは、国債の名目金利をさらに引き下げることは確実であろう。しかし、すでに、一〇年国債金利がマイナス〇・一三％台で、超長期債の二〇年物〇・二％台、三〇年物〇・二八％台、四〇年物〇・三五％台という超低金利をさらに引き下げて、日米金利差を拡大させたところで、過度の円高がどの程度修正されるであろうか。

大規模金融緩和で、すでに、大きくフラット化している国債の利回り曲線がさらにフラット化すれば、銀行の利ザヤはさらに縮小し、その利益の低下予想から、銀行株が低下し、その結果、大規模金融緩和がかえって日経平均株価を引き下げるリスクもある。

銀行の利ザヤのさらなる縮小は銀行貸出しの減少をもたらすリスクもある。さらなる国債金利の低下は、国債投資にしがみつく生命保険会社の利益の減少をもたらし、保険料引き上げや保険商品の販売中止などをもたらしかねず、そうなれば、家計が将来に備える有利な貯蓄手段がなくなり、家計の将来不安を増大させ、節約ムードを助長する。

ということで、利回り曲線のさらなる下方シフトとフラット化をもたらす「マイナス金利」の深掘りもできない。

利回り曲線を多少ともスティープ化させる手段としては、日銀が購入する国債の平均残存期間を短縮することが考えられる。しかし、現在の市場は、アメリカの一〇年債利回りの低下を円高要因に挙げているから、利回り曲線をスティープ化させるために、一〇年債以上の国債購入を減らして、一〇年債利回りを引き上げると、円高になるリスクがある。

それにしても一〇年債までもがマイナス金利になり、日米金利差は開いているはずなのに、これほどの円高になるとはどういうことか。「為替レートなんてそんなもので、特に短期的なレートを理論的に考えることは無理である」という意見も聞かれる。

私は、日米名目金利差は拡大しているが、アメリカの予想インフレ率が二%程度でアンカーされている一方で、日本の予想インフレ率が低下しているため、米日予想実質金利差は縮小しており、それが過度の円高・ドル安の原因でないかと考える。もっとも、日本には信頼がおける予想インフレ率のデータがないので、こう言い切れるかどうかという問題は残る。

こう考えていたところ、ブルームバーグのビジネスニュースラインで、モルガン・スタンレーのドル通貨のチーフストラテジストの、「一見すると、FRBは利上げ、日銀はマイナス金利の導入で日米金利差は拡大しているように思えるが、日米両国のインフレ率を考慮した実質金利格差は、昨年末以降、急激に縮小し、金利格差の縮小を受けて、投資家の間で円需要が増加し、それにより、昨年末以降急激な円高が進んだと説明している」という文章を発見した。ここでの実質金利は、名目金利から実際のインフレ率を差し引いた事後的な実質金利で、予想インフレ率を差し引いた予想実質金利ではなさそうで、その点は正確さに欠けているが、私の考えと同じで、興味深い。

この見方が妥当だとすると、日本の名目金利ではなく、予想インフレ率を引き上げることに効果のある金融政策とは何かを考えなければならない。

安達誠司氏は、こうした考えをどう評価するであろうか。八月二六日に、彼に日銀に来てもらい、日銀の人にも参加してもらって、彼の研究を報告してもらうことにした。楽しみである。

イールドカーブをコントロールするべきか

二〇一六年八月二二日

日銀は七月二九日の金融政策決定会合で、二〇一三年四月の「量的・質的金融緩和」導入以降の金融政策の総括を、次回決定会合（九月二一日）で実施することを決めた。私の夏休みが明けた先週末には、総括の方向性と今後の勉強会の日程が決まった。私は、最近次のように考えている。

現下の最大の問題は円ドルレートが一〇〇円台前半から、時に九九円台まで低下するという行き過ぎた円高である。この円高は投資家たちがアメリカの年内利上げの可能性が低いと考えているためのようである。アメリカが利上げしないのなら、日本が利下げすれば過度の円高は止まると思う。円高を止めるには一年未満の短期金利と二、三年程度の金利を下げるのが効果的ではないだろうか。というのは、投資家たちはその辺の期間の日米金利差を見て投資を決定していると思われるからだ。そうだとすると、マイナス金利をもう少し深掘りする一方で、国債買い入れの平均残存期間をこれまでよりも短期化し、イールドカーブ（利回り曲線）の極端なフラット化を避ければ、銀行の利ザヤ縮小が避けられ、銀行収益に対する影響も緩和できる。

この私の考えは、国債買い入れの平均残存期間をこれまでよりも短期化することによって、イールドカーブをコントロールするというもので、「量的・質的金融緩和」導入時以降考えてきた、国債買い入れの平均残存期間の長期化とは逆の方向である。

この私の考え方に対しては、「投資家は、最近は、一〇年物日米金利差を見ていると言われている」という意見がある。しかし、私には多くの投資家が考える投資期間が一〇年も長いとは思われない。

いずれにしても、安達誠司氏も主張しているように、短期的には、円ドルレートがどのようにして決まるかはよくわからない、というのが、本当のところのようだ。二〇一六年入り後の円高・ドル安の動きを見ていると、その感を強くする。

円ドルレートがどのようにして決まっているのかがはっきりしていない状況で、何らかの追加緩和に動いて、さらなる円高・株安になったら目も当てられない。

さらに、「マイナス金利を深掘りしても、これ以上貸出金利は下がらない一方で、銀行が法人の大口預金に手数料を取るようになるかもしれない。そうなると今度は企業が騒ぎだし、それをマスコミが取り上げて、マイナス金利は企業からも歓迎されなくなるかもしれない」という懸念もある。

マイナス金利は、マスコミによる預金金利引き下げなどのネガティブキャンペーンもあって、評判が悪い。しかし、実際は預金者の利息に大きな影響はない。例えば、横浜銀行は一年満期定期預金金利を〇・〇二五％から〇・〇二％に引き下げたが、一〇〇〇万円の年間利息が二五〇〇円から二〇〇〇円に減少する程度の話である。それよりも、住宅ローンの借り換えや新規に住宅ローンを組む人の利益の方がずっと大きい。

これ以上のマイナス金利の深掘りは、銀行の貸出金利を引き下げる効果はほとんどないかもしれないが、過度の円高を止めて、円安・株高をもたらすことに通ずる需要刺激効果が期待できるのではないか。注意すべきは、イールドカーブがフラット化して、銀行の利ザヤがこれ以上減少することであろう。そうなると、かえって、銀行貸出が減少する可能性がある。したがって、マイナス金利の深掘りと国債買い入れ平均残存期間の短期化が望ましいというのが、現在の私の考えである。

この一、二週間は夏休みのため、会議や説明会がないので、誰かに会って、現在の金融政策や経済政策の在り方を聞く絶好のチャンスである。そこで、今日は髙橋洋一氏に日銀に来てもらいランチをともにしながら、話を聞くことにした。

髙橋氏によると、これからの補正予算の効果はかなり期待できるという。秋に補正予算を組んだうえ、さらに、来年になって補正予算を組むことも考えられるという。

今回の補正予算のこれまでと違う特徴は、財投債を使ってリニア中央新幹線の大阪延伸前倒し費用に充てたり、財投債で資金調達した資金を日本学生支援機構に低利（ゼロ金利を含む？）で貸し付け、無利子奨学金制度を設立するといった点にあるという。財投債の発行は制度上プライマリーバランスに影響しないことを狙った財源調達で、髙橋氏が以前から提案していたもので、それが実現したということである。

失業率が下がっているので、労使が負担する雇用保険料率を引き下げる一方、雇用保険事業等を運営する労働保険特別会計の積立金が潤沢なので、雇用保険の国庫負担をとりやめ、浮いた分を保育士や介護職員の待遇改善に充てる、といった今回の経済対策も、もともと髙橋案である。

このように今回の経済対策で髙橋案が採用されたのは、髙橋氏が安倍首相と連絡をとれる仲であること及び自身が運営する政策工房を通じて、おおさか維新の会や個々の議員に対して政策コンサルティングをしてきた実績が評価されているためであろう。

円ドルレートの決まり方

二〇一六年八月二六日

今日は、安達誠司氏に日銀に来ていただき、日銀エコノミストにも同席してもらい、ランチを取りながら、円ドルレートの決まり方について話をしていただいた。安達氏が提出した資料は「マクロ環境にまつわる三つのパズル」という題名で、円ドルレートの決定に限定したものではなかったが、ここでは、円ドルレートに絞って安達氏の考えをまとめておこう。

安達理論を要約すると、次のようになる。二〇一五年末の一ドル一二〇円台は、安達氏の修正ソロス・チャートから見ると、行き過ぎた円安であった。そのため、二〇一六年入り後、円高への修正が始まり、現在も進行中であり、この修正は今後もしばらく続く。ただし、今後、マネタリーベースの日米比率は上昇するので、円ドルレートの年末の長期均衡値は一一七円から一二〇円程度に上昇する。

しかし、年末まで円高傾向が続けば、円ドルレートは九九・五円から一〇二円程度になる可能性がある。

この安達理論からすれば、日銀がさらに量的緩和を拡大し、日米マネタリーベース比率を引き上げれば、長期均衡円ドルレートを引き上げることによって、円高のピークを引き下げることができることになる。

安達氏の分析では、円安（円高）から円高（円安）のピークまで平均的には二年から二年半かかる。仮に、二年とすると、直近の円安のピークは二〇一五年六月であるから、円高のピークは二〇一七年五月になる。しかし、二年から二年半という期間は機械的に過ぎる。金融政策が円高からの転換の時期に影響すると思う。九月の決定会合で、日銀が一層、量的緩和を拡大する一方で、アメリカが政策金利を引き上げれば、過度の円高修正が始まると考える。

しかし、九月の決定会合では、総括的検証をするので、追加緩和は賛成を得られそうにない。

二〇一六年八月二九日

今日は、昭和恐慌研究会のメンバーに日銀に来ていただき、二時間半ほど、今後の金融政策について検討した。集まっていただいたメンバーは、浅田統一郎中央大学経済学部教授、野口旭専修大学経済学部教授、安達誠司丸三証券経済調査部長、片岡剛士三菱ＵＦＪリサーチ&コンサルティング（株）経済政策部上席主任研究員、飯田泰之明治大学政治経済学部准教授、矢野浩一駒澤大学経済学部准教授である。

まず、私から次のように問題提起した。

現在の最大の問題は過度の円高を止めることである。そのためには、予想実質金利をさらに引き下げることが必要である。予想実質金利を引き下げるためには、名目金利をさらに下げるか、予想インフレ率を上げるか、あるいは双方を実現することである。

しかし、日本の家計、企業、投資家たちの予想インフレ形成は、足元のインフレ率に依存して決まる。そのため、原油価格の大幅下落により足元のインフレ率が下がると、予想インフレ率も下がってしまう。アメリカやイギリスでは、足元のインフレ率が下がっても、予想インフレ率は二%近辺で安定している（アンカーされている）。一方、ユーロ圏の欧州中央銀行（ＥＣＢ）が注目している五年先五年物ＢＥＩ（ブレーク・イーブン・インフレ率で、市場の予想インフレ率を示すと考えられる）は二〇一六年三月には一・三六%とそれまでの最低水準を記録するなど、原油価格下落による足元のインフレ率の低下に影響されている。しかしそれでも、ＥＣＢのインフレ目標である二%未満で二%近いという水準から大きく離れているわけではなく、日本よりも安定している。

日本におけるインフレの予想が足元のインフレで決まるのは、日本銀行が長らくデフレから脱却する金融政策を実施してこなかったため、日本銀行の二%のインフレ目標達成に対する人々の信認が得られていないからである。

二〇一三年四月の「量的・質的金融緩和」は金融政策のレジーム・チェンジとして受け取られ、人々に「ひょっとしたら、今度はインフレになるかもしれない」と人々のデフレマインドを転換させることに成功した。しかし、この予想インフレ率の上昇は二〇一四年四月の消費税増税をきっかけに低下に転じ、以後、経済政策は「消費税増税＝財政再建レジーム」に転換してしまった。二〇一四年夏以降の原油価格の急落は、予想インフレ率の低下に拍車をかけた。

さらに、今年になって、中国をはじめとする非資源・新興国経済と原油価格などの資源価格の大幅低下による資源国経済の減速、アメリカの利上げに関する不透明性、ユーロ圏の銀行の債務問題、イギリスのEU離脱の決定による不確実性の増大などにより、世界の株価が下落するとともに、安全通貨と思われている円が買われ、過度の円高・株安が続いた。この円高・株安は再び人々のマインドをデフレへと逆戻りさせるリスク要因である。

こうした状況の下で、デフレマインドへの逆戻りを阻止すべく、日銀は今年一月に「マイナス金利政策」を導入した。当初、マイナス金利は円安・株高を招き、市場は日銀の期待通りに反応したが、その反応も二日程度しか続かず、その後再び、円高・株安傾向が続いた。

適合型のインフレ予想形成を前提とすると、再び、二〇一三年四月のような大きなレジーム・チェンジが必要であるが、日銀にはその手段がない。例えば、国債購入額を増やしたところで、予想インフレ率が上がる可能性はあるだろうか。

現在、円高になっているのは、アメリカの利上げの確率が低下したためであるという。円ドルレートが日米金利差に影響される限り、過度の円高を止めるためには、アメリカが利上げしないならば、日本が利下げすればよい。しかし、利回り曲線の極端なフラット化は避けるべきであると思う。極端なフラット化は、銀行の主たる資金調達手段である預金の金利をマイナスにすることが難しいため、そうでなくても小さい銀行の貸出利ザヤのさらなる縮小をもたらす。日本では、長いデフレの下での低金利競争が続き、貸出等におけるスプレッドはすでに小さく、利回り曲線のフラット化の銀行経営に対するマイナスの影響は大きい。一方、ユーロ圏では貸出金利が日本に比べて高かったため、マイナス金利を導入しても、それなりのスプレッドが稼げているため、銀行経営に対するマイナスの影響は日本よりも小さい。そのため、マイナス金利を日本よりも引き下げることが可能になっている。金利低下、特に長期、超長期の過度な金利低下は、保険や年金などの運用利回りを低下させ、企業の退職給付債務の増加などを通じて、将来における金融機能の持続性に対する不安感をもたらし、マインドに悪影響を及ぼす。

したがって、利回り曲線の極端なフラット化を避けつつ、金利を下げて、過度の円高を止めるためには、マイナス金利を深掘りする一方で、買い入れる国債の平均残存期間をたとえば、五年程度まで短期化する必要がある。

つまり、私の提案は「マイナス金利の深掘りと買い入れ国債の平均残存期間の短期化」である。今日の昭和恐慌研究会のメンバーで、私の案に積極的に賛成したのは、矢野准教授だけであった。片岡氏は「自分の会社の親会社が銀行だからというわけではないが、マイナス金利は失敗だったと思う。円高になった原因として、中国をはじめとする新興国経済の減速などもあると思うが、マイナス金利導入以後円高は加速したと思う」という。

私もマイナス金利の導入によって利回り曲線がこれほどフラット化するとは予想していなかった。極端なフラット化は、金融機能の持続性に対する不安感をもたらし、マインド面を通じて経済活動に悪影響をもたらし、それを通じて予想インフレ率が低下した可能性も否定できない。そうだとすれば、片岡氏の主張するようにマイナス金利が円高要因になった可能性がある。日本のＢＥＩは信頼性に欠けるが、マイナス金利導入後、大きく低下したことは事実である。

安達氏は海外投資家からの情報に接する機会が多いが、「海外投資家は、日銀がマイナス金利を導入したのは、国債買い入れに限界があることを認めたからだと受け取っている」という。「この海外投資家の判断を覆すためには、買い入れを拡大して、量に限界はないことを示すべきだ」という。

参加した昭和恐慌研究会のメンバーの多くは、当初の「量的・質的緩和レジーム」のうち、量的緩和レジームは、今年一月のマイナス金利の導入と七月のETFの買い増しにより、日銀自体が量の限界を認めて、変質したと受け止められている、という。予想インフレ率を引き上げるためには、量的緩和レジームはいささかも変質していないことを示すべきである、という。増やす量としては、一〇兆円程度でも効果があるという人が多かった。量を増やすことで、政府の財政政策と歩調を合わせることが重要だという。

こうした昭和恐慌研究会のメンバーの意見を伝えるために、スイスにいる本田悦朗スイス大使にメールを送り、電話してくれるように頼んだ。本田氏からは一九時過ぎに電話があり、昭和恐慌研究会のメンバーの意見を伝えると、「自分もそう思う。政府が二〇一四年度以降の財政緊縮政策から再び拡大に転じた今、日銀が量の増加で歩調を合わせることで、財政政策の効果は増大すると思う」という。

昭和恐慌研究会のメンバーの多くと本田悦朗氏は、長期国債買い入れの量の増加を主張するが、片岡氏は「マイナス金利は失敗だった」という。しかし、長期国債の買い入れをこれ以上増やせば、満期が一〇年くらいまでの国債金利はマイナスになるであろう。ということは、「マイナス金利は失敗だった」ということと「長期国債買い入れ量をもっと増やせ」ということは、矛盾している。

いずれにせよ、日銀が「これまでの金融政策を総括して、検証し、九月の政策委員会では、できるだけ早く二%の物価安定目標を達成する手段は何かを考える」といいながら、具体的な追加緩和措置を取らなかったならば、さらに円高・株安が進み、予想インフレ率も低下するのではないだろうか。

できれば二〇兆円増やして一〇〇兆円の大台に乗せたいところであるが、一〇兆円増でも日銀の二%達成意欲に対する信認を維持することができるかもしれない。

二〇一六年八月三〇日

先週金曜日(八月二六日)に安達氏に来ていただいて円ドルレートなどについて話してもらったが、米国時間二六日のジャクソンホール会議(中央銀行総裁などの中銀関係者や著名な経済学者が集まる)に於けるイエレンFRB議長の講演後、円安が進んだ。この講演でイエレンFRB議長は利上げについて次のように述べた。

「労働市場の堅調なパフォーマンスが続いていることや、委員会の経済活動とインフレに関する見通しを考慮すると、最近数カ月でフェデラルファンド(FF)金利を引き上げることが適切となるための論拠は強まっていると考えている。もちろん、委員会の決定は、今後入手される指標が委員会の見通しを確認し続けるかどうかに常に依存している」

一方、フィッシャーFRB副議長はCNBCのインタビューで、イエレン議長の上記発言に言及して、「FEDの政策決定者が考えている経済指標はよくなっている。我々は完全雇用に近いところまで来ており、今年のインフレ率は昨年よりも高い。二%にはなっていないが、上昇し続けている。今年、何回FF金利を引き上げるかは、データ次第だが、(ジャクソンホールでの)イエレンのコメントは今年二回くらいの利上げの可能性があることと整合的である」と述べた。

このイエレン議長とフィッシャー副議長の発言が、市場の九月利上げの予想確率を高めた結果、日本では、円安・株高になった。

いずれにせよ、九月のＦＯＭＣにおける利上げの確率は、来週発表される雇用統計の結果次第であろう。八月の雇用統計が労働市場の改善を引き続き示すものであればよいのだが。

二〇一六年八月三一日

今朝の日経新聞に次のような記事が載った。「企業業績の先行きに、明るい兆しが見えてきた。四-六月期決算は大幅減益と一見、厳しい状況だが、円高が止まれば、通期では増益に転じる可能性もある。今期の企業業績は第1四半期で底を打ったとの見方が多く、七-九月期以降、株価にも徐々に好影響が出てくるであろう」という。

業績に底打ち感が出てきたのは、利益予想を出した当初時点では、世界的に景気の先行きが暗く、各社慎重な予想を立てていたが、結果としては思ったよりも減益幅が小さかったためである。

さらに、企業の円高対応力が強まったことがあげられる。一円の円高でどれだけ経常利益が目減りするかを示す円高感応度が改善しているという。大和証券の調べでは、今年六月末時点での円高感応度は〇・四九％で、アベノミクス相場前の二〇一二年三月の〇・八五％から改善している。コスト削減や得意分野・収益分野への集中を進めた結果、経営体質が強化されているという。これは金融政策を運営するうえで、朗報である。

今日の夜は、銀座の中国料理店で、七月の参議院選挙で落選した金子洋一氏を励ます会があった。浜田宏一先生の発案で、幹事は原田審議委員である。集まったのは、すべて昭和恐慌研究会のメンバーで、若田部昌澄先生だけが海外出張中で欠席だった。

金子氏は民進党内ではまれなインフレターゲット論者で、現在の日銀の金融政策を支持している。

そういう方が落選したのは誠に残念だが、民進党にいる限り、インフレターゲット政策は実現できないし、それに代わるデフレ脱却政策も実施できない。そこで、私は維新の会に入った方がよいと提案したが、同じことを髙橋洋一氏も提案した。

二〇一六年九月一日

今日は、中原伸之元日銀審議委員のお誘いを受けて、国際文化会館で昼食をとりながら懇談した。片岡剛士氏も同席した。金融政策に関してあれこれ話し合ったが、「今後の金融政策は難しい。ヘリマネ（ヘリコプター・マネー）を考えなければならないかもしれない」とおっしゃっていた。

私も同感であるが、黒田総裁はヘリマネは法律上できないと発言しており、ヘリマネを辞さない人が総裁にならなければ実施できないと思う。

私がそういうと、中原氏は「それでは、本田（悦朗）さんしかいない」という。もっとも、中原氏は「本田次期総裁説が出ているが、彼には総裁は無理だ。日銀は金融政策だけでなく、そのほかに組織としてやらなければならないことがたくさんある」という。

しかし、実は総裁は日銀内部の組織的なことはほとんどやらなくてよい。日銀内組織の仕事は、現在の中曾副総裁のように、日銀出身の人を副総裁に充てて任せるのが適切である。それに対して、日銀総裁には海外を含めて外に向けた発信力が要請される。したがって、海外の要人と言葉の障害がなく、自由自在にやりとりできる人でなければならない。本田氏はその素質を備えており、金融政策に関する理解も深く、文句なしの総裁適任者であると、私は考える。

イールドカーブ・コントロールの実行へ

二〇一六年九月二一日

日銀は八月から二カ月かけて実施した「「量的・質的金融緩和」導入以降の経済・物価動向と政策効果についての総括的な検証」から得られた教訓を基礎に、今日の金融政策決定会合で「長短金利操作付き量的・質的金融緩和」政策を決定した。

これまでと変わった点は主として次の二つである。

①長短金利操作（イールドカーブ・コントロール）

短期金利：日本銀行当座預金のうち政策金利残高にマイナス〇・一％のマイナス金利を適用する。

長期金利：一〇年物国債金利が概ね現状程度（ゼロ％程度）で推移するよう、長期国債の買入れを行う。買入れ額については、概ね現状程度の買入れペース（保有残高の増加額年間約八〇兆円）をめどとしつつ、金利操作方針を実現するよう運営する。買入れ対象については、引き続き幅広い銘柄とし、平均残存期間の定めは廃止する。

②オーバーシュート型コミットメント

日本銀行は、二％の「物価安定の目標」の実現を目指し、これを安定的に持続するために必要な時点まで、「長短金利操作付き量的・質的金融緩和」を継続する。

マネタリーベースの残高は、イールドカーブ・コントロールのもとで短期的には変動しうるが、消費者物価指数（除く生鮮食品）の前年比上昇率の実績値が安定的に二%を超えるまで、拡大方針を継続する。この方針により、あと一年強で、マネタリーベースの対名目GDP比率は一〇〇%（約五〇〇兆円）を超える見込みである（現在、日本は約八〇%、米国・ユーロエリアは約二〇%）。

短期金利である政策金利残高に対する金利をマイナス〇・一%に、一〇年物国債の金利を概ねゼロ%に設定する根拠は、「総括的な検証」における分析で次の点が明らかになったからである。すなわち、満期が一年以内から三年程度までの金利の低下が、需給ギャップ（需要と供給の差）を拡大させる上で効果が最も大きく、それ以上の満期の金利低下の効果は次第に小さくなり、満期が一〇年以上になると、その金利低下の効果はほとんどなくなる。したがって、イールドカーブを、短期から満期が一〇年までの金利を低位に維持することが、需給ギャップを拡大させる上で最も効果的である。

需給ギャップが拡大すれば、物価に対して上昇圧力がかかる。その結果、足元の物価が上がると、家計や企業や投資家は、将来、物価は上がると予想するようになる。

結局、日銀の新しいイールドカーブ・コントロールという政策は、過去のインフレの実績によって決まる予想インフレ率を所与のものとして、短期から一〇年満期の金利を低位に維持することによって、需給ギャップを拡大させて、足元の物価を引き上げ、その引き上げによって、予想インフレ率を引き上げようとするものである。つまり、予想インフレ率を引き上げるためには、日銀はインフレの実績を作らなければならないのである。

それに対して、二〇一三年四月に導入した「量的・質的金融緩和」は、足元のインフレ率が上がらなくても、「リフレ・レジームへの転換」そのものが予想インフレ率を引き上げる効果を持っていた。

それが、一四年四月の消費税増税で毀損されたため、実際のインフレ率を引き上げるという実績を作ることによって、予想インフレ率を上げるしかなくなってしまったのである。これが、長期国債の大量の買い入れによって、短期から長期にわたる全金利を引き下げる政策から、イールドカーブ・コントロール政策へ転換した私自身の理由である。

イールドカーブ・コントロール政策を導入した理由にはもう一つある。すなわち、今年の一月末に導入した「マイナス金利付き量的・質的金融緩和」により、想定外に、イールドカーブがフラット化したため、銀行の収益が悪化し、生命保険や年金の資産運用が難しくなるなど、金融機能の持続性に対する不安感をもたらした。この不安感は、マインド面を通じて経済活動に悪影響を及ぼす可能性があった。この可能性を断つことも、イールドカーブ・コントロール政策導入の根拠となった。

しかし、イールドカーブ・コントロールの導入により、マネタリーベースの年間供給額（償還額を除いたネットで八〇兆円の増加）が八〇兆円を割り込む可能性がある。たとえば、一〇年物国債金利が〇％程度よりも低くなる場合、〇％程度を維持するためには、一〇年物国債の買い入れを減らす必要がある。たとえば、六〇兆円台に減れば、市場からテーパリング（国債買い入れ額の減額）ととらえられる可能性がある。そのようにとらえられれば、予想インフレ率は低下する可能性がある。これは避けなければならない事態である。

それでは、イールドカーブ・コントロールではなく、長期国債買い入れ額を九〇兆円から一〇〇兆円程度まで増やしたらどうなったであろうか。市場では、日銀が国債買い入れを現在のペースで継続することには限界があるという考えが支配的である。ＩＭＦ（国際通貨基金）のエコノミストのワーキングペーパー（Arslanalp and Botman 2015）によれば、日銀は二〇一七年から二〇一八年にかけて、国債買い入れの縮小を迫られるという。岩田一政・左三川郁子・日本経済研究センター編著『マイナス金利政策——三次元金融緩和の効果と限界』（日本経済新聞出版社、二〇一六年）は、日銀適格担保を拡充した補完措置を考慮しても、日銀の現在のペースでの長期国債買い入れ可能な期間は二〇一七年六月までと試算している。

八月二九日に日銀に来ていただいた昭和恐慌研究会のメンバーの多くは、こうした「日銀国債買い入れ限界論」を打破するために、長期国債買い入れを一〇〇兆円程度に増やす量の拡大を主張した。しかし、現在以上の長期国債買い入れ額の増加を、市場は「量的・質的金融緩和」の終了時期は早まったととらえる可能性もあると考える。そうであれば、量的緩和の拡大は予想インフレ率の上昇にはつながらない可能性がある。

さらに、長期国債買い入れ額を一〇〇兆円に増やせば、一〇年以下の満期国債の金利はマイナスになり、イールドカーブはさらにフラット化するであろう。結局、「長期国債の買い入れ量を増やせ」という主張は、「どういうイールドカーブが二％の物価安定目標をできるだけ早く達成できるか」を立証できない限り、採用できないのである。

やはり、二％の物価安定目標を達成するためには、二年から長くても三年くらいの勢いで、実際のインフレ率を二％まで引き上げる必要があった。二〇一三年四月のレジーム・チェンジをしっかり維持し、日銀の二％物価安定目標に向けたコミットメントを市場に信用させることが不可欠だったのだ。

黒田総裁が二〇一五年二月の講演で述べたように、デフレ脱出のためには、ロケットが地球の引力圏から脱出するために、強力な推進力が必要なように、二％物価安定目標が持続的に維持できると確信できるまで、物価を下押しするような政策は一切してはならなかったのである。そう考えれば、一四年四月の消費税増税こそ、二％の物価安定目標の達成を後ずれさせている真の要因である。ところが、黒田総裁は二〇一三年九月に「消費税増税をしなければ、どえらいことになる」と発言して、安倍首相が三％の消費税率引き上げをせざるを得ない状況を作り出した。

二〇一六年一一月四日

今日は、二年ぶりに、三菱ＵＦＪモルガン・スタンレー証券の四人のエコノミスト（瀬之口潤輔、植野大作、芳賀沼千里、六車治美の各氏）とともにランチをともにしながら、お話を伺った。

私は、今年一月末のマイナス金利導入後、二営業日は想定した通り、円安・株高になったにもかかわらず、それ以降一転して、なぜ理論に反して、円高・株安になったのか、その理由が判然としなかったため、その点の考えが聞きたかった。

それに対する為替担当の植野氏の答えはこうだった。「第一に、ＦＲＢが昨年末（二〇一五年一二月）に政策金利の引き上げを開始したときのドット・チャートから、市場は利上げのペースは予想していたよりも早く、三年間で一一・五回の利上げを予想した。この予想は新興国からの急激な資本流出とその通貨の大幅下落という不安を生んだ。第二に、二〇一五年末にやや落ち着きを取り戻していた原油価格が再び低下し始めた。これにより、資源国のソブリン債（国債）に対する不安が生まれると同時に、アメリカのシェール・オイル企業の株価が大きく下落し、それらの企業に融資している金融機関経営に対する不安が生じた。こうした不安により、投資家がリスク・オフになり、そのリスク・オフが円高を生み、円高により日本株が下がった。こうしたリスク・オフが、マイナス金利の円安・株高効果を打ち消してしまった」というのである。

マイナス金利政策の誤解

二〇一六年一一月九日

日銀は二〇一六年一月二九日に、マイナス金利政策の導入に踏み切った。マイナス金利政策からほぼ三カ月たった二〇一六年五月一二日の日経新聞は、マイナス金利に対する読者アンケートの結果を発表した。それによると、マイナス金利政策は暮らしにとって「悪い」と答えた読者が五七・一％を占め、「よい」(一五・二％)の約四倍になったという。

特に、年金生活者の反対が強い。「預貯金の金利がないのは年金暮らしには明日が見えない、困ったものだ」といった回答が多いようである。

「多くの人は利子がたくさんつくと裕福になった気分になりお金を使う。マイナス金利で利子が激減したらお金を使わなくなる。多くの政治家と経済学者はこれが分からない」(六五歳、男性)という声もあった。

一方、マイナス金利政策が暮らしに「よい」と答えた人は、ローン金利の低下の恩恵を受けた人である。たとえば、「今春、住宅を新築しました。当初申込時の金利よりも大幅に下がり、総支払額では高級国産自動車一台分くらい減りました」とか「住宅ローンの借り換えで金利が下がり、支払いに余裕ができた。家の改装費を加算して借り換えても、以前の支払いよりも支払い額が下がった」といった回答である。

今日、マイナス金利政策導入決定(二〇一六年一月二九日)から約九カ月たった一一月九日に、日銀高知支店の大谷聡支店長が「マイナス金利と皆さんの暮らし」という講演資料を発表し、マイナス金利政策の年代別一世帯当たりの損得を分析していることを知った。

この分析によると、四〇代までは預金よりも住宅ローンの借り入れが大きいが、五〇歳以上は住宅ローンの借り入れよりも預金の方が多い、という年代別の違いがある（データは総務省『家計調査』による）。一方、マイナス金利政策により、預金金利の低下は小幅にとどまっているが、住宅ローン金利の低下は大きいことを示している。

以上の二点を考慮して分析すると、マイナス金利政策はどの年代についても一世帯当たりの純（ネットの）得失額（住宅ローン金利の引き下げによる利益から預金金利の低下による損失を差し引いた値）はプラスである。特に、住宅ローンの借り入れが多い四〇代以下のプラスが大きい。すなわち、マイナス金利政策はどの世代にとっても暮らしを「よくする」政策なのである。

マイナス金利は、メディアの「預金金利もマイナスになる可能性がある」といったネガティブキャンペーン効果のため、人々の将来不安をあおることになってしまった。実際は、右の大谷高知支店長のペーパーが示しているように、三〇代や四〇代では、預金金利の低下による金利収入の減少は、一年あたり、それぞれ、六三九円と八二一円に過ぎないし、預金保有額が比較的大きい六〇代や七〇代でも、二〇〇〇円以下なのである。

確かに、生命保険の一時払い終身保険が販売停止になったといったニュースは人々の不安をあおったであろう。そこで、日銀はその後、満期一〇年超の国債購入を減らして、満期一〇年超の金利を「マイナス金利政策」導入時よりも引き上げるように、市場調節を修正した。

マイナス金利政策は住宅投資の増加に寄与したが、右に引用した日経新聞の読者の声のように、

「消費を抑制する」ことはなかった。

住宅投資は、二〇一五年一〇‐一二月期と二〇一六年一‐三月期は、それぞれ、前期比マイナス〇・四％と一・三％であったが、マイナス金利政策後の二〇一六年四‐六月期と七‐九月期は、それぞれ、前期比（季節調整済）二・四％と二・七％へと増加した。二〇一四年四月の消費税増税前の二〇一三年七‐九月期と一〇‐一二月期の駆け込み住宅需要の前期比でさえ、それぞれ、三・四％と三・七％だったことを思えば、マイナス金利政策が促した住宅投資増加の効果はかなり大きかったといえる。

ある日銀の人が私にこう語った。「日銀はコミュニケーションや広報が下手なんですよ。そのため、メディアにマイナス金利政策に対するネガティブキャンペーンをされるままになっています。それに対して、財務省はうまいですね。大量の職員を導入して、経済界、学界、エコノミスト、マスコミ関係者に「今すぐ消費税率を引き上げないと、日本の財政と社会保障制度は破たんする」と言って説明という名目で説得に回っています。特に、テレビに出演したりして、露出度の多いエコノミストを狙い撃ちしてご説明に回っています。日本銀行にはそれだけの人をさける余裕がありませんし、ノウハウもありません」。

マイナス金利政策は、マイナスという言葉からして、ネガティブな印象を与えやすいが、日銀が、財務省並みの人海戦術で、メディアや露出度の多いエコノミストに、マイナス金利の効果を丁寧に説明することに失敗したことも、マイナス金利が将来不安をあおることになってしまった大きな要因だった、と考える。

マイナス金利導入に際して、日銀は、右に引用した大谷聡高知支店長のような数値例を示して、

「マイナス金利はどの世代の人にとっても得な政策です」とキャンペーンを張るべきだった。

二〇一六年一一月一〇日

去る一〇月二七日の参議院の財政金融委員会で民進党の風間直樹議員の質問に答えるために、国会に行ったところ、風間議員が質問を始める前に、渡辺喜美参議院議員の挨拶を受けた。渡辺議員は黒く日焼けして、とても元気そうだった。畑仕事をして日焼けしたとのことである。久しぶりということで、近いうちに食事でもしましょうということになり、今日、銀座でランチを共にした。渡辺議員が議員辞職しなくてはならなかった、みんなの党のごたごたの話などをお聞きした。

渡辺議員は政府がこれだけの経済対策を打ったのだから、この際、日銀も長期国債買い入れを増やしてデフレ脱却を確かなものにするべきだというお考えであった。それに対しては、私は、量的緩和に加えて、マイナス金利政策を導入したため、これ以上の勢いで買い入れを進めると、イールドカーブがフラット化しすぎてしまい、銀行収益が圧迫されて、かえって銀行貸出が減るリスクがあること、および、長期・超長期金利の過度の低下が年金・保険の運用難等の悪影響を及ぼし、こうしたことが家計や企業のマインドの悪化を招き、経済活動に悪影響を及ぼす可能性があることを説明した。

渡辺議員が私の説明に納得したかどうかは定かではないが、「政府がこの超低金利を利用してもっと四〇年債や五〇年債を発行すればいいんだが」ともおっしゃっていた。私もその考えに賛成である。もっと国債発行を増やしてくれれば、日銀も金利の過度の低下を招くことなく、長期国債買い入れを増やすことができるのだが……。

二〇一六年一一月二二日

風間直樹参議院議員からまたも国会に呼ばれた。事前に通告された私に対する質問は、またしても「FRBは二〇〇八年一二月の議事録で量的緩和の効果はないと評価しているが見解如何」というものだった。しかし、当日は黒田総裁に質問が集中し、私への質問はなかった。これを「空振り」という。

風間氏はこの「空振り」に終わった質問を、私にすでに二〇一五年五月一四日にもしており、その時、答えたのにまだわかっていない。そもそも、バーナンキ議長や二〇〇八年のFRBの議事録が評価していないといった「量的緩和」とは、二〇〇一年三月一九日から二〇〇六年三月九日までに採用された、速水日銀の後半から福井日銀が採用した「量的緩和」である。それに対して、われわれが二〇一三年四月四日から開始したのは「量的・質的金融緩和」で名前も「量的緩和」ではなく、マネタリーベースを増やす手段も過去の「量的緩和」と違って、長期国債の買い入れを中心としており、インフレ目標を明確に数値として示し、その達成にコミットしている点でも、「量的緩和」とは違っている。

そこで、風間氏がいつまでたってもこの点を理解せずに、国会で同じ質問をされてはたまったものではないと思い、日銀の政策委員会国会担当経由で、以下の手紙を送ってもらうことにした。実際の手紙はもっと長いが、ここでは冒頭部分だけを示しておく。

風間議員への手紙

風間様は、「バーナンキは日銀の量的緩和を評価していない」と主張されていますが、「バーナンキは日銀が二〇〇一年三月一九日から二〇〇六年三月九日まで採用した量的緩和は評価していないが、日銀が二〇一三年四月四日から採用している量的・質的緩和は評価している」というのが事実です。以下その証拠をいくつか示しますが、誤解を生まないために何よりも重要なことは、「日銀が二〇〇一年三月一九日から二〇〇六年三月九日まで採用した量的緩和」と私が就任前から、日銀に「採用せよ」と提言してきた「量的緩和」とは全く違う政策だということです。二〇一三年四月四日以降現在まで採用している「量的・質的緩和」（二〇一六年九月からは長短金利操作付き量的・質的緩和になりましたが、本質的な政策の波及経路は同じです）は、私が副総裁に就任する前から主張した政策とほとんど同じものだということです（異なる点は、私は副総裁に就任する前は、上場投資信託や上場不動産信託の購入や日銀貸出を増やしたり、成長を支援する銀行に対して日銀が低利で銀行に貸し付ける政策は、主張していなかった点です）。

こう述べたうえで、日銀の政策委員会国会担当者に、バーナンキ前議長がその回顧録『危機と決断』（上）（原題は The Courage To Act、KADOKAWA、二〇一五年）の六三頁から六四頁で、われわれが二〇一三年四月四日から始めた「量的・質的金融緩和」を評価していると述べている部分を、証拠として風間議員に送ってくれるように頼んだ。

しかし、風間議員は一体いつまで、自分の勘違い・無知に気がつかないのだろうか。そもそも、民進党関係者の中に、「とんでも質問を続けるのは、いい加減にやめにしなさい」と風間議員を諫める人が一人もいないということにあきれ果てる。

金融政策と財政政策の協調の必要性

二〇一六年一二月二日

本田悦朗スイス大使から、先週末、ほとんど恒例になっている週末電話をいただいた。この電話は「日経の浜田先生に関する記事で、浜田先生が、『今夏のジャクソンホールの国際会議で発表されたクリストファー・シムズの論文を読んで目からうろこが落ち、インフレもデフレも貨幣的現象だという自分の考えは間違っていた』という趣旨の発言をされた、と報道され、ネットなどで、リフレ派は敗北したとか、岩田理論は間違っていたとかいった言説が飛び交っている」ことを心配したものだった。シムズ論文については、すでに、日銀のエコノミストから説明を受けていたが、消費税を増税したから日本のQE（量的金融緩和。正しくは、量的・質的金融緩和でQQE）はうまくいっていないのだ、といったことが書かれているだけで、私にとっては当たり前のことで目新しいものではない。

たとえば、シムズ論文は、「低金利、中銀の大きなバランスシート、そしてこれらの国の低いインフレ率が同居している状況は、金利がゼロ制約に近付いた時に、効果的な財政拡大が金融政策にとって代わらなかったという失敗による結果である。……ヨーロッパでは、財政緊縮が広く強調されてきたが、政府債務の増加はインフレを作り出すことによって、部分的に支払われるという考えはごく一部の人の間で議論されたにすぎなかった。日本では、最初は財政政策と金融政策の協調への動きがあったが、消費税増税がインフレ目標が達成される前に導入されてしまった。（中略）アメリカの人々は長期的な財政問題やそれが退職後の支援や医療に対して潜在的にどのような影響を及ぼすかを気にしている。ギャラップ調査によれば、まだ引退していないアメリカ人のほぼ半分が社会保障制度は彼らに退職後の所得を提供できないであろうと考えている。この結果は、多くの人々は財政赤字を将来の増税か社会保障の減額の前兆を示す財政の機能不全のサインであると解釈していることを示しているように思われる。こうした理解を変えるためには、政策当局が、将来の財政緊縮はインフレ目標に近付き、それが維持されるという条件が満たされるときに実施することを明らかにすべきである」（同論文一四－一五頁）と述べ、「必要なことは、金融政策と財政政策はインフレを引き上げるという共通の目的をもっているとみなされることである。したがって、日本では、将来の消費税増税はインフレ目標が達成され、維持されるときに実施することを明らかにすべきである」とし、「インフレは税と財政支出と中央銀行の金融政策の相互作用の結果である」と結論している。

シムズ教授はかつて、「物価は財政政策によって決まる」という「物価の財政理論」（FTPL）を提唱して、話題になったアメリカの経済学者である。日本でも、この理論は一時はやったが、最近では、ほとんど言及する人がいなくなっていた。それが、今夏のジャクソンホールで、本家本元のシムズ教授が、日本やユーロ圏の量的緩和がうまく機能していない理由を、物価の財政理論を用いて説明したため、再び脚光を浴びた。

「物価の財政理論」からすれば、日本は消費税増税ではなく、むしろ減税が必要だったことになるが、何もFTPLを持ち出さなくても、ケインズ経済学からも得られる結論である。

結局、デフレ脱却のためには財政政策と金融政策の協調が必要ということであり、ケインズ経済学からも出てくる結論である。シムズ教授は「物価の財政理論」から、「政策当局が、将来の財政緊縮はインフレ目標に近付き、それが維持されるという条件が満たされるときに実施することを明らかにすべきである」という結論を導いているが、この結論はわたしがこの日記で繰り返し述べていることと同じであり、ケインズ経済学やそれを動学化したニューケインジアン・エコノミクスの立場からも得られる結論である。

バーナンキ氏も一九九九年に発表し、二〇〇一年に邦訳された「自ら機能麻痺に陥った日本の金融政策」という論文で、減税と日銀の減税額に等しい買いオペの組み合わせを提言している。マイケル・ウッドフォード教授は、国債発行に裏付けられた家計への財政移転を名目GDPターゲットと組み合わせることで（マネタリーベースの増加が恒久的であるとの予想形成を促すことを通じて）直接的なヘリコプター・マネーと同様な効果をもたらすことができる、と述べている。

最後に、リフレ派の多くはインフレ目標達成までは、増税には反対であるが、減税しなくても（あるいは財政支出を増やさなくても）、二％の物価安定目標に強くコミットした上で、長期国債の購入を通じてマネタリーベース供給を増加し続ければ、（いつかは）インフレ目標を達成できると考えている。ただし、リフレ派の中でも、髙橋洋一嘉悦大学教授は以前から金融政策と財政政策の合わせ技を主張していた。

それでは、インフレ目標達成までは、増税には反対であるが、減税しなくても（あるいは財政支出を増やさなくても）、長期国債の購入を通じてマネタリーベース供給の増加を続ければ、（いつかは）インフレ目標を達成できるという、リフレ派の多くの考え方を、どう考えればよいだろうか。

この考え方は、バーナンキ氏が右の論文で主張した「財政的要素を持たない公開市場操作」である。バーナンキ氏は「財政的要素を持たない公開市場操作とは、中央銀行が公正な市場価値で（例えば長期国債のような）ある種の資産を購入することである。このような資産購入の目的は、資産価格を上昇させて、それによって（例えば担保価値を上昇させて）支出を刺激することにある。……例外的公開市場操作（今日の非伝統的公開市場操作に相当―岩田注）の効果がないという主張は、中央銀行が経済のすべての実物資産と金融資産を獲得してもその価格と収益率は変化しないと主張するに等しい。もちろんそのようなことが起こるはるか以前に、資産間の不完全代替性が表面化して獲得した資産の価格は上昇するであろう」（邦訳、一七五頁）と述べている。

以上の理論的理解に基づいて、日本の現状を考えてみよう。日本では、消費税増税、原油価格の大幅な継続的下落、二〇一六年年初来の海外発のイベントによって起きたリスク・オフによる過度の円高などにより、足元のインフレ率が低下すると、中長期の予想インフレ率が中央銀行のインフレ目標値にアンカーされていないため、中長期の予想インフレ率も低下してしまう。このような状況では、マネタリーベースの増加を続けるだけでは、インフレ目標の達成にはかなりの時間がかかる。したがって、金融政策と財政政策の協調が必要であると考えられる（金融政策と財政政策の協調レジームへの転換）。そもそも、第一の矢と第二の矢は金融政策と財政政策の協調であった。安倍首相は今年度後半から財政刺激策を打ち出しており、これからしばらくの間は、この協調が期待できるのではないだろうか。

混乱の二〇一六年を振り返る

二〇一六年一二月二八日

年末にあたって、今年の経済と金融政策とを振り返っておきたい。

二〇一五年一二月三〇日の日経平均株価の終値は一万九〇三三円七一銭、円ドルレートも二〇一五年一二月三一日には、一二〇・三二円まで上昇し、二〇一五年の日本の金融資本市場は好調な状況で終えた。ところが、今年二〇一六年は、年初から、日経平均株価が六日間も連続して下落し、円ドルレートも年初来、円高が進行し、一月二〇日には一一六円九四銭まで上昇した。

こうした、急速な円高・株安は人々のマインドを悪化させ、二%に向けた物価安定の達成を危うくするものであるから、止めなければならない。急速な円高を止めれば、株安も止まると考えられたが、急速な円高を止める金融政策としては、国債買い入れ額を増やす「量」の拡大政策が考えられる。量を増やすとしたら一〇〇兆円の大台に乗せることであろう。そのくらい量を増やさなければ、急速な円高・株安を止めることはできないと思われた。

一方、企画局は昨夏以降、ヨーロッパ諸国が採用している「マイナス金利」政策を研究していたようである。私はもともと、「量」を増やすことしか考えていなかったが、企画局は「マイナス金利」をよく研究していた。企画局がマイナス金利を研究していたのは、IMFが言いだし、巷のエコノミストの中にもそれに同調する人が多くなった「日銀が国債をこれ以上買うのは難しい」という国債購入限界論を、企画局も意識するようになっていたのかもしれない。もっとも私の感触では、むしろ、企画局は「国債購入限界論」よりも、量の効果がだんだんなくなってきた、という「マネタリーベース増加効果に関する収穫逓減」（マネタリーベースを増やすにつれて、その物価と経済に及ぼす効果が次第に低下すること）を感じ始めていたのではないかと思う。

他方、日銀の外の「リフレ派」である昭和恐慌研究会のメンバーのほとんどの人は、追加緩和の手段としては「量」の拡大しか考えていなかったと思われる。

私は「量を一〇〇兆円台に乗せた」場合に、果たして、急速かつ過度な円高が止まるかどうか、十分な自信を持てなかった。というのは、われわれが実施している「量的・質的金融緩和」では、追加緩和しなくても、マネタリーベースは自動的に毎月約六・七兆円増え続けているのである。つまり、市場は追加緩和を催促するが、実際は、自動的追加緩和が続いているのである。それにもかかわらず、予想インフレ率の指標の一つであるＢＥＩ――あまり頼りにならない指標ではあるが――は二〇一五年六月頃から低下傾向にあり、低迷した。

債券エコノミストを中心に、「国債購入限界論」が支配的であったため、「量」を一〇〇兆円台に乗せると、「これで量的緩和は打ち止め」と思われて、「量」の拡大が予想インフレ率を引き上げられるか、私にも自信がなかった。そのこともあって、日銀が「量」と「質」に加えて、マイナス金利という「金利」政策手段を追加的に持つことは、政策選択の幅を広げるという意味でも、日銀は使える手段は何でも使うことを市場に示すうえでも、有効ではないかと考えるようになった。

もっとも、マイナス金利の導入は、イールドカーブを下方にシフトさせる効果を持つが、予想インフレ率を引き上げる効果は期待できないと思った。しかしそれでも、予想インフレ率を一定として、名目金利が下がれば、予想実質金利が下がるから、過度な円高・株安を止める力はあると考え、一月末の「政策決定会合」では「マイナス金利付き量的・質的緩和」に賛成した。ただし、マイナス金利は金融機関の収益を圧迫するから、金融機関の株式価格は下落する可能性がある。この私の懸念に対しては、その他の株式価格が上がるから、金融株の下落を相殺して、全体としては上がるから、金融株の低下をそれほど心配しなくてもよいのではないか、という意見もあり、私も最終的にはその考えに同調し、「マイナス金利付き量的・質的緩和」に賛成した。

「マイナス金利付き量的・質的金融緩和」は最初の二営業日は、われわれ賛成派の予想通り、円安・株高に作用したが、それは続かず、以後は円高・株安という予想もしなかった展開になった。この円高・株安への反転は、理論的に考えられない展開で、私はどうしてそうなるのか理解できず、戸惑いを禁じ得なかった。

円ドルレートは六月一六日の政策決定会合前には、一〇六円台前半まで下がった。私は大きな危機感を抱き、原田、櫻井両審議委員に相談すると、結局、「量」の拡大しかないという点に落ち着いた。原田審議委員はかねてからの主張の「付利の撤廃」も提案した。

急速な円高・ドル安に対しては、財務省の「為替介入」が本筋であると考える人も少なくないが、アメリカ財務省のルー長官が盛んに「為替介入」をけん制したこともあり、財務省は為替介入に踏み切れずにいた。私や原田、櫻井両審議委員は円ドルレートが一〇〇円を割れば、さすがに財務省も為替介入に踏み切るのではないかと、予想していた。

急速な円高に危機感を覚えた私は、円ドルレートの研究を続けている安達誠司氏に日銀に来てもらい、彼の考えを聞くことにした。彼の研究については、一六年八月二六日の日記に書いたので、繰り返さない。

五月から六月の政策決定会合まで、私は原田、櫻井両審議委員と何回も議論し、雨宮理事とも相談を重ねたが、急速な円高を止める妙案は浮かばなかった。

私は、過去の回帰分析から見て、円ドルレートは米日名目金利差（米国名目金利―日本名目金利）が拡大すれば円安・ドル高になり、米日予想インフレ率差（米国予想インフレ率―日本予想インフレ率）が拡大すれば、円高・ドル安になると考えている。

安達氏がいうように、ソロス・チャートが円ドルレートの長期均衡値を決定するのも、日米マネタリーベース比率が米日名目金利差と米日予想インフレ率差を決定する要因だからだと考えている。米日名目金利差と米日予想インフレ率差の円ドルレートへの影響は逆方向に作用するが、作用の程度の絶対値が同じと仮定すれば、円ドルレートは米日予想実質金利差の増加関数になる（米日予想実質金利差が大きくなれば、円安・ドル高になり、米日予想実質金利差が小さくなれば円高・ドル安になる）。

そこで、二〇一五年一二月から二〇一六年一二月二七日までについて、円ドルレートと米日名目金利差、米日予想インフレ率差及び米日予想実質金利差の関係を調べると、次の相関係数が得られる。

円ドルレートとの相関係数

①米日名目金利差〇・四七、②米日予想インフレ率差マイナス〇・五一、③米日予想実質金利差〇・八一

右の相関係数から判断する限り、米日予想実質金利差の縮小が二〇一六年の円高・ドル安の最大の要因である。よく、負のショックが発生すると、安全資産と思われている円への逃避が起き、円高になると言われるが、その背後には、負のショックが生ずると、米国の予想インフレ率がほとんど変化しない一方で、投資家の日本の予想インフレ率が大きく低下する結果、日本の予想実質金利が上昇して、米日予想実質金利差が縮小する、というメカニズムが働くようだ。

円ドルレートは、イギリスのEU離脱が決まった翌日の六月二四日には一〇一・五円（中心相場）まで下がり、安値は九九・一四円だった。八月一八日には、中心相場も、一〇〇円の大台を割り、九

九円八銭まで下がった。この日の米日名目金利差は年初の一月五日と比べて、三三ベーシス（〇・三三％ポイント）縮小し（円高・ドル安要因）、米日予想インフレ率差は三一ベーシス（〇・三一％ポイント）拡大した（円高・ドル安要因）。その結果、米日予想実質金利差は、年初の一・一二％から〇・四八％へと六四ベーシス（〇・六四％ポイント）の大幅縮小となった。こうした大きな米日予想実質金利差の縮小が一〇〇円割れの円高・ドル安をもたらしたと考えられる。

しばしば、二〇一六年初の原油価格の二〇ドル台への急落、資源国や中国をはじめとする新興国経済の減速、さらにユーロ圏の銀行の経営不安などにより、投資家がリスク・オフになったため、安全資産と考えられている円に逃避することが、円高の原因であるといわれる。しかし、真実は、安全資産と考えられる円への逃避とは、円が予想インフレ率の極めて低いデフレ気味の通貨であるため、購買力が安定した通貨への逃避ということであろう。

すなわち、二〇一六年初の原油価格の二〇ドル台への急落、資源国や中国をはじめとする新興国経済の減速、ユーロ圏の銀行の経営不安、さらにブレグジット（英国のユーロ離脱）などの負のショックが起きるたびに、日本のデフレからの脱却のむずかしさが意識され、日本の予想インフレ率が低下し、それにつれて、日本の予想実質金利が上昇し、円高になるのである。そして、円高は実際の物価を短・中期的に引き下げる要因になるから、足元の物価が下がり、日本に特有の適合的予想形成に基づいて、さらに予想インフレ率が低下するという悪循環に陥ってしまう。

マイナス金利導入後の二営業日を除いて、円高・株安になったのは想定外だったが、もう一つの想定外は、イールドカーブがあまりにもフラット化したことである。一〇年債までマイナス金利に沈み（二月末～一一月半ば）、二〇年債は〇・四％台、三〇年～四〇年債は〇・五％台まで低下した。こうした過度のイールドカーブの低下は、広い意味での金融機能の持続性に対する不安感をもたらし、マインド面を通じて経済活動に悪影響を及ぼすと考えられた。実際に、生命保険会社は貯蓄性の高い一時払い終身保険や個人年金の一部の販売停止に踏み切った。

もっとも、マイナス金利政策の意図は、預金や利息が一定の国債投資を不利にすることによって、資金を株式や外貨建て預金や外貨建て証券に振り向けるというポートフォリオ・リバランスを引き起こすことにある。これにより、過度の円高・株安が修正され、二%の物価安定へのエンジンが始動するはずであった。ところが、年初来、円高・株安傾向が続いたため、投資家はこうしたリバランスをすれば、外貨安による為替損や株安による損失を被ることを恐れたのであろう。期待されたリバランスは進まなかった。生保は外債投資を進めたが、大半は為替ヘッジ付き（近い将来、外貨を円にスワップ等で買い戻す契約）であったから、円安要因にはならなかった。

マイナス金利は住宅ローンの借り換えを促進し、住宅投資を後押しした。マスメディアが「マイナス金利政策で、預金金利もマイナスになる」と預金者の不安をあおったため、一時、預金を下ろして現金をため込むための金庫が売れたほどであった。実際に、預金金利は低下したが、マイナスにはならなかった。預金金利が低下したとはいえ、もともと低かったので、大多数の家計は一億円以上といった巨額の預金を持っていないから、預金金利の低下から受ける利息収入の減少はごくわずかで取るに足らないものだった。しかし、マスメディアの大げさなマイナス金利悪玉説の流布により、マイナス金利は大変評判が悪かった。

ここで、ついでに、政府をはじめ国会議員やマスメディアが非難する「企業は内部留保をため込んでばかりでけしからん」という考えは、誤解であることを指摘しておこう。企業は内部留保を在庫投資や設備投資などに使い、それでも残った資金を現金や預金で保有するのである。したがって、内部留保が厚くても、投資に使ってもらえれば、成長に寄与する。問題は、デフレ予想または極めて低いインフレ予想の下で、企業は投資機会が少ないため、現・預金をため込むことにある。だからこそ、デフレ予想や低いインフレ予想を覆す必要があるのである。

二〇一六年一月末から実施した「マイナス金利付き量的・質的金融緩和」が所期の効果を上げなかったため、今後の金融政策の在り方を考えるために、「量的・質的金融緩和」導入以降の経済・物価動向と政策効果について八~九月にかけ、総括的検証をすることになった。

日銀幹部の多くもそうであったと思うが、私自身も日銀外部リフレ派と違って「マネタリーベースを増やせば、予想インフレ率は上がる」という確信を持てなくなっていた。私がそのように確信を持てなくなったのは、「量的・質的金融緩和」を始めたころのレジームの大転換が、二〇一四年四月の消費税増税によって緊縮財政レジームが混在するようになったため、デフレ脱却に向けて不退転の覚悟で金融(第一の矢)と財政(第二の矢)をともに吹かすという「デフレ脱却レジーム=リフレ・レジーム」が崩壊してしまっていたからである。第一の矢で、デフレ脱却に向けてアクセルを目いっぱい踏んでいる最中に、他方で、消費税増税で需給ギャップを縮小するとともに、予想インフレ率を引き下げる、すなわち、デフレ脱却にブレーキをかける政策を実施すれば、デフレ脱却は夢と化すということは、自明であろう。

「リフレ・レジーム」とは「デフレ脱却レジーム」であり、一九三〇年代大不況からのアメリカや日本(昭和恐慌)のデフレ脱却が示しているように、金融政策と財政政策はデフレ脱却のために協調しなければならない。

デフレ脱却のためには、金融政策と財政政策の協調が必要であることは、一六年一二月二日の日記に書いたように、シムズ教授に改めて言われるまでもなく、常識である。

二〇一四年四月の消費税増税以後語られるようになったのは、「二〇一五年一〇月の一〇％への再増税と二〇二〇年までのプライマリーバランスの黒字化が財政再建の必須の条件であるという物語」であり、「二年で、しかし、二年でできなければ、できるだけ早く二％の物価安定を達成するという物語」ではなくなってしまったのである。そもそも二つの物語は両立しない。財政再建は、デフレ脱却が必要条件だからである。

政府や財政再建論者はプライマリーバランスの黒字化を重視するが、私は名目成長率が国債の名目金利を上回るという「ドーマー条件」が成立することを重視している。この条件が満たされなければ、プライマリーバランスを黒字化してみたところで、政府名目債務の対名目GDP比は安定化しないからである。デフレや低インフレ率の下では、名目成長率が低すぎてドーマー条件は満たされようがない。

さて、総括的検証では、二％の実現を阻害した要因として、（i）①原油価格の下落、②消費税の税率引き上げ後の需要の弱さ、③新興国経済の減速とそのもとでの国際金融市場の不安定な動きといった外的な要因が発生し、実際の物価上昇率が低下したこと、（ii）その中で、もともと適合的な期待形成の要素が強い予想物価上昇率が横ばいから弱含みに転じたことが主な原因と考えられる、としている。

総括的検証は、「二％の「物価安定の目標」を実現するためには、予想物価上昇率をさらに引き上げる必要がある」としたうえで、マネタリーベースの拡大と予想物価上昇率との関係について、「マネタリーベースと予想物価上昇率は、短期的というよりも、長期的関係を持つものと考えられる。したがって、マネタリーベースの長期的な増加へのコミットメントが重要である」と述べている。

しかし、総括的検証では、マネタリーベースと予想物価上昇率の関係について右に述べた結論を導くような実証分析がなく、説得的ではない。マネタリーベースの増加が予想物価上昇率を引き上げることができるかどうかは、「リフレ・レジーム」が強固でゆるぎないものかどうかに依存する。実際には、二〇一四年四月以降、「リフレ・レジーム」は揺らぎ始めてしまっていたのである。

第六章　デフレ完全脱却のための「リフレ・レジーム」の再構築

トランプ大統領に振り回される経済

二〇一七年一月一〇日

昨年末に、昨年一年間の経済・物価と金融政策を振り返って、日記をつけたが、日銀の「総括的検証」で終わっているので、その続きを書いておこう。

金融政策決定会合はこの「総括的検証」を踏まえて、二〇一六年九月二一日に「長短金利操作付き量的・質的金融緩和」（イールドカーブ・コントロール）という金融緩和強化のための新しい枠組みを導入した。

この枠組みの一つは、消費者物価上昇率の実績値が安定的に二％の「物価安定の目標」を超えるまで、マネタリーベースの拡大方針を継続する「オーバーシュート型コミットメント」である。オーバーシュート型コミットメントの導入は、日本の予想物価形成が「適合的」であるため、フォワード・

ルッキングな予想形成を促すことを意図している。フォワード・ルッキングな予想形成とは、予想インフレ率が足元のインフレ率に左右されずに、日本銀行が目指している二%の物価安定目標に依存して形成される、というものである。フォワード・ルッキングな予想形成は、米国をはじめとして、中央銀行が実際の物価上昇率を、中期的に、その物価安定目標の近辺に維持してきた、という実績のある国で初めて定着する予想形成である。したがって、日銀のように、「量的・質的金融緩和」が始まる前の一五年間の毎月のインフレ率の単純平均がマイナス〇・二六％（総合。総合除く生鮮食品も、マイナス〇・二六％）という実績では、フォワード・ルッキングな予想物価上昇率を「量的・質的金融緩和」が目指す二％にまで引き上げることは至難の業である。至難の業であるからこそ、二〇一六年一二月二日と二八日の日記で述べたように、日銀だけでなく政府も協調した強力な「リフレ・レジームへの転換」が必要だったのである。

消費税増税で壊れた「リフレ・レジーム」のもとでは、消費者物価上昇率の実績値が安定的に二％の「物価安定の目標」を超えるまで、マネタリーベースの拡大方針を継続する「オーバーシュート型コミットメント」がどれだけフォワード・ルッキングな予想形成に働きかけることができるか心もとない。

消費税増税後、日本のＢＥＩ（国債市場で観察される投資家の予想物価上昇率）が上昇率を高め始めるのは、二〇一六年一一月八日に、米国の次期大統領がトランプに決まってからである。次期大統領がトランプに決まった日本時間一一月九日の円ドルレート（終値）は前日とほとんど変わらなかった（一〇五円六七銭）。一方、日経平均株価（終値）は市場の予想を裏切るトランプの当選で、一一月九日に、九一九円八四銭も下げたが、翌一一月一〇日は一転して一〇九二円八八銭も上昇した。一一月一〇日以降は、円ドルレートは上昇傾向（円安・ドル高傾向）に、日経平均株価をはじめ先進国の株価も上昇傾向に転じた。円ドルレートは昨年一二月一六日に一一八円台まで上昇したが、その後は一進一退になり、最近はやや低下傾向で、今日は一一五円台で推移している。昨年の一一月九日と比べると、一〇円程度の円安である。一方、今日の日経平均株価の終値は一万九三〇一円四四銭であるから、昨年一一月九日対比で一・二倍もの上昇である。

こうした過度の円高・株安修正は日銀の物価安定目標の達成にとっては追い風であるが、最近は、円高傾向であり、株価もやや低下傾向である。これは、最近のトランプがツイッターで、露骨に、米国企業や日本企業のメキシコ進出に対して、進出するなら高関税をかけるという「恫喝」をし始め、その本質をあらわにし始めたことが影響しているように思われる。

ところで、昨年、八月二六日に、安達誠司氏に日銀に来ていただいたときの、彼が予測した二〇一六年末の円ドルレートの長期均衡値は一一七円から一二〇円だった。二〇一六年一二月二六日から三〇日の間の実際の円ドルレート（中心相場）は一一六・八円から一一七・三八円であったから、実際の円ドルレートは安達氏が予測した長期均衡値にほぼ一致した。これは見事な予測であるが、安達氏は、昨年末の円ドルレートを長期均衡値よりも円高になると予想し、九九・五円〜一〇二円と予測した。この円高の予測がなかったならば、安達氏は見事に二〇一六年末の円ドルレートを予測したことになる。惜しいことだ。

二〇一七年一月一一日

トランプとトランプを次期大統領に選んだアメリカにはうんざりする。

昨年一一月の感謝祭の日のツイッターで、アメリカ次期大統領に選出されたばかりのトランプは、「私はキャリア会社がアメリカのインディアナ州にとどまるようにするために、感謝祭の日だというのに一生懸命働いている」と書いた。

キャリアはアメリカ最大の空調メーカーで、当時、インディアナ州の工場を閉鎖して、メキシコに移転する計画を立てていた。それに伴って、同社では一四〇〇人の雇用を三年かけて同州からメキシコに移転する計画を発表していた。トランプを次期大統領に選んだのは、こうした工場の移転に伴って解雇される人たちだった。

この「脅し」発言から数日後の一一月二九日に、キャリアはインディアナポリスにある工場の約一〇〇〇人の雇用を維持することで、トランプと、同州知事で次期副大統領候補（当時）のペンスと合意した。

次にトランプの攻撃対象になったのは、米フォード・モーターである。同社は二〇一六年四月に、メキシコに一六億ドルを投じて、新工場を建設し、一八年の稼働開始を見込んでいた。ところが、二〇一七年一月三日に、同社は一転して計画を取りやめるとともに、ミシガン州から補助金を受けて、今後四年間で七億ドルを米ミシガン州の工場に投じ、新工場を建設すると発表し、米国内で七〇〇人分の雇用を創出できると強調した。同社のCEOは判断の理由について、「小型車の需要が伸び悩んでいることに加え、トランプ政権下では米製造業にとっての事業環境が好ましくなる」と述べたという。事業環境がよくなるとは、法人税減税や規制緩和を期待するという意味であろう。

フォード・モーターがトランプの脅しに屈した日と同じ日に、トランプはゼネラル・モーターズ（GM）に対しても脅しをかけ、GMもすぐにトランプの脅しに屈し、メキシコでの新工場建設計画を撤回し、代わりに米ミシガン州の工場を増強すると発表した。

二〇一七年一月五日には、トランプの脅しはトヨタ自動車に向けられた。メキシコで生産したカローラを米国で販売するなら高関税をかけるというのである。

トランプは大統領になる前から、ツイッターで、企業が米国から出ていくなら、逆輸入に対して高関税をかけると脅し、企業はその脅しに屈して、イエスとしか言えない状況である。議会の議論も何も経ずに、ツイッターで、いきなり企業を恫喝して、やりたい放題のことを許す国家は、自由民主主義の国ではなく、北朝鮮と同じ独裁国家である。今や、アメリカは、企業が投資などを決める際に、大統領個人の了解を必要とする国になったらしい。アメリカ人はいつからこうした独裁を認めるようになってしまったのであろうか。

そもそも、アメリカでは、大統領は個別の企業にだけ輸入関税をかけられるのだろうか。ネットで調べるとどうやらできるらしい。そうだとしたら、とんでもない権限を大統領に与えたものだ。

個々の企業が大統領の恫喝に屈して、企業を経営すれば、必ず、資源配分が歪み、恫喝に屈した企業だけでなく、経済全体の生産性が低下し、雇用が短期的に守られても、中長期的には、雇用者も生活費の高騰などによる損失を被る。

そもそも、ミルトン・フリードマン（アメリカのノーベル経済学賞受賞者）が述べたように、資本主義の良いところは、選択の自由が保障されることにより、経済生産性が高まるだけでなく、人々が自由にふるまえるという点にある。そのような状況でこそ、言論の自由が初めて保障される。

ところが、トランプが次期大統領に選ばれたのは、アメリカ資本主義が人々の選択の自由を保障できなくなったからだといわれる。というのは、選択の自由を実質的に保障するためには、基礎的な経済条件（所得、健康保険や年金など）が満たされていなければならないからである。経済格差の大きすぎるアメリカでは、基礎的な経済条件が満たされない中間層以下の人が多すぎる。

今回、トランプを大統領に選んだ主たる人々は、いわゆるラストベルト（Rust Belt、さびた地域）と呼ばれる、アメリカ中西部から大西洋中部の一部にわたる脱工業化が進んでいる地域（イリノイ、インディアナ、オハイオ、ペンシルベニアなどの州）の居住者で、中間層から落ちこぼれた白人だといわれる。これらの地域は時代遅れの工場や技術に依存した地帯で、金属のさびで使われなくなった工場や機械がみられる地帯である。

しかし、トランプの恫喝政治により、製造業を国内に取り戻しても、中間層から落ちこぼれた白人を救済して、その人たちが選択の自由を得るだけの基礎的な経済条件を獲得できるとは考えられない。

二〇一七年一月一二日

私が懸念した通り、日本時間一二日深夜に行われたトランプの記者会見で、トランプが「インフラ投資や減税などには触れず、中国、メキシコと並んで日本を対米貿易黒字国として問題にあげた」途端、円ドルレートは深夜〇時には一一六円八一銭だったが、一挙に一一四円七二銭（終値）へと二円三八銭もの円高になった。この急激な円高により、今日の日経平均の終値は前日比二二九円九七銭もの下落である。

二〇一七年一月二三日

今日は、ひと月に一回開かれる、ボードメンバー・ランチ（九名の政策委員会委員が一緒に昼食をとりながら、歓談したり、連絡事項が伝えられる）があった。

会議にせよ、ランチミーティングにせよ、入室・着席の順は、審議委員、副総裁、総裁と順番が決まっている。これが日銀の習わしであるが、日本ではどこの会社でも同じであろう。大学にはこうした慣習はなく、むしろ、学部長と学科長という執行部が先に来て、他の教授たちの入室を待つという具合である。教授たちはてんでんばらばらに入室・着席し、中には平気でかなり遅れてくる者もいるし、途中退席したり、退席したと思ったら、また戻ってきたりする者もいる、という次第で、企業から見れば、滅茶苦茶な光景であろう。

原田泰氏と布野幸利氏が審議委員になるまでは、私が入室するまで、審議委員の間では会話がほとんどなく、じっと静かに私たち正副総裁が入室するのを待っているという感じであった。しかし、原田氏と布野氏が審議委員になってからは、二人を中心にいつも話が弾むようになり、その雰囲気の変わりようは隔世の感がある。こうした雰囲気の変化は、ざっくばらんな原田委員の性格と、トヨタ自動車の副社長を務め、海外経験の豊富な布野氏が審議委員に加わったことが大きく影響している。そして、櫻井眞審議委員は笑い上戸で、紅一点の政井貴子審議委員は外国為替を中心に市場に詳しく、一般的な話題も豊富である。

今日、私が入室したときには、トランプの大統領就任演説などトランプの言動の話で盛り上がっていた。布野氏によれば、アメリカ人は法を守るという意識が低く、法は訴訟の道具と考えられており、すべてが取引（ディール）なのだという。まさに、トランプの政治は「相手を脅して、成果を勝ち取る」というディールであるが、トランプとディールする方も、例えば、アメリカ最大の空調メーカーキヤリアの親会社のように、今後一〇年間に七〇〇〇万ドル（約八億円）相当の税優遇を勝ち取っている。まさに、これは取引である。

布野氏によると、カーディーラーを前に演説するときには、「レディス　アンド　ジェントルメン　アンド　カーディーラーズ」というそうだ。これは、カーディーラーズに敬意を表したように見えるが、実は、カーディーラーはレディでもジェントルマンでもないという意味が暗に込められているのだという。

トランプの保護主義＝アメリカ第一主義演説で、今日の円ドルレートは一一三円台前半まで下がり（一五時四五分）、日経平均株価の終値も二四七円もの下落である。私が、トランプラリー（株価の急騰とドル高）の最中に危惧していたことが現実になりつつあり、先行きが心配である。

そういえば、一月五日の経済三団体共催の新年祝賀パーティーで、ロイターの竹本能文記者が駆け寄ってきて、「トランプの政策で、副総裁の任期中に二％の目標が達成できる可能性が出て来ましたよ」と笑顔で語りかけてきたことがあった。その時私は、「いやー、トランプが円安けん制発言をするだけで、投資家がリスク・オフになり、円安の流れは崩れちゃいますよ」といったところ、竹本記者は「トランプは為替には関心がないんですよ」という。私は、「それでは、詳しい話は、今度聞きましょう」といって別れた。

米国の対中や対日の貿易赤字を問題視するトランプが、為替に無関心なはずがない。なぜなら、ドル高になれば、これらの国に対する米国の貿易赤字は拡大する可能性があるからである。

二〇一七年二月二日

昨日来の、トランプの「日本は長い間為替操作をしている」という発言で、今日の円ドルレートは一一二円五一銭（一四時二〇分）まで下がった。それにつれて、日経平均株価も二三四円（終値）もの下落で、とうとう一万九〇〇〇円台を割ってしまった。どうやら、ロイターの竹本記者の「トランプは為替に興味はない」という話（一月二三日の日記参照）は非現実的であったようだ。

トランプはメキシコ国境に壁を築き、その費用をメキシコに支払わせるといきまいている。メキシコが払わないというと、メキシコからの輸入品に関税をかけて、メキシコに負担させるという。しかし、輸入関税の負担はメキシコの輸出業者だけでなく、輸入関税がなかった場合に比べて、輸入品価格が上昇するため、輸入する側のアメリカの消費者も負担することになる。つまり、メキシコからの輸入関税を財源とする壁の建設費用はメキシコ人だけでなく、アメリカ人も負担するのだ。メキシコからの輸入品がアメリカ人にとって必需性が高ければ高いほど、アメリカ人が負担する輸入関税の割合は大きくなる。

こういう簡単な経済原則もわからずに、トランプはメキシコからの輸入関税収入を壁の建設費用に当てれば、メキシコに壁建設費用を負担させることができると思っている。トランプ政権内には、トランプに「その考えは間違いです」と教えてあげるだけの経済知識を持った人もいないようである。今のところ、トランプ政権内には経済学者は参加していないようで、経済音痴の政策が次々に出てきそうで、恐ろしい話である。

株価が上がらなければデフレ脱却はありえない

二〇一七年二月二三日

最近、バーナンキ前FRB議長のブログを見ている。二〇一六年九月二一日のブログの題名は、"The latest from the Bank of Japan"である。バーナンキは「長短金利操作付き量的・質的金融緩和」の骨子に触れた後、「日銀は本質的に新しい政策を取らなかったが、私は、日銀の新しい公表文は全体として良いニュースだったと考える。というのは、それはデフレを終わらせるという目標にたいするコミットメントを含んでおり、その目標を達成するための新しい枠組みを確立しているからである。日銀が明確に述べているように、もし将来さらなる金融緩和が必要になった時には、短期金利も長期国債金利の目標値も引き下げることができる。最後までやり通すことが決定的に重要である。日銀はデフレを終わらせることに向けて重要な進歩を遂げてきた。しかし、もし人々が日銀のインフレ目標へのコミットメントを疑うようになれば、そうした進歩もいまだに失われる可能性が残っている。インフレ目標をオーバーシュートするというコミットメントは、そのコミットメントが、日銀は過去においてデフレを終わらせる戦いを放棄した、という市場の思惑を払拭できれば、建設的であろう」とこの新しい政策枠組みを評価している。

バーナンキが「新しい政策枠組みは緩和政策の持続可能性を強化したもの」とも述べているように、イールドカーブ・コントロール政策の導入は、日銀の二%物価安定目標の達成には、これまで想定したよりも時間がかかることを認めたことを意味する。

二％の物価安定目標の達成に、「量的・質的金融緩和」を導入した当時想定したよりも、ずっと時間がかかるのは、消費税増税で「リフレ・レジーム」が毀損されたため、金融政策それ自体に直接的に、予想インフレ率を引き上げる力がなくなったからである、と私は考える。

二〇一七年四月三日から四月六日にかけて

三月二一日に、日本維新の会の藤巻健史参議院議員に初めて国会に証人として呼び出された。藤巻氏はこれまで総裁を呼び出すのが常であったから、私を呼び出したのはたぶん総裁が出張中だったからであろう。藤巻議員は、いつも、「量的・質的緩和」を続けていると、出口でハイパーインフレになると主張している人である。

この日の質問のなかで、藤巻議員は一九八二年から一九九二年までの消費者物価指数（総合）、円ドルレート、日経平均のデータを示して、以下のような質問をされた。

①アメリカが今後利上げし、日本が利上げすることは難しいとすると、為替はかなりドル高・円安の方向に行くと思うが、どうか。
②円安は日本をインフレに導くのではないか。

これらの質問に対し、私は、「短期的には為替レートの変動に伴って輸入物価が上がる可能性があるが、物価の基調を決めるのは、経済全体の需給ギャップと中長期的な予想物価上昇率であり、やや長い目で見て為替レートが物価上昇率にどのような影響を及ぼすかは一概には言えない」と答弁した。

すると、藤巻議員は「需給ギャップが決める」というなら、「円安が進むということは、外国、世界各国の消費者に対して日本製品が滅茶苦茶安くなるわけで、需要がすごく増えるわけですよね。（中略）需給ギャップが決めるというんだったら、それこそ円安がインフレ率を決めるというふうに言えるんじゃないですか」と私が心配した通りの発言をして、厳しく追及してきた。

私も、二％の物価安定目標をできるだけ早く達成するためには、ファンダメンタルズ（経済の基礎的条件）から見て過度な円高は是正されなければ困ると思っていたし、昨年、インフレ率が大きく低下した要因の一つは、円ドルレートが一五年夏をピーク（一二四円台）に下がり始め、一六年九月二六日には一〇〇円三三銭（終値）というファンダメンタルズから見て行き過ぎた円高になったことだと思っていたから、藤巻議員の意見には一理あると思った。

しかし、日銀副総裁としては、為替相場への言及は慎重でなければならない。そうでないと、誤解されて、G20での「為替安競争はしない」という合意に反すると、どこかの国から訴えられる可能性がある。トランプ大統領が何を言ってくるかもわからない。そこで、次のように答えた。

「日銀は二％の物価安定の早期達成のために、金融政策を運営しているのであって、円安に依存する形での二％の物価安定目標を達成するという考え方は取っていない。日銀が物価安定目標達成のための政策をとっている一方で、FRBが金利を上げてくれれば、他の事情を一定とすれば、円安・ドル高になる可能性はある。これは日米がおかれた経済事情が異なるための両国の金融政策の違いに基づくもので、日銀が為替操作をしているわけではない。（中略）円安が長期にわたって持続しない限り、いずれそのインフレ率引き上げ効果は無くなってしまう」。

それに対して、藤巻議員は「いや、私は円安にならなければ二％なんかまず無理だと思っていますけど、……それは別として、二年間は、少なくとも二年間はアメリカは（政策金利を―岩田注）どんどん上げていくというのが一般的予想」ですが、「日本が金利を上げていかないとなると、この二年間は、……、かなりの円安が進むと思うんですが」と述べられたが、この考え方も円ドルレートが日米金利差だけで決まるならば、その通りであろう。しかし、円ドルレートの決定要因を精力的に研究している安達誠司氏によれば、円ドルレートは日米金利差とは無関係であるという。

しかし、藤巻議員は円安に関してはそれ以上追及せず、「なぜ日銀は消費者物価指数（の前年比―岩田注。以下誤解の怖れがない限り、この注は省略する）二％を達成したいのか」と尋ねてきた。

総裁もいつも答えていることであるが、物価安定目標を二％のインフレ率においている理由は次の三つである。

①消費者物価指数には実際よりも上方バイアスがある。

②いったんデフレになるとそれから脱却することは極めて難しい。このことは、一九九八年以降の日本の経験からも分かることである。

以上の理由で、何か負のショックがあっても、インフレ率が〇％以下にならないように、物価安定目標をある程度「のり代」をとって設定しておく必要である。

さらに加えて、

③二％の物価安定目標は、世界の主要国で採用しているスタンダードである。

以上のうち、③自体は物価安定目標を二％インフレにする理由にはなっていない。なぜならば、他の主要国がそうしているから日本もそうするというのは、日本では通用する理由であるが、合理的な理由ではないからである。しかし、この点は、国会議員はみな日本人であるため、「③は理由になっていない」と追及した議員は、未だ皆無で、藤巻議員も追及してこなかった。

③が物価安定目標を二%に設定する理由になるのは、世界の主要国が物価安定目標を二%に設定しているときに、日本だけがそれより低い、例えば、一%に設定して、実際の物価上昇率を長期的に一%に維持すると、為替レートは長期的には購買力平価に一致する（実際には、購買力平価の周りを変動する）傾向があるから、日本は長期的に円高を目指すといっているのと同じことになる。長期にわたって円高傾向が続けば、日本の製造業は常に生産拠点を海外に移転することを余儀なくされる。実際に、一九八〇年代半ば以降、日本の製造業の生産拠点が海外にどんどん移転したのは、傾向的に円高が続いたからである。製造業の海外移転は雇用の喪失を伴う。もちろん、この雇用喪失を第三次産業が吸収できれば雇用問題は起きない。しかし、製造業は第三次産業よりも生産性が高いから、製造業の海外移転は日本の潜在成長率の低下につながる可能性が大きい。したがって、物価安定目標を世界の主要国よりも低くして、政策的に、長期的な円高傾向を維持することは得策ではないのである。

藤巻議員は資産価格の上昇による景気回復についても、次のように迫ってきた。「あの狂乱経済といわれたバブル、あれ確かに行き過ぎましたよ。行き過ぎましたけど、景気がよかったのは事実でして、あの時の消費者物価指数は〇・五（%—岩田注）なんですよ。〇・五でもあんなに経済がよくなったということは、別にインフレにしなくても景気はよくなる。（中略）ですから、別に消費者物価指数二%を目標にしないで、土地と株を上げることを目標にしていけばいいんじゃないですか」。

この質問に対しては、「バブルを引き起こして景気を良くしても、それはやがて破裂して、しっぺ返しが来る」という趣旨の回答をした。それに対して、藤巻議員は「私は別にバブルがいいと言っているわけじゃなくて、土地と株の値段を上げれば経済はよくなるんじゃないですかと申し上げたわけです。（中略）私が申し上げたのは、バブルは決して良くないんです」。しかし、「景気を良くするんだったら、土地と株の値段を上げるという方がいいんではないですかという話をしただけでありますす」という。

「量的・質的金融緩和」にせよ、現在の「長短金利操作付き量的・質的金融緩和」にせよ、株価と地価を引き上げることによって、需給ギャップを改善し、それによってインフレ率が上昇するというメカニズムが存在する。その意味では、藤巻議員に「バブルが起きるほど金融緩和を続けることは望ましくないが、われわれが採用している金融政策には、藤巻議員のお考えのように、株価と地価を引き上げることによって、需給ギャップを改善して、インフレ率を引き上げるというメカニズムが存在しています」と回答するのが、学者としての私の回答である。

しかし、日銀副総裁がそのように答えると、量的・質的金融緩和の波及経路を理解していない国会議員やマスメディアが、藤巻議員がこの質問の中で、「こういうことを言うとすぐ金持ち優遇となっちゃいます」といったように、「日銀副総裁は金持ち優遇政策によって物価安定目標を達成しようとしている」という誤解を生み、国会が混乱し、マスメディアも「岩田副総裁はとんでもない考えを持っている」と糾弾することになるだけなので、そういう回答はできない。

日銀副総裁というのは、経済学者のように自分の考えや経済理論を正直に伝えると、かえって誤解されかねないため、経済学者のように自由に話すことができない。その意味で、拘束衣を着せられた人間のようなもので、実に、面倒な立場なのである。

しかし、地価はともかく、株価が相当程度上がらずにデフレから脱却することは原理的にありえないことである。例えば、二〇一一年九月三〇日には、デフレ予想が大きく進んだため、円ドルレートは七七・五円（終値）まで低下（行き過ぎた円高・ドル安）したが、このときの日経平均株価（終値）は八七〇〇円だった。

さて、ここまでは、いつもの藤巻議員の質問から見て、同氏が本当に質問したいことではなかったであろう。以下が本番である。

藤巻議員は、「異次元の量的緩和というのは消費者物価指数二％が安定的になるためにやっているわけですから、円安ドル高が進み消費者物価指数が二％に達したときには、安定的に達成したときには異次元の量的緩和はやめるんですね」と話題を転じた。

これに対しては、「今回の場合は二％を少し超えるまではオーバーシュートコミットメントでマネタリーベースを増やしていく。二％をいったん超えて、そして二％に戻ってくるという形で、二％に安定してこれで大丈夫だと思ったならば、何らかの出口戦略に移っていく。永遠に量的あるいはイールドカーブ・コントロールを続けていくことはありません」という趣旨の回答をした。

この回答に対して、藤巻議員は「消費者物価指数が安定的になればどこかの時点でやめると思うんですが、その時点で国のお財布が大丈夫か、資金繰り倒産するんじゃないかと私は極めて疑問に思っていますが」と述べたうえで、「まず最初に、二〇一五年の政府（債務―岩田注）対ＧＤＰ比……、ギリシャが一七六・九％に対して日本は二四八％と。ギリシャよりも日本の方がよっぽどその比は悪いんですが、ギリシャは財政破綻するかもしれないと大騒ぎをしていた、日本はまだ騒がれていない、世界的には。この差はどうしてだと思われますか」と聞いてきた。

私は「日本の場合は、財政運営に関する信認確保に向けた国全体の取り組み姿勢が重要な要因の一つになっていると思います。この点で、政府は機動的な財政政策を行う一方で、二〇二〇年度までにプライマリーバランスの黒字化目標などの中長期的な財政規律を堅持するという方針をとっています。そういったことが、ギリシャとの大きな違いとなっていると思います」と答えた。

この私の答弁に対して、藤巻議員は「ギリシャと日本の差というものは、ギリシャの中央銀行は政府を助けられない。なぜならば、ユーロというのはヨーロッパ中央銀行しか刷れませんから、……お金がいくら政府が足りなくなっても、ユーロを刷るわけにはいかない、だからギリシャは財政破綻の危機がある。日本は、お金が足りない、今現状そうですけれども、日銀が国債を購入して提供していることで、お財布の約四割は日銀が刷ることによって供給しているわけです。もし、消費者物価指数（の前年比―岩田注）が二％に達して、日銀が手を引くとなると、量的緩和をやめるということはまさにギリシャと同じ状況になるわけですよ。いかがでしょうか」という。

この質問に対しては、次の趣旨のことを答えた。「ギリシャの場合は、おっしゃるように、独自の金融政策ができない。しかし、それは、ギリシャは中央銀行による財政ファイナンスができないという意味ではなく、ギリシャの実態に合わせた金融政策をとって、ギリシャの需給ギャップを埋めて景気を良くするという手段を持っていないという意味です。それに対して、もう一つの景気を良くする手段として、財政政策がありますが、ユーロ全体の財政政策というものがない。日本ですと、比較的景気の良い都市から地方交付税をとって、景気の良くない地方に交付金を配るといった財政調整制度があり、それによって地方の景気を良くする手段がありますが、ユーロには景気の悪いギリシャを財政支援する仕組みがない。そのため、ギリシャが財政再建しようとすると緊縮財政になる。するともっと経済が悪くなって、その結果、財政も悪くなるという悪循環に陥っているわけです。日本では、景気がよくなるまでは、財政は、短期的には機動的に運営していただき、中長期的には安定した運営をしていただく。一方で、物価二%目標というのは景気を良くするという意味でありますから、日本は景気を良くする金融政策という手段を持っている、という違いがあります」。

最後に、藤巻議員は「消費者物価指数二%いったら異次元の量的緩和をやめる、その後、インフレが万が一、そのまま終わればいいですよ、二%とか安定的になればいいんですけれども、安定的である保証はないわけです。過熱しちゃう可能性があるんですが、過熱したときに日銀はそれをコントロールする手段を持っているんでしょうか」と、ようやく藤巻議員が本丸と考える部分を攻めてきた。

これに対して、私が「ある」と答えると、藤巻議員は「インフレが加速することはありえないと宣言することは簡単なんですが、手段がないときに宣言してもらっても困ってしまうわけでね。わたしがみる限り、まさに車のアクセルを思いっ切り今踏み込んでいるわけで、それにこの車にはブレーキがないんですよね。……伝統的金融政策の場合には金利を上げるという方法がありましたけど、今、日銀は金利を上げる手段をお持ちですか」という。

それに対しては、「当座預金の付利を上げる方法と売りオペがあり、両者を組み合わせることによって、インフレを加速しないようにコントロールできる」と答えた。

すると、藤巻議員は、「今、日銀がお持ちの国債の平均利回りはいくらか」と聞いてきた。私はなぜそんなことを聞くのかと思いつつ、「〇・三三二%である」と答えたところ、藤巻議員は待ってましたとばかり、日銀には「〇・三三二%の収入しか入ってこない（二〇一六年度上半期）」のに対して、「日銀当座預金付利金利を二%、三%に上げていったら、日銀、損の垂れ流しで、倒産の危機になりませんか」という。

これに対して、私が「短期的には逆ザヤになることもあるかもしれませんが、日本銀行は長期的に見れば収益が確保できるような仕組みになっている」と答えたところ、藤巻議員は岩田副総裁の言っているのは、「通貨発行益（シニョリッジ）」のことだと思うが、「それは負債サイドが発行銀行券しかなければ、いつまでたってもシニョリッジはありますよ。しかし、今、……日銀当座預金は大体三百何十兆ですよね」と念を押したうえで、「日銀当座預金ですから民間金融機関にお金を払わなくちゃいけないんですから、……マイナスのシニョリッジが発生しちゃう可能性があるわけで、いつまでもずっとプラスであるなんというのは到底信じられない。それは嘘ですよね」という。

これに対しては、①付利をいつまでも上げ続けなければ、二％の物価安定目標を維持できないということはない②国債の償還期限が来るたびに、日銀保有の国債金利が上がるから、日銀の金利収入は増えていく。したがって、③早晩、どこかの時点で必ず貨幣発行益は出てくる、と回答した。

ところが、藤巻議員は、日銀は一〇年債や三〇年債を買っているから、例えば、三〇年債は後三〇年たたないと金利が上がらないから、損の垂れ流しが長期にわたって続くという趣旨の反論をしたうえで、さらに、「政府が発行する一五〇兆円のうち一二〇兆円も買っている日銀が、売りオペをはじめたら、国債は大暴落する」から、「売りオペでやるっていうことは到底考えられない」と、ようやく、いつもの「国債価格暴落説（国債金利暴騰説）」が出てきた。

それに対して、私は「先ほど申し上げたのは、手段としてどういうものがあるかを申し上げたので、順番として売りオペをいつ始めるかということは、おっしゃる通り、そんなに早くはない（売りオペし）ない可能性もある」と答えた。

藤巻議員が言いたいことは、①付利の引き上げは、日銀が損失を垂れ流すことになるから、できない、②売りオペも国債価格暴落を招くからできない、ということで、出口はないという主張である。

そこで、私は、①できるかできないかは、ある程度の時間軸で考えていただきたい、②できるだけ赤字にならないように、債券取引損失引当金という制度により、利益を平準化している、③赤字に絶対にならないとは言えないが、永遠に赤字になることはない、と答えた。

それでも、藤巻議員は、「アクセルを踏み込んでいる車」に「ブレーキ」がなければ、「永遠に（赤字―岩田注）という可能性はある。だからこそ、ハイパーインフレになるリスクがあると私は思っているんですけどね」といってから、「日銀副総裁は、ハイパーインフレは戦争以外でも起こると思いますか、起こらないと思いますか」と質問してきた。

私は、「戦争以外でも起こります。一つは、一方で極端に物資が不足している、つまり、経済の供給能力が非常に不足しているようなときに、マネーをたくさん出しすぎれば、（ハイパー）インフレは起きます」と答えた。

それに対して、藤巻議員は「ハイパーインフレにならないように、消費税率を上げて財政再建せよ」と述べた上で、最後に、「もう時間が来ましたので、今日はこれで終わります。実は副総裁とシムズ理論についてもちょっとお話ししたかったのですが、それは後日としたいと思います」と不気味なことを述べて、ようやく、長い質疑は終わった。

藤巻議員と私のやり取りを国会の会議録から見ればわかるように、藤巻議員（日本維新の会）と民主党（この日記を付けている現在、民進党）の前川清成議員、風間直樹議員、大塚耕平議員などとは全く異なった人である。右に上げた民主党議員はみな、不遜な態度で、参考人を馬鹿にするような発言をすることによって、参考人の信用、ひいては、日銀の信用を貶め、それによって、アベノミクスを全否定することを目的として、一方的に自分の考えを述べるだけで、参考人の意見を真摯に聞く気が全くない。これでは、そもそも質疑は無駄であり、気分が悪くなるだけで、二度と参考人として呼ばれたくなくなる。

それに対して、藤巻議員は、経済理論や自らのビジネスの経験を踏まえて、私の理論とご自身の理論とを戦わせることによって、真実に迫ろうとしている。質問するときの態度も、少しも不遜なところがなく、参考人の人格を尊重している。したがって、質疑が議論になり、気持ちがよく、再び参考人として呼ばれても、気持ちよく国会に出向く気になれる。この意味で、藤巻議員は人格者である。

民主党の議員の中にも、私の人格を尊重して質問され、日銀の金融政策を理解しようとした方もおられる。それは、金子洋一議員と礒崎哲史議員である。残念なことに、金子議員は二〇一六年七月の参議院選で落選されてしまった。しかし、前川清成氏も同選挙で落選した。

経済データを振り返る

二〇一七年四月一一日

今年は、中東や北朝鮮などの地政学リスクが大きく、イギリスのブレグジット（EU離脱）やフランス大統領選での国民戦線ル・ペンの登場など、ヨーロッパもアメリカ同様に、社会の分断による民主主義の危機が存在する。こうしたリスクが大きくなるたびに、投資家がリスク・オフ（危険回避）になり、安全資産だと思われている日本円が買われ、円高になる。円高になると株安になるため、日本人のマインドが悪化し、二％の物価安定目標達成が遠のく。この繰り返し起きる現象には閉口する。

昨年は、さまざまな逆風が吹く度に、「リスク・オフ→円高・株安→人々のマインドの悪化（デフレマインドの復活）」というメカニズムに苦しまされてきたが、今年はこの苦しみから解放されるのではと期待したのに、昨年末以後のトランプ相場は長続きせず、アメリカ経済と世界経済の不透明性から、行き過ぎた円高是正と株高の動きは止まってしまい、物価安定目標の達成にまたもや注意信号がともってしまった。やれやれ。

二〇一七年四月一七日

今日は、中小企業の経営者の方々と話す機会があった。皆さん異口同音に話されるのが、人手不足である。賃金を上げても、そもそも人（建設業なら型枠工など）がいないので困っている。設備投資をしようにも、設備を作れる人が不足している。また、賃金を上げても、取引価格に転嫁できずに、収益が低下している。安定した内需が期待できないので、設備投資の中心は更新投資で、能力増強投資には踏みきれない。

景気が一番悪いのは、小売業だという。実質賃金は上がっているのに、消費が伸びない。百貨店は衣料品がだめで、スーパーは、食品は伸びているが、百貨店同様、衣料品がだめである。一方、コンビニは順調だという。

衣料品が売れないという話は、大手百貨店の人からもよく聞く。衣料品のお得意様だった女性は、今は、「みなさん、たくさんお持ちなので」、衣料品を買わなくなったという。しかし、我が家の近くの三井アウトレットパーク横浜ベイサイドは、週末は駐車待ちの車の列が長くできるくらい混んでいる。

皆さんが指摘されたもう一つの点は、社会保険料の負担の増加である。会社員の社会保険料には、厚生年金保険料、健康保険料、介護保険料（以上は、従業員と会社が折半）と雇用保険料がある。ネットで調べると、会社の負担は、ざっくり見て、「一人雇うと、給料＋給料の一五％かかる」とある。会社は会社負担の社会保険料の一部を、賃金を引き下げることによって労働者に転嫁しようとする。つまり、会社負担の保険料のすべてを会社（厳密には、会社の株主）が負担しているわけではない。しかし、人手不足になると、会社は会社負担の社会保険料を賃下げによって、軽くすることは困難になる。

しかし、お会いした中小企業経営者の中には、「押しなべて景気が悪いわけではない。努力している人としていない人とでは、明らかに成果が違う。中小企業の多くは身の丈に合ったＩＴ（情報技術）やＩｏＴ（Internet of Things、すべての物がインターネットにつながる）あるいはＡＩ（人口知能）を利用できていない。経営者が若い世代に代わって、成果を上げている企業もある。今は厳しいが、来年は今年と違うことが期待でき、今が一番面白く、わくわくしている」と積極的に攻めの姿勢を示す経営者もいた。頼もしい限りである。

中小企業は人手不足による賃金上昇を商品・サービス価格に転嫁できずに収益が落ちていると嘆くが、実際には、中小企業全体では、売上経常利益比率などは既往最高である。さらに、中小企業にはＩＴの導入などによって、生産性を上げる余地はたくさんある。ところが、中小企業の経営者の多くは、ＩＴをよく理解できず、導入に当たっての初期費用の大きさに立ちすくんでいる、という。しかし、人手不足経済では、ＩＴ、ＩｏＴ、ビッグデータなどを駆使できない中小企業は生き残れないであろう。

二〇一七年六月一日

今日は、最近、私が考えていることや、これまで収集した経済データを忘れないうちにメモしておこう。

①アベノミクスと「量的・質的金融緩和」実施後、企業収益は順調に増加し続け、現在の売上高経常利益率はリーマン・ショック前のピークの水準を超えている。売上高経常利益率の上昇は、二〇一四年度に円安のメリットを最大限享受した大企業製造業だけでなく、中小の製造業と非製造業も同様で、それを背景に設備投資は増加し続け、最近は増加ペースが上昇している。

②失業率は、二〇一一年一月は四・八%と五%に迫る高さだったが、今や二・八%(二〇一七年四月)まで低下し、完全雇用に近くなっている。有効求人倍率も一・四八倍(二〇一七年五月)で、四三年ぶりの高さで、雇用市場は、デフレ期の就職氷河期とか就職超氷河期とは様変わりの「売り手市場」である。

③実質雇用者報酬は、「量的・質的金融緩和」開始前は横ばいで推移していた。「量的・質的金融緩和」開始後は、就業者が増える(二〇一七年三月までに一八七万人増加)とともに、名目賃金も上昇したため、名目雇用者報酬は順調に増加した。しかし、当初は、消費者物価の上昇率の方が名目賃金上昇率を上回るとともに、二〇一四年四月の消費税増税で税込の物価が大きく上昇したため、実質雇用者報酬は二〇一四年第4四半期まで低下ないし横ばいが続いた。それ以後、現在まではおおむね順調に増加し続けている。二〇一七年第1四半期の実質雇用者報酬は二〇一三年第1四半期

（「量的・質的金融緩和」が始まる前の期）よりも五兆円増えており、この期間の増加率は約二％である。

④消費は二〇一四年四月の消費税増税前までは増加し続けたが、消費税増税後は反動減で大きく減少した後、ほぼ横ばいが続き、二〇一七年三月になってようやく「量的・質的金融緩和」前の月の二〇一三年三月の水準に戻るといった具合で、低迷している。

⑤消費税増税後の消費が低迷している原因は、いくつかあるが、最も大きい原因の一つに、実質雇用者報酬が二〇一五年以降増加しているにもかかわらず、それから所得税や社会保険料などを控除した実質可処分所得が「量的・質的金融緩和」後、減少していることが挙げられる。実質可処分所得のデータは二〇一六年第１四半期までしか得られないが、二〇一三年第１四半期に比べて三％の減少である。このように、実質雇用者報酬が増加しているのに、実質可処分所得が減少し続けていることは、如何に、現役世代の税・社会保険料負担が大きいかを示している。

消費が弱い他の原因としては、家計の将来所得不安がある。特に、現役世代が退職後に受け取れる年金に対する不安が大きい。年金だけでは、最低限の暮らしもできないと予想されれば、節約に走って、老後に備えて貯蓄しなければならない。

⑥成長率が低下し、今後もそれほど高い成長を望めない中で、高齢者の年金・医療費・介護費を負担する一方で、戦後の高度成長時代に定着した夫が働き、妻は専業主婦として家庭を守るというスタイルを保ちながら、所得と資産保有について中間層に留まることは困難である。

そうであれば、中間層に位置するためには、共働き世帯が普通にならなければならない。したがって、フルタイムの共働きを妨げている税制・年金制度（特に、専業主婦は保険料を負担せずに基礎年金をもらえるという制度）の改革、待機児童を生んでいる保育に関する規制の撤廃、低所得者に対する保育バウチャー制度の導入などの諸施策の実行が急務である。これらの政策はアベノミクスで最も遅れている分野である。

⑦安倍首相はご自身で当初言われていたように、「成長なくして、財政再建なし」あるいは「デフレからの脱却なくして、財政再建なし」という初心に帰るべきである。

人手不足の下で、なぜ、企業は人件費の増加の抑制に成功したか

二〇一七年六月二三日

六月二一日から一泊二日で青森県の金融経済懇談会に行ってきた。懇談会で財界の方たちが一様に述べられたのは、人手不足が深刻だという話である。人手不足は、卸・小売、飲食店、建設、医療・福祉などの分野で著しい。

二〇一三年四月の「量的・質的金融緩和」以降の有効求人倍率の動きの特徴は、次の二つである。第一は、全国的に上昇し、二〇一六年七月には、全都道府県で一倍以上になったことである。第二は、人口が減少しているため、求人数の増加よりも、求職者数の減少が大きいために、有効求人倍率が上昇していると思われがちであるが、そうではなく、有効求人倍率上昇のうち求人増加要因の寄与率は七四％程度に達している（厚生労働省『労働市場分析レポート』第六二号、二〇一六年三月一日）。この求人増加寄与率は、バブル期よりも大きいのである。要するに、経済拡張に伴う求人増加が有効求人倍率上昇の主因である。

しかし、青森県のような比較的大きな中核都市を持たない県では、高校や大学を卒業しても県内で就職する人が少なく、県外に流出してしまい、求職者数が少ないのが悩みの種である。

「量的・質的金融緩和」が始まった二〇一三年度から二〇一六年度までの期間、有効求人倍率は、全国平均は〇・九七倍から一・三九倍の上昇であるから、求職者側にとっての改善率は四〇%である。一方、青森県は〇・七二倍から一・一三倍の上昇であるから、改善率は五七%に達する。「量的・質的金融緩和」が導入されるまでの、青森県の最高の有効求人倍率はバブル期後半の一九九〇年の〇・六九倍だったことを思えば、二〇一六年度の一・一三倍は青森県にとっては革命的数値といってよい。

青森県に限らず、人手不足が深刻なので、賃金を上げざるを得ないが、価格に転嫁できずに、収益が落ちて困っている、という悩みがよく聞かれる。この人手不足と賃金の関係については、私は次のように考えている。賃金上昇を価格に転嫁できないというが、日本では、無償のサービス提供が多すぎる。あるいは、無償のサービス競争をしているといってもよい。「サービスはタダが当たり前」という考え方もいまだに広くみられる。

主要先進国の労働生産性を比較すると、日本は、製造業は比較的高いが、非製造業は最も低い方に属する。統計でみる限り、例えば、日本のサービス業の労働生産性はイギリスよりもかなり低い。しかし、イギリスを旅行したことのある人で、イギリスの方がサービスの生産性が高いと聞いて、納得する人がいるであろうか。統計上、イギリスのサービスの生産性が日本よりも高く出る主要な要因は、イギリスではどんなサービスでも料金がついて、その分付加価値として計上されるのに対して、日本では多くのサービスが無償で、付加価値として計上されないためである、というのが私の考えである。

この点で象徴的なのが、最近のヤマト運輸の動向である。ヤマト運輸は時間指定の正確な配達で、そのサービスの質の高さは世界的にまれに見るものとして注目されてきた。しかし、驚異的ともいえるサービスの提供の裏には、巨額に上る未払い残業代が存在していた。そもそも、サービス残業ということ自体、あってはならない明白な法律違反であるが、日本では、大企業で世界的な名声を誇る企業でさえ、サービス残業が当たり前で、従業員もあまり文句を言わなかった。さらに、できるだけ早く「名ばかり管理職」につけて、そもそも残業代を払わずに済む従業員を増やしてきた。

ヤマトが二〇一七年六月二一日に発表した過去二年分の未払い残業代は対象者五万九〇〇〇人に上り、総額約二三〇億円に上るという。こうした状況を受けて、ヤマトはとうとう値上げに踏み切った。二〇一七年五月二二日の日本経済新聞には、「一〇月一日。宅急便の値上げをいたします。ご理解とご協力を、お願いいたします」という全面広告が載った。この広告で、ヤマトは「日本全体の人手不足によって労働力の確保も困難です。……私たちは、……宅急便のネットワークの担い手である社員の健全な労働環境を守るため、二七年振りに運賃を全面改訂します」と述べている。

いくらデフレが長く続いたとはいえ、二七年も値上げしなかったのには驚いた。これからは、企業は無償のサービスはせず、サービスには妥当な対価をとること、従業員はサービス残業を拒否すること、こうした行動変化が、日本のビジネスパーソンが人間らしく生きるために不可欠の条件である。サービス残業が付加価値化すれば、その分、日本のサービス業の生産性も上昇する。

二〇一七年六月二七日

「量的・質的金融緩和」政策以降の景気回復の過程で、売上高経常利益率は既往最高を更新し続けている。ちなみに、現在時点で、年度のデータが得られる最新年度の二〇一五年度の経常利益の対二〇一二年度比は、全産業全規模で四〇・八％増である。このような経常利益の大幅増加の背後で、次のような変化がみられた。

第一に、この四年間、企業の資産規模は一四・七％増加したが、資産のうち、現金・預金の保有額は二六・三％の増加で、資産規模の増加を大きく上回っている。これは、リーマン・ショックという一〇〇年に一度起きるか起きないかの金融大危機を経験して、企業が豊富な流動性を確保して、いつ起きるか分からない経済危機に対応できる力を蓄えようとしていることを示している。

第二に、この四年間、売上高の増加は四・一％にとどまっている。このことは、企業は売上高の増加にそれほど依存せずに、経常利益を増やすことができるようになったことを示している。

第三に、財務省「法人企業統計」によると、この四年間、人件費（金融と保険業を除く全産業。従業員の給与と賞与、役員給与と役員賞与及び福利厚生費の合計）は〇・七％しか増加していない。この期間、企業は、賃金が正規社員に比べて低い非正規社員を増やすことによって、人件費の増加を抑制し、それによって収益を増やしてきた。

以上から、「量的・質的金融緩和」政策以降、売上高の伸びに比べて、経常利益が大幅に増加した主たる要因の一つは、人件費の抑制だったと推論できる。実際に、一六年度の売上高人件費比率は一二年度よりも三・三％低下している。

二〇一七年六月二九日

今日は、一昨日の続きで、「人手不足の下で、なぜ、企業は人件費の増加の抑制に成功したのか」という点を考えてみよう。

昨日のBSフジのプライムニュースで「景気は良いといわれるが、なぜ実感できないか」という問題を富士通総研の早川英男氏と名前は忘れたが、元銀行員で経済評論家のような人がゲスト出演して議論していた。

番組後半には、甘利明元内閣府特命担当大臣（経済財政政策担当）も出演されて、安倍内閣がデフレを脱却して、成長率を上げるために、何をどうしようとしているかを的確に説明されていた。

例の事件で、大臣を辞任した後、睡眠障害に悩まされているという記事が新聞に載り、音沙汰がなかったので心配していたが、すっかり元気になられ、笑いが戻ってこられたようで、安心した。私は、甘利氏は自民党議員の中で菅官房長官とともにアベノミクスの最大の理解者の一人と思っているので、安倍首相を継ぐ最適任者であると考えている。

さて、企業が人手不足の下で、人件費の抑制を続けてきたことは、多くの人々が「景気の回復を実感できない」最大の原因である。

給与は、「量的・質的金融緩和」実施後、非正規社員の方が正規社員よりも大きく増加している。このことは、非正規の賃金の方が正規よりも人手不足という労働需給のタイト化に対して大きく反応してきたことを示している。

なぜ、正規社員の給与の労働需給のタイト化に対する反応は弱いのであろうか。それは、「量的・質的金融緩和」開始以後、企業収益が堅調に増加し続けているにもかかわらず、使用者側だけでなく、正規労働者側もそうした好業績が今後も中長期的に見通せる自信がないため、賃上げよりも雇用の安定に重きを置いているためであろう。日本の正規社員の雇用慣行は、いったん正規社員のベアを実施すれば、企業業績が悪化しても、正規社員の賃金を引き下げることを困難にしている。したがって、正規社員の賃金が非正規社員並みに上昇するためには、労使ともに将来の経営にもっと自信を持つようにならなければならない。

しかし、正規社員の賃上げを抑制している根本的要因は、低成長のもとでは、正規社員の賃金を一斉に上げることは困難だということである。この点については、昔、確か、ウシオ電機社長の牛尾治朗氏だったと記憶するが、同氏によれば、正規社員の賃金を一斉に上げるというベースアップ（ベア）の前提となる成長の最低限は四％程度である。しかし、バブルが崩壊し、さらにデフレに突入したのち、労働生産性が低下し、日本企業には四％以上の成長は望めなくなった。そのため、ベアを実施できる企業は次第に減少し、二〇〇〇年代に入る頃からは、ほとんどなくなってしまった。

それが、「量的・質的金融緩和」開始後一年目の二〇一四年春闘で、久しぶりにベアを実施する企業が増えた。たとえば、トヨタ自動車は六年ぶりに二七〇〇円のベアを、日立製作所やパナソニックなどの大手電機一〇社は六年ぶりに二〇〇〇円のベアを、それぞれ実施した。

二〇一七年七月三日

今日の話題も、「人手不足の下で、なぜ、企業は人件費の増加の抑制に成功したか」である。

この点を考える上で、最近の製造業は一ドル一〇〇円から一〇五円程度でも利益を上げられるようになっている、ということに注目しよう。製造業がこのような円高でも利益を上げられるようになったことは、喜ぶべきことであろうか。

日本の製造業がこの程度の円高になっても利益を上げられるようになった一因に、盛んな企業買収（M&A）によって、生産性が向上したことが挙げられる。

日本経済新聞（二〇一七年六月二八日朝刊）は、「上場企業（全決算期、金融と日本郵政除く）の純利益は二〇一六、二〇一七年度と連続で最高を更新する見通しだ。一六年度は四％減収ながらも二割近い最終増益を確保し、売上高純利益率は四・四％と過去最高になった。こんな離れ業を可能にした上場企業の歩みを、連結決算に本格移行した二〇〇〇年度以降の財務データから解き明かす」として、「過去一七年間で売上高純利益率を約一七倍に高めた」企業として「『M&A（合併・買収）』巧者」日本たばこ産業（JT）の例を挙げている。同企業の二〇〇〇年三月期の同利益率は「一％強であった」が「直近の一六年一二月期は二〇％弱までに拡大した。国際会計基準に移行した影響もさることながら、九九年の米RJRナビスコの米国外たばこ事業、〇七年の英ガラハーと、大型買収を相次ぎ成功させた成果が出た」という。

よく、「日本企業は内部留保ばかりため込んでいて、何もしない」と批判されるが、この考えは内部留保と現金・預金保有とを同じものとしてとらえている点で、企業財務が分かっていない誤った考えである。確かに、すでに指摘したように、内部留保を現・預金の形で保有する割合は上昇しており、その点は「引きこもり症状」で評価できない。しかし、内部留保で設備投資やM&Aといった積極投資もしているのである。

これらのうち、M&Aは資産の移転であるから、設備投資のような国内の需要拡大効果を持たない。そのため、企業収益を高めても、雇用創出効果やデフレ脱却効果は小さい。デフレ脱却効果が小さいという点は、二％の物価安定目標の達成を早期に実現しようとしている日本銀行にとってはマイナス要因である。しかし、日本企業にとってM&Aが収益を上げる上で重要な手段である限り、その手段を否定的にとらえて、批判することはできない。

右で引用した日本経済新聞によると、日本企業は「自力で海外販路開拓などM&A以外の努力も積み重ね、海外事業売上高比率（所在地別情報を開示する一三五社ベース）は過去一〇年間で八ポイント強上昇し、一六年度は五八％に達した」という。

「海外開拓は収益性改善に直結する。地域別の営業利益率（過去一〇年の平均）は、デフレ下の過当競争が続く国内が四・五％にとどまる一方、中間層が台頭するアジア・オセアニアは九％と約二倍の水準」である。

最近の企業収益の大幅な改善には、資源安と「量的・質的金融緩和」政策による金利の低下も貢献している。たとえば、原油は一バレル四三ドル台と〇八年の最高値の三分の一に低下した。日銀のマイナス金利政策で、支払利息は一六年度に二〇〇〇年度比約四兆円も減った。

以上の諸要因が企業収益を大幅に引き上げ、円高への耐久力を高めた要因であることは確かであるが、人件費の抑制も大きな要因であると思われる。

企業は、一九九五年やリーマン・ショック後の一ドル七〇円台のトラウマから抜け出すことができていない。いつまた、このような行き過ぎた円高に見舞われるかもしれないと思っている。実際に、この四年間、これだけの「量的・質的金融緩和」政策をとり続けているにもかかわらず、世界の投資家たちが世界経済の不確実性が増したりして、リスク・オフになる（リスクをとれなくなる）たびに、円安・株高傾向は崩れ、円高・株安に戻ってしまうことを繰り返してきた。実際に、二〇一六年八月一六日（安値）や一八日（終値と中心相場）には一ドル一〇〇円を切ったのである。

一ドル七〇円台のトラウマから抜け出せない日本の製造業は、正規社員の賃上げに慎重になる。さらに、バブル崩壊後、実質成長率が高くてもせいぜい一％台にとどまり続け、デフレを一五年以上もの長きにわたって経験した企業（製造業・非製造業ともに）は、この先何年もの間、固定費用となってしまい、倒産の危機といったことでもない限り、賃金引き下げや解雇ができない正規社員の賃金を一律に上げることはできない。

このように考えれば、低成長下の正規社員の所定内給与を一律に引き上げるというベアは、もともと無理な話である。それでも、政府の要請に応じて、「量的・質的金融緩和」政策以降、四年間、少なからずの企業がベアに踏み切ったのは、政府のデフレ脱却への取り組みに協力するという面もあったが、基本的には、人手不足が進行したからであろう。

二〇一七年五月の有効求人倍率（季節調整値）は一・四九倍で、バブル期の最高の一九九〇年七月の一・四六倍を抜き、正規社員の有効求人倍率も〇・九九倍と、二〇〇四年にデータを取り始めてから最高を記録した。

こうした人手不足の進行は、正規社員の賃金上昇を加速化させる要因である。しかし、本格的に賃金が上昇するためには、正規社員の賃金と雇用を強すぎるほど守ってきた、解雇にかかわる判例に基づく雇用慣行を改める必要があると思われる。

例えば、金銭を支払って解雇する、金銭解雇を解禁すべきではないか。この解禁は、失業率が二％台後半まで低下し、有効求人倍率が一・四九倍まで上昇し、正規社員の有効求人倍率もほぼ一倍になった現在のような雇用環境の下でこそ、摩擦が少なく、実施できるはずである。すなわち、解雇されても転職可能性が高いのである。

このようにして、雇用の流動化が進めば、各企業はその企業にとって最も必要とする人材を中途採用できる道が開け、企業の生産性も高まり、その人に対して高い賃金を支払うことができるようになる。現在の雇用慣行によって強く守られている正規社員はこうした規制改革に反対するであろう。雇用の金銭的解決は既存の正規社員の既得権益を崩すものであるため、従来の雇用慣行が強い大企業の労働組合ほど、この規制改革に反対する。

しかし、こうした「岩盤規制」といわれるほど強固な規制を改革しなければ、企業収益が高い一方で、正規社員の賃金はあまり上がらないという状況が続く。その一方で、パートやその他の非正規社員の賃金は上がるものの、同一労働同一賃金は実現しないであろう。

二〇一七年七月五日

一昨日の日記の続きであるが、今日は、金銭解決解雇制度が導入された場合に、解雇された人が雇用のミスマッチのため失業したり、転職できても賃金が従前よりも大幅に下がったりする可能性について考えよう。

日本では、雇用をできるだけ維持することが企業の目的あるいは義務のように考えられてきた。このような考え方による企業経営は、戦前は一般的ではなく、戦後の高度成長を経て、形成されてきたものと考えられる。もっとも、この特徴は大企業に顕著で、中小企業では必ずしもそうではないという声もよく聞く。

しかし、バブル崩壊後の長い低成長とデフレが続く下で、「雇用の維持」を「会社の目的である」とか「会社の義務である」といえる状況ではなくなってきた。

例えば、バブル崩壊後、経営戦略として、「選択と集中」という言葉がはやったが、私が日銀広報誌である『にちぎん』で、冨山和彦（経営共創基盤代表取締役）氏と対談した際に、冨山氏は「どこを選択して集中するか、ということは決めたかもしれない。しかし、どこも捨てていなかったのです。従来の広がった戦線を維持したまま「集中」するとなると、現実には資源配分その他はあまり大きく変わらない。「選択と集中」とは、単に、「集中」するのではなく、「あれかこれか」ということに選択したうえで、選ばなかった事業や機能を捨てなければいけないのです」（『にちぎん』四八号、二〇一六年冬号。二〇-二一頁）と述べて、「選択と集中ではなく、選択と捨象」を断行することの重要性を説いている。

この冨山氏の発言は、終身雇用制度を維持しようとする日本の大企業は、採算の取れない事業を完全になくしてしまうと、雇用を守ることができなくなるため、事業を縮小したうえで、採算がとれる事業の収益で事業を縮小した採算の取れない事業を補助し（これを、内部補助という）、それによって、雇用をできるだけ維持しようとする傾向があることを意味している。

そこで、私は「終身雇用制がメインの日本の大企業は、「捨象」ができないと。そうした状況が変わる要素は何も感じられないでしょうか」と尋ねてみた。この問いに、冨山氏は、「ここ数年、企業それ自体よりも新しく労働市場に参加しようとする側にそうした変化がみられるように思われます。例えば、一流大学の卒業生の就職先を見ると、今、一括採用・終身雇用型の組織・企業が上位ランキングから猛烈な勢いで消えています。コンサルティング会社や投資銀行などといったプロフェッショナル型の会社が上位に目立ち、誰でも知っている超一流企業はランキング外に去っている。米国の一流大学卒業生の進路に近くなって」おり、「潜在能力が高い学生たちにとって、丁稚奉公期間が長く、好きな研究もできない大手メーカー、銀行、中央政府の官僚はもう憧れの職場ではないのです。また、コンサルティング会社や投資ファンドを経験してからベンチャーを創業する若い世代も増えていて、私は、この流れを大事にしながら太くすることを考えるべきだと思います」と述べている。

このように、日本の潜在能力の高い若い世代の職業選択基準は変わりつつあるようで、頼もしい話であるが、ここで、「企業が雇用を守る」という、最初の問題に戻ってみよう。

結論を言えば、雇用を守ることは、最終的には、政府と日本銀行の仕事であって、企業の仕事ではないという割り切りが必要である。

実際、大企業は「雇用を守る」といっているが、非正規社員やパートタイマーは業績が悪くなれば、真っ先に解雇しており、雇用を全く守っていない。

この点で参考になるのが、スウェーデンなどの北欧の福祉国家である。これらの国の福祉制度は極めて手厚いことはよく知られている。その制度を支えるために、税金もかなり高い。

ここで重要なのは、スウェーデンでは、雇用保険、健康保険、年金保険などを受けるためには、働くことが条件であるという点である。雇用について言えば、失業者は①紹介された仕事を断るなどして求職者が失業の期間を自ら引き延ばした場合、②自己都合退職等、失業を自ら引き起こした場合、③求職者が適切な求職活動をしない場合、失業保険金は支給停止になる。したがって、失業保険受給者は失業から自ら脱するために、あらゆる合理的手段を尽くさなければならない。たとえば、受給者が同一の受給期間内に求職活動の懈怠を繰り返すと、二回目以降は保険給付が支給停止される。停止の日数は、懈怠を繰り返す回数が多くなるほど、長くなるように設計されている（労働政策研究・研修機構資料シリーズ『失業保険制度の国際比較――デンマーク、フランス、ドイツ、スウェーデン』一四三号、二〇一四年七月参照）。

年金受給を得る権利も働くことが条件で、日本の専業主婦のように、働いていなくても基礎年金受給資格があるといった、不公正でかつ主婦の働く意欲を削ぐといった措置はない。

どうすれば賃金があがるのか

二〇一七年七月二〇日

今回の政策決定会合の「経済・物価情勢の展望」では、人手不足と賃金および物価の関係について、BOX（1）で、日銀エコノミストの分析を資料として示している。この資料によると、有効求人倍率、失業率、就業率（1マイナス失業率）ギャップ（実際の就業率と景気循環の影響を均した時の潜在的な就業率との差）、短観の雇用人員判断DIなどでみた労働需給は、バブル期並み（一九八〇年代後半から一九九一年初頭まで―岩田注）か、ほぼバブル期に近い水準までタイト化している。

このように労働需給はバブル期とほぼ同程度に引き締まっているが、最近の賃金上昇率はバブル期に比べて弱い。バブル期のピークに当たる一九九〇年頃は、時間当たり名目賃金上昇率（前年比）は五～六％だったが、最近は一％前後で、バブル期の三分の一から五分の一にとどまっている。

労働需給と賃金の関係は、正規雇用者（一般労働者）と非正規雇用者（パート労働者）では異なっている（BOX［2］）。

まず、パートの時間当たり所定内給与（以下、パートの時給）と有効求人倍率、失業率、短観の雇用人員判断DIなどの労働需給関連指標との間にはどれも統計的に有意な相関がみられる。つまり、パートの時給は労働需給に感応的である。

他方、正規雇用者の賃金は、労働需給に対して非感応的である。たとえば、有効求人倍率が一ポイント上がると、パートの時給は〇・二一ポイント上がるが、正規の所定内給与は全く上がらない（観察期間はパートは一九九五年1Qから二〇一六年4Q、正規は一九八八年1Qから二〇一六年4Q）。失業率については、一ポイント下がると、パートの時給は〇・三ポイント上がるが、正規労働者の所定内給与は〇・〇七ポイントしか上がらない。

このような正規雇用者の賃金決定構造は、労使ともに正規雇用者の雇用維持を最優先しているためであろう。この傾向は、一九九〇年代後半から続いた長期デフレで強化され、リーマン・ショックを経験して一層強化されたと考えられる。

次に、正規雇用者のベースアップ率（ベア率）と予想インフレ率及び過去一年の名目労働生産性変化率との関係を見ると、ベアは予想インフレ率と名目労働生産性変化率と正の相関がみられる。これは予想インフレ率が上昇すると、労働者は実質購買力を維持するために必要なベアを求め、企業も名目賃金の上昇を販売価格に転嫁できると予想するためであろう。

予想インフレ率は、バックワードな部分（過去のインフレ率に影響される部分）とフォワードな部分（中央銀行の物価安定に対するスタンスに影響される、中長期の予想インフレ率）とに分けられる。日本の予想インフレ率は前者の影響を受けやすいが、バブルのころは実際のインフレ率が最近よりも高かったので、その分、予想インフレ率も高くなり、それを反映して、ベア率も大きかった。

それに対して、最近の中長期（つまり、フォワードな部分の）予想インフレ率はバブル期とそれほど変わらないが、実際のインフレ率が低かったため、それに引きずられて（つまり、バックワードな部分に強く影響されて）、予想インフレ率がバブル期よりも低くなり、それを反映して、ベア率も低くなった。

一方、過去一年の名目労働生産性変化率が上がると、ベアも上がるという関係がみられるが、最近の名目労働生産性上昇率はバブル期に比べてかなり低い。これも最近のベアを低くしている要因である。

一方、内閣府の二〇一七年度の『経済財政白書』は、賃金が上がらない要因として、「企業の設備投資不足」を上げている。たとえば、バブル期には雇用者一人当たり資本ストックは年三％以上のスピードで増加したが、今回の景気回復局面（一二年から一五年）では増加どころか、マイナス〇・六％で、減少している。これは労働生産性を低下させる要因である。

労働生産性が上昇すれば、企業は労働者を雇って生産を拡大することが有利になる。そのため、労働需要が増加し、賃金は上昇する。労働生産性の上昇は、バブル期は賃金を年平均三・八％も押し上げたが、今回の景気回復局面では、平均〇・七％しか押し上げていない。

前掲『白書』によれば、設備投資の遅れが目立つのは非製造業である。非製造業の一人当たり設備量は二〇〇〇年代から低下し、一五年時点で製造業の四割以下にとどまっている。

これは、非製造業が労働集約型から抜け出せていないことを示している。特に、福祉業は、労働者の増加に比べて設備の増加が少ないという。

労働生産性向上については、二〇一七年七月一四日の日本経済新聞の「経済教室」で、井上知義日本経済研究センター主任研究員（当時）と高口鉄平静岡大学准教授が、「資本ストックを一般の資本ストックとソフト資本ストック（情報通信技術［ＩＣＴ］などのソフトウェア）に分けてみると、日本のソフト投資は必ずしも生産性を上げていない」という研究成果を発表している。

特に、サービスなどの非製造業が深刻で、米国に比べると低調さが目立つという。金融・保険、建設、宿泊・飲食サービス業などでは、ソフト資本を増やすと、労働生産性が低下するというショッキングな結果を示している。

これは一見信じがたい結果であるが、例えば、銀行業で見ると、旧来の店舗窓口やATM網を維持しながら、オンライン取引の普及に取り組んでいるため、ソフト資本投資増が必ずしも労働生産性の向上に結び付かない、という。したがって、店舗とATMを廃止する方向に踏み出す必要がある。これは、先日の日記で述べた、冨山氏の言う「選択と捨象」ができていない例である。

私がいつも不思議に思うのは、人手不足といいながら、スーパーなどの駐車場や工事現場で、車を誘導する人がたくさんいることである。私の経験では、こういう風景は外国では見られない。日本人は車の誘導をしてくれる人がいないと、駐車もできず、工事現場を、事故を起こさずに車を運転することもできないのであろうか。

右に引用した井上・高口論文で、建設業の労働生産性がソフト資本の増加と負の関係があるのも、工事現場で交通整理をする人が多すぎるからではないだろうか。高速道路では、旗を振って交通整理する人が多く、実際に工事する人はどこにいるのだろうかと思うくらいである。

井上・高口論文は、「AI・IoTをフルに活用することで、ハード投資と人海戦術に偏った体制や、負のレガシー（遺産）である既存ビジネス・業務から脱却し（冨山氏のいう「捨象」――岩田注）、ゼロベースでICTの強みを生かした新たなビジネスモデルを構築することが急務だ」と述べている。

こうした意味での新たなビジネスモデルを構築するためには、中小企業では高齢の経営者が退いて、若手に事業を承継したり、M&Aにより経営者が代わったりすることが必要であろう。実際に、経営者が若い世代に交代することで、労働生産性が向上し、収益が拡大したといった事例が多いことを示す統計もある。

二〇一七年七月二五日

今日は、七月二〇日の日記の「バブル期のピーク並みの人手不足だというのに、賃金も物価もバブル期並みに上がらないのはなぜか」という問題を、再び考えてみたい。

七月二〇日の日記では、同日に発表された「経済・物価情勢の展望」の「人手不足と賃金および物価の関係について」のBOXにおける日銀エコノミストの分析に触れた。しかし、当日の日記では、内閣府の二〇一七年度の『経済財政白書』の分析に話が移ってしまったため、右の日銀エコノミストの分析の紹介とそれに関する私の考えを述べる部分が中途半端になってしまった。そこで、今回は中途半端になってしまった部分を補っておきたい。

右の「経済・物価情勢の展望」のBOX（3）は、「バブル期以来の人手不足に対して、以下にみるように、企業は、様々な人手不足対応を講じることで、賃金上昇から生じる物価への上押し圧力の吸収を図っている」として、次のようにいう。

「第一に、労働集約的な業種（小売、宿泊・飲食、建設等）を中心に、人手不足が事業展開の制約になったり、賃金上昇がコスト増に直結したりする事態を回避すべく、企業は、ITを活用した省力化・効率化投資を近年、活発化している。……先行きは、……パート賃金も明確な上昇を続けると見込まれることから、低賃金でのパート雇用は益々困難となり、ITを活用した省力化投資によって資本への代替を促す傾向が強まっていくと予想される」。

「第二に、……企業は、ここに来て、既存のビジネス・プロセスの見直しも図っている。これには、深夜や早朝の営業等、これまで当然のこととして供給していたサービスを人件費との兼ね合いで採算性を見つめ直し、継続の有無を検討するということが含まれる。こうした見直しの結果、労働投入の減少ほどには売上高が落ちないといったかたちで、労働生産性の向上につながったとする例が散見される。これは、マクロ的には、労働節約的な技術進歩を推し進めたことと同値である」。

さらに、BOX（3）は、「実質賃金の上昇は労働需給との対比で抑制気味である一方で（BOX［1］［2］）、労働生産性が引き上げられているため、両者の差である実質賃金ギャップはこのところ下落している」と述べている。つまり、実質賃金は労働生産性の上昇程には上がっていない、ということである。その結果、物価は人手不足の割には上がらなかった、というのがBOXの結論である。BOX（3）の第一と第二の理由は、いずれも、労働節約的設備投資や労働節約的技術進歩が進んで、労働生産性が上昇したため、賃金上昇が抑制され、その結果、物価があまり上がらなかったということである。

以上のBOXの結論は、内閣府の二〇一七年度の『経済財政白書』とは逆である。同白書は、「企業の設備投資不足」による労働生産性の低さ（BOXでは、逆に、労働節約的な生産性の上昇）が賃金の上昇を抑制していると、結論しているからである。

こうした結論に違いがでる理由は、一七年度の『経済財政白書』は一五年度までの設備動向と生産性及び賃金のデータに基づいているのに対して、日銀のBOX（3）は一七年前半までのデータに基づいている、という点にあると考えられる。一六年度以降、最近まで、人手不足はますます深刻になっている。この深刻な人手不足が非製造業の設備投資に火を付けたと考えられる。実際に、BOX（3）は「労働集約的な業種（小売、宿泊・飲食、建設等）を中心に、人手不足が事業展開の制約になったり、賃金上昇がコスト増に直結したりする事態を回避すべく、企業はITを活用した省力化・効率化投資を、近年活発化している」と述べている。

なお、生産性とソフトウェアを含む設備投資との関係については、七月二〇日の日記でも紹介した、二〇一七年七月一四日の日本経済新聞の「経済教室」に発表された井上知義日本経済研究センター主任研究員（当時）と高口鉄平静岡大学准教授の共同論文は、ネガティブな結論を導いている。この共同論文によると、「資本ストックを一般の資本ストックとソフト資本ストック（情報通信技術「ICT」などのソフトウェア）に分けてみると、日本のソフト投資は必ずしも生産性を上げていない」という。

それに対して、BOX（3）では、井上・高口論文とは逆に、「企業は、ITを活用した省力化・効率化投資を、近年活発化して」おり、それによって、「賃金上昇がコスト増に直結」することを回避していると述べている。賃金上昇を抑えることができるならば、省力化投資は人手を増やすことなく、生産性を上げていることになる。

こうした違いが生ずるのは、井上・高口論文が長期的な傾向を分析しているのに対して、BOXが最近の動向に絞って分析しているためであると思われる。

ただし、日銀のBOX（3）も、右に引用した結論に対して、次の留保をつけている。すなわち、「（実質賃金が労働生産性の上昇程には上がらないことによる――岩田注）物価下押しは、一時的な現象にとどまると考えられる。長い目で見れば、実質賃金は労働生産性見合いで決まるため、実質賃金ギャップ（実質賃金の上昇が労働生産性の上昇以下にとどまること――岩田注）はゼロに向かうはずである」。

その論拠として、BOX（3）は、ベアがどのような要因で変化するかを分析した結果、ベアは労働生産性が上がれば上がるという点を挙げ、「こうしたことからすると、長期的には、労働生産性の向上が物価を下押しする影響は、限定的にとどまると考えられる」という。

ＢＯＸ（3）は、さらに、労働生産性の向上が物価上押しとしても働きうるという点を、次のように述べている。

「労働生産性の向上に伴い、長い目でみた成長率も引き上げられれば、期待収益や恒常所得の増加を通じて、設備投資、個人消費が上押しされ、需給ギャップが改善する」（ＢＯＸ［3］注36）

以上のＢＯＸの分析に基づいた本文「経済・物価情勢の展望」（二〇一七年七月）は、次のように述べている。「賃金・物価が上がりにくいことを前提とした考え方や慣行（以下、私はこれをデフレマインドという）が企業や家計に根強く残っている」（四頁）。

この分析の妥当性を、福沢諭吉の言葉にならって、「遠因と近因」に分けて考えてみよう。遠因とは究極的要因で、それ以上さかのぼることのできない要因である。それに対して、近因は遠因よりも手前にある要因である。

このように、何らかの結果をもたらす要因を遠因と近因とに分けた場合、疑問になるのは、「デフレマインドが根強く残っている」という点は、物価が上がらない遠因なのかという点である。私は遠因ではなく近因であると考える。

なぜならば、デフレマインドは、「量的・質的金融緩和」政策が採用されてから一年程度は、払拭されつつあり、予想インフレ率も上昇し、企業の価格設定行動も強気化し（すなわち、物価水準のノルムが上がった）、それに伴って、実際の物価も上昇したからである。したがって、物価がなぜ上がらなくなったかの遠因、すなわち、究極的要因を明らかにするためには、なぜ、二〇一四年度に入った頃から、いったん払拭されつつあったデフレマインドが復活してしまったかを明らかにする必要がある。そこで、初めに、ＢＯＸにおける分析を補足する意味で、企業の価格設定行動が弱気化した近因について述べ、その後、遠因について述べよう。

第一に考えられる近因は、人手不足はバブル期ピーク並みといっても、需給ギャップを比較すると、バブル期は一貫して上昇し続け、そのピークでは六％程度であるのに対して、「量的・質的金融緩和」政策開始後は、需給ギャップは一年程度はプラス圏で推移したが、その後はマイナス圏に陥り、最近ようやくプラス圏に浮上した程度である。需給ギャップがマイナス圏に沈んだ最大の要因は、二〇一四年四月の消費税増税以後の消費の弱さである。

もしも消費が強ければ、企業は人件費の増加を省人化投資のようにコストをかけて相殺したり、顧客離れを引き起こすリスクのある「サービスの質」を落としたりして対応するよりも、価格を引き上げる方がコストをかけずに、売上高を減らすことなく、人件費の増加を吸収できる。

既存の販売方法に加えて、ネット販売などが普及しているため、価格引き下げ競争を招いているといわれるが、消費が十分強ければ、ネット販売が普及しても、価格引き下げ競争を招くとは限らない。

このことは、消費税増税後の消費が弱いために、企業は人件費の増加に対して、売上高の減少を招く価格引き上げではなく、省人化投資やサービスの質の低下で対応しているということを意味する。

以上から、物価が上がらない近因は、消費が弱いため、需給ギャップの改善が遅れていることにあり、二％の物価安定のためには、需給ギャップをバブル期並みに改善しなければならないという結論が導かれる。

それでは、物価が上がらない遠因、すなわち、究極的要因はなんであろうか。これが何かを理解するためには、二〇一三年四月四日に採用した「量的・質的金融緩和」が目指したものは何だったかをもう一度明確にすることである。

同日の「「量的・質的金融緩和」導入について」と題する公表文の最後に、「日本銀行は、一月の「共同声明」において、「物価安定の目標」の早期実現を明確に約束した。今回決定した「量的・質的金融緩和」は、これを裏打ちする施策として、長めの金利や資産価格などを通じた波及ルートに加え、市場や経済主体の期待を抜本的に転換させる効果が期待できる。これらは、実体経済や金融市場に表れ始めた前向きな動きを後押しするとともに、高まりつつある予想物価上昇率を上昇させ、日本経済を、一五年近く続いたデフレからの脱却に導くものと考えている」とある。

以上のように、「量的・質的金融緩和」は従来の日銀の金融政策と違って、「市場や経済主体の期待を抜本的に転換させ、この期待の変化によって、予想物価上昇率を引き上げる」という点に、最大の特徴があり、それがまた、「量的・質的金融緩和」が目指した、二％の物価安定目標への主要なメカニズムであった。つまり、従来の金融政策は、名目金利の引き下げを物価引き上げの最大のドライバーとしたが、「量的・質的金融緩和」は、名目金利の引き下げだけではなく、同時に、予想インフレ率を引き上げ、両者相まって、予想実質金利を引き下げ、それによって、デフレからの早期脱却を企図したのである。

しかし、この主要なメカニズム、すなわち、二％の物価安定目標達成のための最大のドライバーは、二〇一四年四月の消費税増税によって、一年しか持たずに、失われてしまった。

「量的・質的金融緩和」開始から二〇一四年四月の消費税増税後までに、予想インフレ率がどのように変化したかを、いくつかの指標で見てみよう。

もっとも長期間、連続して得られる「コンセンサス・フォーキャスト」の予想インフレ率（この情報を提供する会社との契約上、予想インフレ率の数値を公表することはできないため、その変化の方向だけを示す）は、四半期データであるが、「量的・質的金融緩和」が開始された二〇一三年四月に、二〇一二年一二月に比べて、一－三年先、四－五年先、六－一〇年先、のいずれの期間についても、顕著に上昇している。その後も、二〇一四年四月の消費税増税時までは、順調に上昇し続けた。しかし、二〇一四年六月のアンケート調査では、四－五年先と六－一〇年先はともに低下に転じ、その後も、低下傾向をたどっている。

それに対して、一－三年先の予想インフレ率は、一年間は消費税増税による物価上昇の影響を受けるため、二〇一四年一〇月調査までは上昇した。しかし、この比較的短期の予想インフレ率も二〇一五年一月調査以降は、低下傾向を示している。

次に、BEI（ブレーク・イーブン・インフレ率で、国債市場で観測される予想インフレ率の指標）を見てみよう。BEIは物価連動国債の流動性が低く、市場参加者も少ないとみられているため、信用度は低いといわれるが、連続して得られる市場データとしては参考になる。

まず、現在、比較的長い期間のデータが得られる四年先のBEIを見ると、二〇一二年一一月一五日から、緩やかに上昇し始めた。このころの予想インフレ率の上昇は、一一月一四日に、野田佳彦首相（当時）の解散宣言予告（一一月一六日に解散宣言するという予告）と、翌一五日の、次の解散総選挙で首相になると期待された安倍晋三自民党総裁の「大胆な金融緩和への転換」発言を反映したものであろう。

次に、BEIの上昇率が高まったのは、二〇一三年一月二二日に、日銀の金融政策における物価安定目標を二%とするという「政府・日銀の共同声明」を受けて、日銀が同日の政策決定会合で、「日本銀行は、物価安定の目標を消費者物価の前年比上昇率で二%とする」ことを決定してから、六日後の一月二八日以降である。

「量的・質的金融緩和」を発表した二〇一三年四月四日から一日たった五日には、BEIは一・六%まで上昇した。二〇一二年一一月一四日の野田氏による解散宣言予告時は〇・八二%だったから、その倍に上昇したことになる。

その後、二〇一三年五月二一日には、一・九五%まで上昇したが、翌日の五月二二日（日本時間五月二三日）に、バーナンキ前FRB議長が議会証言で、「状況改善の継続を確認し、持続可能と確認できれば、今後数回の会合で資産買入れを縮小することは可能だ」と発言したことをきっかけに、資本が新興国から米国へと急激に流出し始めた。この事態を受けて、投資家がリスク・オフになり（リスクをとれなくなる）、国際金融市場は混乱し、それに伴って、日本のBEIは低下に転じ、同年七月中旬には、一・二%程度まで低下した。

しかし、その後は再び上昇に転じ、二〇一四年三月三一日には、二・七%まで上昇した。ただし、三月から四月にかけてのBEIの上昇は、①消費税率引き上げの実施を目前に、物価連動国債の割安感が意識されたことや、②四月の発行入札（一八回債）がGPIF（年金積立金管理運用独立行政法人）による応札もあって堅調な結果となったことなどが背景と考えられるので、割り引いて考えなければならない。

また、二〇一四年六月から七月初めにかけては、物価連動国債の想定元本額が消費税増税による消費者物価の上昇を反映して増加したため、BEIも上昇した。この消費税増税によるBEIの上昇というテクニカルな問題が消失するのは七月上旬である。したがって、消費税増税後のBEIの傾向を見るためには、七月上旬以降の動向を見る必要がある。

BEIは、二〇一四年七月上旬以降、低下傾向をたどることになる。すなわち、アベノミクスの発表や「量的・質的金融緩和」開始以降の予想インフレ率の上昇トレンドは、消費税増税によって終わりを告げたのである。このことは、とりもなおさず、「量的・質的金融緩和」という「リフレへのレジーム・チェンジ」が壊れたことを意味する。

それでは、その後の経済政策のレジームはなんだったのか。その後の日本経済の展開を見ると、実質GDP成長率と個人消費増加率は、内閣府や多くのエコノミストの予想を大きく下回って低下した。内閣府は二〇一三年八月二日の「平成二五年度の経済動向について（内閣府年央試算）」の参考試算で、二〇一四年度に消費税増税が実施された場合、一四年度の「実質GDP成長率は一・〇%程度、名目GDP成長率は三・一%程度、消費者物価上昇率は三・三%（消費税込みの消費者物価前年比［生鮮食品を除いているかどうかは不明―岩田注］）程度になると見込まれる」と試算していた。この試算では、一四年度の民間最終消費支出の前年度比は〇・五%程度である。三%の消費税増税は消費者物価を二%程度引き上げると試算されるので、内閣府は消費税増税の影響を除いた消費者物価上昇率を一・三%程度と見込んでいたことになる。

しかし、二〇一四年度の実際の実質GDP成長率はマイナス〇・三%、名目GDP成長率は二・二%、消費者物価上昇率は三%（消費税込みの総合消費者物価指数）、民間最終消費支出の前年度比はマイナス二・五%であった。消費税増税の影響を除いた消費者物価上昇率（日銀による試算）は〇・八%である。

以上から、内閣府は二〇一四年度の実質GDP成長率を一・三%ポイント、民間最終消費支出を三%ポイント、消費税増税の影響を除いた消費者物価上昇率を〇・五%ポイント、それぞれ過大に予測したことになる。

特に、民間消費支出前年比を事前には〇・五%程度増加すると予測していたが、結果は、増えるどころか、マイナス二・五%まで落ち込んでしまった、という予測誤差は大きい。

こうした、内閣府や消費税増税賛成派エコノミストの想定を大きく上回る実質成長率の低下と消費支出の減少という状況で、日本人にとって大きな関心事となったのは、「二〇一五年一〇月に予定されている消費税再増税は実施されるのか。それとも、延期されるのか。延期すると、二〇二〇年度にプライマリーバランスを黒字にするという政府の約束は達成できるのか。達成できなかったとしたら、金融市場にどのような影響が及ぶのか」といった「財政再建」に関する問題だった。

これは、それまでの「リフレ・レジーム」から「消費税再増税による財政再建レジーム」への転換である。

すなわち、二〇一四年四月の消費税増税によって、「量的・質的金融緩和」が掲げた「リフレ・レジーム」はたったの一年で崩壊し、「一方で、量的・質的金融緩和を続けつつ、他方で、消費税再増税によって財政再建する」という「リフレとデフレが混在するあいまいなレジーム」に転換してしまったのである。

企業行動に変化が現れる

二〇一七年七月三一日

今朝の日本経済新聞の一面トップは、「人手不足　経済動かす」と題して、人手不足が企業行動を変えている例が出始めたことを伝えている。

半導体製造業装置の東京エレクトロンは、社員の役割や責任に応じて給与を払う人事制度を取り入れた結果、日本で働く約七〇〇〇人の給与総額は制度変更で年約二〇億円増え、若手や中堅を中心に給与が上がったという。

こうした人材への投資を支えているのは、スマートフォンの高機能化などを受けた世界的な半導体市況の回復により、二〇一八年三月期は二期連続で最高益が見込まれるという好調な業績である。今年の夏のボーナスは製造業全体では前年割れのようだが、同社のボーナスの平均は前年から四七％も増えたそうである。

今回の景気回復は外需主導であるが、この回復過程で人手不足は一段と進み、賃上げの波を生んでいるという。

「スナイデル」ブランドを展開するアパレル大手のマッシュホールディングスは今年度、二五歳以下の販売員の昇給率を従来の一〇％程度から二五％に引き上げたという。その狙いは、質の高い人材の定着である。その背景には、パートを除く販売員の六月の新規求人倍率が二・五一倍にも達するという販売員不足がある。

電炉大手の大和工業は今期二五％の最終減益を見込むが、月額平均一五〇〇円のベースアップを実施した。日本商工会議所によると一七年度に定期昇給やベアを実施した中小企業のうち、八二・八％が「人材確保・定着」を目的にしている。

一六年の就業者数が一二年に比べて一八五万人増えて、賃金を受け取る人が増えたため、賃金総額はリーマン・ショック前を超えた。

企業は人手不足でパートを中心に時間当たり賃金を引き上げているが、低価格戦略は維持しているようである。そのため、物価の上がり方は極めて緩やかである。企業が低価格戦略を維持できるのは、パートなどの非正規社員の時間当たり賃金はかなり引き上げているが、正規社員の賃金上昇を抑制していることに加え、右の日経新聞が伝えているように、「営業時間の短縮」などにより、過剰サービスを抑制していることがあげられる。たとえば、ファッションビルのルミネはテナントの人手不足に配慮して、四月から全店の八割にあたる一二店で閉店時間を三〇分早めた。営業時間の短縮は減収のリスクがあったが、四月から六月の売り上げは約二％増加したという。

私はかねてから、日本の労働時間が主要先進国の中でも長く、サービス残業といったおかしな言葉が当たり前のようにはびこるのは、顧客のサービス要求が強すぎるためであると考えてきた。

私が注目する点は、顧客は働く側に回れば、供給者でもある、ということである。顧客であると同時に供給者でもある場合、顧客の要求が強すぎれば、供給者としては残業が増える。そのため、日本では、働く父親の夕食は外食が当たり前であるから、日本には平日の一家団欒はほとんど存在しない。子どものしつけや教育は主婦に任せきりで、父親はほとんど関与しない。

そうした日本人の働き方が、アベノミクスが招いた空前の人手不足のもとで、ようやく問題視されるようになり、「働き方改革」が始まった。本来、「働き方改革」は民進党（この日記を書いている現在）のような「リベラル」を掲げる政党が提言すべき政策である。ところが、民進党は「働き方改革」などには目もくれず、民主党時代の選挙用のマニフェストでは、「無駄な歳出を削れば、社会保障改革の財源は生まれる」といって、「消費税増税はしない」と約束したにもかかわらず、その公約を破って、デフレ下で「消費税増税」の三党合意を結んだのである。民主党政権がこういうマニフェスト破りをすれば、安倍政権が「森友学園」や「加計学園」問題で適切な対応を誤るという大きな「敵失」があるにもかかわらず、民主党の後継党である民進党の支持率がむしろ下がり気味で、一ケタ台にとどまっているのも当然である。

二〇一七年八月二八日

今日は、土日を含めて九日間（そのうち八日間は沖縄で過ごした）の夏休みを終えての出勤である。総裁がジャクソンホールに出張中であるため、官邸で行われる政府の月例経済報告に私が代わって出向いた。

八月の初めに、ふくらはぎに肉離れを起こし、それが完治していなかったため、会議が終わって官邸の二階から一階に降りるときに、いつもと違って、エレベーターを利用した。そのエレベーターで、女性から「お久しぶり」とあいさつされた。一瞬誰だか分からなかったが、髪形の特徴などから野田聖子総務大臣であることに気が付いた。野田氏はポスト安倍を狙って、次の自民党総裁選に出るらしいが、アベノミクスに代わるどんな経済政策をお持ちなのだろうか。私には、アベノミクスに代わるものはないと思われるが。

当初のアベノミクスには所得再分配政策が欠けていたが、現在の安倍政権の経済政策には、「同一労働同一賃金」、「教育の無償化」、「子育て支援」など適切な所得再分配政策が組み込まれている。このように、本来、民進党や共産党などの野党が提案すべき所得再分配政策を、安倍政権に先取りされては、野党も違いを出すのが難しい。

そうであればポスト安倍を担う人も、所得再分配政策をとりこんだアベノミクスを踏襲するしかない。踏襲せずに、日銀に一日も早く「量的・質的金融緩和」をやめて出口に向かうように、政府との合意を迫るようであれば、日本は永遠にデフレから脱却できず、さらに失われた年月を重ねることになるだろう。

官邸から戻って、早速、昨夜八田先生からのメールに添付されていた、加計学園問題に関する朝日新聞報道批判の論文（「「岩盤規制」を死守する朝日新聞」『月刊HANADA』二〇一七年一〇月号）を読んだ。八田先生は、内閣府国家戦略特別区域諮問会議の民間議員であり、同特区のワーキング・グループの座長として、加計学園からの獣医学部新設提案のヒアリングとそれに対する関係官庁からの意見（文部科学省による加計学園の獣医学部新設反対意見などを含む）を聴取し、同提案の合理性を議論してきた。その立場から、「加計学園問題で、安倍首相の優遇はあり得なかった」ことを論証し、加計学園問題の本質は、文部科学省が法律に基づくことなく、一片の告示で、同学園の獣医学部新設の提案を大学設置審議会に諮ることを許さなかったことにある点を明らかにしている。つまり、大学受験に喩えれば、文部科学省がある特定の高校卒業生に対して、大学入学試験自体を受けることを禁じて、門前払いしたということである。

二〇一七年九月二五日

安倍首相は今日の記者会見で、社会保障を「全世代型」へ転換すると表明した。二兆円規模の財源を「消費税率一〇%への引き上げ」に求めるという。

これに関連して、本田悦朗スイス大使から、次のような内容のメールを受け取った。

私は「全世代型社会保障政策」に全面的に賛成です。ただ最後まで気がかりなのは、予定通りの消費税増税です。消費税増税がどれだけ消費や賃金にマイナスの効果を持つかは、増税時の経済状況と国民・企業の将来予想に左右されます。二〇一九年一〇月の増税時は、このままのペースでは、徐々に日銀の金融緩和の程度を小さくしていく、いわゆるテーパリングの真っ最中と思われます（まだ緩和自体は続いています）。つまり、国民のマインドを安定化させる途中であり、その途上でまた増税した場合は、デフレマインドに戻ってしまうリスクは無視できないということです。これは少なくとも理論的には言えることで、これを正確に理解しておられるのは、安倍総理だけだと思います。財務省のほぼ全幹部職員や（日本の）著名学者は、意図的なものを含めて、このマクロ経済の基本を理解しようとせず、ひたすら財政の会計的な帳尻を合わせようとするだけです。我が国には財務省が言い募るような財政問題は、かつては存在しましたが、アベノミクスのお陰で解消しています。

他方、このことを主張するのは、政治的に極めて困難であることも理解できます。ならば、少なくとも、増税による増収分は「全て」全世代型社会保障に使ってほしいと思います。と同時に然るべき補正予算（経済対策）を組むことも必要です。また、消費税を増税するのであれば、さらに金融緩和を強化する必要があります。しかし、消費税増税に賛成の黒田総裁に金融緩和強化を期待できるか心配です。

アベノミクスのポジティブな効果

二〇一七年一二月一二日

アベノミクスにポジティブな効果はないという主張は少なくないが、今日は、自殺者数とアベノミクスの関係を調べてみよう。

私は日銀副総裁になる少し前に、男性の自殺率と失業率及び非正規社員比率の間にはかなり高い正の相関が観察されることを示した（岩田著『経済学的思考のすすめ』筑摩書房、二〇一一年）が、アベノミクスでは失業率が二・八％まで低下し、正規社員求人倍率も一倍を上回るほど、雇用が改善した。そこで、「経済・生活問題」を理由とする自殺者数がどのように変化したかを、警察庁のデータ（資料：厚生労働省自殺対策推進室・警察庁生活安全局生活安全企画課『平成二八年中における自殺の状況』二〇一七年三月二三日、警察庁自殺統計原票より厚生労働省作成）で調べてみよう。「経済・生活問題」を理由とする自殺者数は、アベノミクスが始まる前の二〇一二年は、五二一九人だったが、二〇一六年には、三五二二人へと、四年間で、一六九七人減少した。これは減少率にして三三％である。このアベノミクスによる「経済・生活問題」による自殺者数の減少率は、同期間の総自殺者数の減少率二一％よりも、一二ポイントも高い。

アベノミクスが始まる前の四年間（二〇〇九年から二〇一二年）とアベノミクス後の四年間（二〇一

三年からの二〇一六年まで）の「経済・生活問題」を理由とする累積の総自殺者数を比べると、前者の期間は二万七四四〇人にも達したのに対して、後者の期間は前者の期間よりも四〇％も減少し、一万六三八四人にとどまった。

このように、雇用環境がよくなると、「経済・生活問題」を原因とする自殺者数は大きく減少するのである。

退任に向けた総括

二〇一八年一月一八日

最近、三月末の退任を控えて、この五年間の金融政策を振り返って、総括を進めている。

基本的な問題は、当初二年間を念頭に二％の物価安定目標を達成しようとしたにもかかわらず、五年たっても、二％に届かなかったのはなぜかである。

今日、二〇一七年一二月の消費者物価指数が発表されたが、前年同月比は、総合一・〇％、生鮮食品を除く総合〇・九％、生鮮食品及びエネルギーを除く総合〇・三％である。これらの数値は、一二月の消費者物価の上昇の主因はエネルギー価格の上昇であること、すなわち、コストプッシュ型の物価上昇であることを示しており、良い物価上昇ではない。

すでに、この日記（二〇一六年六月九日）で書いたように、一四年四月の消費税増税がなければ、消費者物価指数（総合）は一四年六月には前年同月比二・一％に達し、消費者物価（生鮮食品を除く総合）は一四年夏までには、前年同月比二％に達していたはずである。

ところが、消費者物価前年同月比（消費税増税により上がった分を除く。以下同じ）は一四年五月から、上昇率が低下し始めた。月ごとの変動の大きい生鮮食品を除く総合でみると、前年同月比（以下同じ）は一五年二月には〇％まで低下し、一五年七月からは四カ月続いて、〇・一％のマイナスになった。

一六年は三月から一二月までは、一〇カ月間も下落し続けた。この期間内で、七月からは三カ月連続で、マイナス〇・五％にまで低下し、低下率は「量的・質的金融緩和」を開始した前の月（一三年三月）と同じになってしまった。

以上のような一五年から一六年にかけての物価の低迷と下落の最大の原因は、一四年夏頃から始まった原油価格急落である。消費者物価に占めるエネルギーの価格は原油価格の急落からやや遅れて、一五年一月には前年同月比マイナス〇・五％へとそれまでのプラスから下落に転じた。

一四年夏頃から始まった原油価格の下落はその後も止まらず、一六年二月上旬には一バレル当たり二六・〇五ドルまで下がった。原油価格は、一四年七月初めは一〇八ドルであったから、およそ一年半で七五％（四分の三）という大幅な下落である

こうした短期間での大幅な原油価格の下落により、一五年八月から一六年八月まで、エネルギー価格は毎月、前年同月比一〇％前半で低下し続けた。

物価低下が止まり、上昇に転ずるのは、エネルギー価格の低下率がマイナス〇・八％までに縮小した一七年に入ってからである。一七年二月からは、エネルギー価格の上昇率は一七年一二月まで次第に大きくなっている。

われわれは、一四年夏頃から始まった原油価格の大幅低下の影響を受けてエネルギー価格が大幅に

低下するのを見て、一五年頃から、物価の基調は月々の変動が大きい生鮮食品とエネルギー価格とを除いた消費者物価指数（総合）の前年同月比（以下、日銀版コアと呼ぶ）でみるべきだと考えるようになり、対外的にもそのことを強調し始めた。

「量的・質的金融緩和」開始以後、日銀版コアは上昇率を高め、一三年一〇月にはプラスに転じ、一五年一一月には一・三％まで上昇した。消費者物価（除く生鮮食品）が低迷ないし、下落する中で、日銀版コアがここまで上昇した最大の要因としては、一四年一〇月に、「量的・質的金融」の拡大の名のもとに、金融緩和を一層拡大した政策の効果であると考えられる。

以上の状況の下で、われわれは「生鮮食品を除いた総合は低下しているが、物価の基調は崩れていない」と主張することができた。

しかし、日銀版コアも一五年一一月をピークにその上昇率は低下しはじめ、一七年三月にはゼロになってしまった。一六年一月二九日決定（一六年二月一六日から実施）の「マイナス金利付き量的・質的金融緩和」も、一六年九月二一日決定の「イールドカーブ・コントロール」政策も、日銀版コアの上昇率低下を食い止めることはできなかった。かくして、日銀は「物価の基調は崩れていない」と主張することができなくなってしまった。

二％達成を阻んだ様々な要因

二〇一八年一月二七日

一月一八日の日記に書いたように、データを追う限り、五年たっても二％の物価安定目標を達成できなかった主因は「一四年夏頃から始まった原油価格の大幅下落」であるということになる。しかし、もう少し子細にみると、違った風景が見えてくる。

一月一八日の日記で、「一四年四月の消費税増税がなければ、消費者物価指数（総合）前年同月比は一四年六月には二・一％に達し、消費者物価（生鮮食品を除く総合）は一四年夏までには、前年同月比二％に達していたはずである」と書いた。

しかし、一四年夏以降、消費税率引き上げ後の消費の反動減がはっきりしてきた。GDP統計によれば、家計の最終消費支出の前年同期比は一四年四－六月期から一五年一－三月期まで、連続4四半期、マイナスで推移した。その後、回復したものの、前年同期比で一％前半と弱々しく、一五年一〇－一二月期には、前年同期比〇％になり、さらに、その後3四半期連続、前年同期比マイナスが続いた。

このように、消費が弱くて、予想インフレ率も低い状況では、物価安定目標である二％を達成するためには、積極的財政政策が伴わない限り、かなりの時間がかかると覚悟しなければならない。

二〇一八年二月一〇日

一月二七日の日記に書いたように、私は日銀における五年間の金融政策運営と一四年四月の消費税増税の消費と物価に及ぼした負の影響を経験して、物価安定目標である二％を達成するためには、積極的財政政策が伴わない限り、かなりの時間がかかると覚悟しなければならない、と痛感した。

そこで、私は、これまでは、日銀は政府の財政再建の手段に関しては中立性を守るべきであるという立場から、財政再建に口を挟むことを控えてきたが、去る一月三一日の大分市における、私の副総裁退任前の最後の講演（「最近の金融経済情勢と金融政策—大分県金融経済懇談会における挨拶」。以下、大分講演と引用）では、日銀の政策委員会メンバー、政府、そして日本国民に対する「申し送り状」（いわば、遺言）を遺しておきたいとの思いから、以下のように、財政再建と経済・物価安定の関係に言及することにした。

二〇一三年一月に公表した政府・日本銀行の「共同声明」においても、政府は、「持続可能な財政構造を確立するための取組を着実に推進する」こととされています。

そのうえで申し上げると、中央銀行が緩和的な金融環境を整えるもとで、政府が積極的な財政支出を実施する組み合わせは「ポリシー・ミックス」と呼ばれ、両者の相乗効果によって景気刺激効果がより強力になることは、標準的なマクロ経済政策としてよく知られています。わが国では、日本銀行が「量的・質的金融緩和」を行うもとで、アベノミクスの第二の矢として、「機動的な財政政策」を実施するとされています。ここに、機動的な財政政策とは、景気後退が予想されるようなときには、前もって補正予算を組み、財政支出を増やしたり、減税したりすることを指していると思われます。そこで、「中長期的な財政健全化」と「機動的な財政政策」をどのように両立させるかが問題になるわけですが、以下では、この点に関する私自身の考え方をお話ししたいと思います（以上、大分講演）。

この講演では、財政の緊縮度合あるいは財政緊縮のペースを測る尺度として、財政収支対ＧＤＰ比の前年差あるいはプライマリーバランス対ＧＤＰ比の前年差を採用した。日本の財政収支とプライマリーバランスはともに赤字であるから、財政収支対GDP比の前年差あるいはプライマリーバランス対GDP比の前年差がプラスになれば、財政の緊縮度は大きくなり（財政緊縮のスピードは速くなり）、マイナスになれば、小さくなる（遅くなる）。

例えば、一年目の財政収支対GDP比がマイナス三％で、二年目がマイナス五％であれば、二年目と一年目の財政収支対GDP比の差は、（-5-(-3)）で、マイナス二％になる。次に、三年目の財政収支対GDP比が、財政赤字が大きく減少したため、マイナス一％になると、三年目と二年目の財政収支対GDP比の差は、プラス四％になる。

右の数値例は、二年目よりも三年目の方が、財政緊縮度が大きくなった（財政緊縮のペースが速くなった）ことを意味する。

大分公演では、財政がどの程度緊縮的に変化したかを、いま述べた財政緊縮度（財政緊縮のペース）の変化で測って、次のように述べた。

二〇一〇年度から二〇一二年度にかけては、財政の緊縮ペースは比較的緩やかでしたが、金融緩和は不十分でした。

それに対して、「量的・質的金融緩和」が始まった二〇一三年度から二〇一五年度にかけては、財政の緊縮ペースは加速しています。特に、二〇一四年度には、消費税率が五％から八％に引き上げられたため、財政の緊縮ペースは急上昇しました。この年度は「機動的な財政政策」として五兆円の経済対策が組まれたにもかかわらず、実質成長率は▲〇・三％のマイナスに落ち込みました。

財政の緊縮ペースは二〇一五年度から減速し始め、二〇一六年度は大きく低下しています。これと強力な金融緩和が相まって、実質ＧＤＰ成長率は二〇一五年度から、〇％台後半とみられる潜在成長率を〇・五％ポイント程度上回って増加しています。

財政健全化の程度を政府債務残高の対名目ＧＤＰ比率の推移でみると、二〇一四年四月の消費税率引き上げにもかかわらず、同比率は二〇一四年にピークをつけています。

財政状況を適切に把握するためには、政府債務残高の対名目ＧＤＰ比率と併せて、政府債務残高から政府保有の金融資産を控除した政府純債務残高の対名目ＧＤＰ比率にも注目する必要があると考えますが、同比率も消費増税が実施された二〇一四年に上昇しています。しかし、同比率は二〇一二年以降、ほぼ横ばいで推移していることからみて、日本の財政状況が悪化しているとは必ずしもいえないと考えます。

財政健全化と金融緩和政策の組み合わせを考える上では、ユーロ圏の経験も参考になります。（中略）ユーロ圏では、二〇一〇年から二〇一二年にかけて、金融緩和が不足していたばかりでなく、財政の緊縮ペースも上昇しており、景気に大きな下押し圧力がかかりました。その結果、二〇一二年と二〇一三年はマイナス成長に陥り、財政を緊縮し続けたにもかかわらず、政府債務残高の対名目ＧＤＰ比率も、政府純債務残高の対名目ＧＤＰ比率も上昇しています。

ユーロ圏政府はこうした状況を経験して、二〇一三年から財政の緊縮ペースを緩める政策に転換するとともに、次々に、金融緩和の程度を拡大する政策を取りはじめ、二〇一五年には量的緩和も導入しました。一時は、「ユーロ圏もデフレに陥り、日本化するのではないか」と心配されましたが、こうした政策の組み合わせが功を奏して、二〇一四年以降、景気は回復し、成長率は上昇傾向にあります。その結果、財政の緊縮ペースを緩和したにもかかわらず、政府債務残高の対名目ＧＤＰ比率も、政府純債務残高の対名目GDP比率も緩やかですが、低下し続けています。

以上のように、中長期的に財政健全化を達成することは重要ですが、達成のスピード、すなわち、財政の緊縮ペースをどの程度に設定するかによって、実体経済は大きく影響されます。財政健全化を急ぐあまり、財政の緊縮ペースを加速した結果、成長率が低下すれば、結局、財政健全化は達成できませんし、二％の「物価安定の目標」の達成も困難になります（以上、大分公演）。

私はこの講演の最後で、日銀での五年間の金融政策運営に携わった結果を次のように総括した。

二〇一三年四月に「量的・質的金融緩和」を導入してから、もうすぐ五年となります。そこで最後に、この間の経済・物価情勢と政策効果について私なりの見方を述べたいと思います。

第一に、「量的・質的金融緩和」導入以降の五年間で、わが国の経済・物価情勢は大きく改善し、「物価が持続的に下落する」という意味でのデフレではなくなりました。二％の「物価安定の目標」に対する強く明確なコミットメントのもとで大規模な金融緩和を実施することによって、人々の金融政策についての基本的な見方は抜本的に転換し、予想物価上昇率の上昇や、イールドカーブ全体にわたる名目金利の低下が実現しました。これによる実質金利の低下を起点に、過度な円高は是正され、株価は大きく上昇しましたし、実体経済面では、需給ギャップが改善したほか雇用情勢も大きく改善しました。

第二に、こうした改善にもかかわらず、二％の「物価安定の目標」の達成には道半ばです。（金融政策の「リフレ・レジーム」への転換によって——岩田加筆）予想物価上昇率が二％にアンカーされる前に、消費税率引き上げや原油価格の大幅下落といった要因により、実際の物価上昇率が下落したため、もともと適合的な期待形成の要素が強い予想物価上昇率が弱含みに転じてしまったことが主因と考えられます。こうした中で、二%の「物価安定の目標」を実現するためには、金融緩和を粘り強く続けることでもたらされる需給ギャップの改善によって、現実の物価上昇率を上昇させ、それによって予想物価上昇率を引き上げていく必要があります。現在、日本銀行が採用している「長短金利操作付き量的・質的金融緩和」には、名目金利を低位安定させることで、時間はかかるものの、予想物価上昇率を上昇させ、二%の「物価安定の目標」を達成するメカニズムが埋め込まれています。現在の枠組みは、現時点で考えられる限りでは、その効果が最も大きく、副作用が最も小さい、最適な金融政策です。日本銀行は、より適切な金融政策がありうるかを不断に追求するべきですが、そうした政策の効果に確信が持てない限り、現在の政策を続けるべきであると考えています。

第三に、物価安定のもとでの持続的成長の実現のためには、適切な金融緩和政策と並んで、政府の取り組みも重要です。日本経済の更なる成長に向けて、既に述べたような財政健全化速度の適正な設定(すなわち、経済・物価情勢に会わせた財政緊縮のスピード調整―岩田加筆)と、競争政策を中心とする成長戦略(具体的には、「岩盤規制」[農業、医療、保育、介護、教育などの分野に多い」に代表されるような競争を阻害している規制の改革―岩田加筆)が適切かつ強力に実行されることを強く期待します。また、所得の増加が鈍く、消費が盛り上がりに欠ける足元の経済状況においては、所得再分配政策による消費性向の高い世帯等への所得移転も効果的です。この点、政府が、「新しい政策パッケージ」の「人づくり革命」の中で検討している幼児・高等教育無償化を含む子育て・教育支援は、税制と財政支出をうまく組み合わせることによって、財政の緊縮ペースの適正化を図り、それによって消費を中心とする内需を拡大する効果を持つ有効なマクロ経済政策であると考えます。これらの取り組みが奏功し、日本経済が、二％程度の安定したインフレ率のもとで、より高い実質成長を実現する日が、遠からず訪れることを期待しています（以上、大分講演）。

なお大分講演で、財政再建について述べたことは、二％の物価安定目標が達成されるまでは、「財政再建のスピードを引き下げるべきである」とか、「財政再建を急ぐな」とかいっているわけではないことに注意する必要がある。デフレ脱却過程にある日本では、財政緊縮の程度を、経済・物価の状況に合わせて調整する（例えば、物価安定目標から遠い状況では、消費税増税などの実施を遅らせて、財政緊縮度を引き下げる）方が、財政緊縮度を引き上げるよりも、財政収支の対GDP比の分母である名目GDPがより大きく拡大するため、政府債務の対GDP比は低下して、むしろ財政再建がより進む、という、一見、矛盾して見える結果が得られるということである。

ところが、新聞各紙は、以上のわたしの発言を「『財政再建急ぐな』　日銀・岩田副総裁」（朝日新聞夕刊二〇一八年一月三一日）と誤って報道した。

民主党政権の時代と比べてに経済は明らかによくなった

二〇一八年三月一五日

私が日銀副総裁を務めた五年の間に、アベノミクスの経済成果は旧民主党政権時代より劣るといった主張が散見された。

例えば、民主党代表だった海江田万里氏は、二〇一四年一一月一八日に臨時記者会見を開き、「安倍総理が「民主党で経済は落ち込んだ」と繰り返していることには、「事実と違う」」と前置きし、「(民主党政権の)三年三ヵ月の間にGDPの実額は五%以上伸びている。この間には三・一一の東日本大震災や、福島第一原発事故もあったなかで、私たちはGDPを着実に伸ばしてきた自負がある」と反論した。その上で二年間の安倍政権については「GDP実額の伸びは一・四〜一・五%だ」と述べている。

原真人朝日新聞編集委員も二〇一六年一〇月四日の記事で、「「リフレ派」敗北の先は」と題して、「安倍政権での実質成長率は年率〇・八%にすぎず、民主党政権期の一・七%よりも悪くなった」と述べている。

二〇一七年一〇月一七日の日経新聞の「大機小機」の魔笛氏も「実質国内総生産(GDP)は安倍政権下で四年連続プラス成長だが、年平均一・一%で旧民主党政権下の三年の平均一・八%よりもはるかに低い」という。

右の三者の発言は、期間の取り方が異なるが、「実質成長率の年平均は、第二次安倍政権下よりも旧民主党政権下の方が高かった」という点で共通している。果たしてそうであろうか。

まず、民主党政権下の実質成長率という時に、いつからいつまでの期間を取るべきかという問題がある。民主党政権が発足したのは二〇〇九年九月一六日で、終了したのは二〇一二年一二月二六日である。海江田氏が「民主党政権の三年三ヵ月の間」というのは、いま述べた期間を指している。

魔笛氏の民主党政権下の三年の年平均成長率は一・八%であるのに対して、原氏のそれは一・七%で若干異なる。今日、現在、得られる最新のGDP統計では、民主党政権下の三年間の年平均成長率

（毎年の成長率を単純平均したもの。後述するように、この平均成長率の算出方法は不適当である）を二〇一〇年一月から二〇一二年一二月までとすると、一・九％になり、魔笛氏と原氏のいずれの数値よりもわずかであるが、大きくなる。

一方、魔笛氏のいう安倍政権下の四年間とは、二〇一三年一月から二〇一六年一二月を指しているようで、最新のＧＤＰ統計でこの期間の平均成長率を求めると、一・二％になり、魔笛氏の一・一％とほぼ等しい。

それに対して、原氏のいう「安倍政権での実質成長率は年率〇・八％」という数値は、どの期間を取って、どのようにして得られた数値なのか示されておらず、私には確認できなかった。

さて、民主党が二〇〇九年に政権を担った期間は、三カ月強と短く、この短期間に同政権の経済対策が実質成長率に影響したとは考えられない。そこで、民主党政権下の実質成長率を考える上では、さしあたり、二〇一〇年一月から二〇一二年一二月までの三年間を取って見よう。

魔笛氏も原氏も、民主党政権下とアベノミクスにおける年平均成長率を、各年の成長率を単純平均して比べている。

この期間の年間実質成長率の単純平均を計算すると、右に述べたように、民主党政権下（二〇一〇－一二年）は一・九％になり、アベノミクスの四年間（二〇一三－一六年）は一・二％になる。これらの数値は原氏とも魔笛氏とも若干異なるが、アベノミクスの四年間のほうが民主党政権下よりも低いという点に変わりはない。しかし、この比較には次の二つの問題がある。

第一に、ある期間の平均成長率を各期間の単純平均で求めることは、適当ではない。日本の実質国内総生産はリーマン・ショック後の二〇〇九年に前年比マイナス五・四％と大きく減少した。二〇一〇年はこの大幅な景気後退に対応する景気刺激策のおかげで、その底から大きくリバウンド（反動増）し、同年の実質成長率は四・二％と高くなった。バブル崩壊後に、実質成長率がこれだけ高くなったことはなく、二〇〇三年から二〇〇七年にかけての景気拡大期ですら、最高の実質成長率は二〇〇四年の二・二％である。しかし、翌年の二〇一一年の実質成長率はマイナス〇・一％とマイナスになった。結局、リーマン・ショックからの二〇一〇年の大きなリバウンド（四・二％）を除くと、二〇一一年と二〇一二年の単純平均成長率は〇・七％にすぎない。

第二に、二〇一〇年の大きなリバウンドにもっとも貢献したのは、二〇〇九年に、前年比マイナス二三・四％まで落ち込んだ輸出が、二〇一〇年には、前年比二四・九％と急増したことである。二〇一〇年に日本の輸出がこれほど急増したのは、世界各国がリーマン・ショック後に大々的な財政金融政策を採用したため、二〇一〇年の世界の経済成長率が前年のマイナス〇・一五％から五・四％へと大きく上昇し、それに伴って、世界の貿易量が前年のマイナス一〇・五％から一二・五％へと飛躍的に拡大したからである。特に、新興国の二〇一〇年の成長率は七・四％に達した。こうした世界経済の急回復のおかげで、二〇一〇年の日本の輸出が急増し、四・二％という高い成長率をもたらしたのである。

二〇一〇年の高成長を支えたもう一つの要因は、自民党の麻生政権が採用した景気対策であるエコカー補助金政策（申請期間二〇〇九年四月から二〇一〇年九月）と、もう一つの麻生政権の景気対策であった家電エコポイント政策（発行対象期間二〇〇九年五月一五日から二〇一一年三月三一日）をともに民主党政権が継続したことにより、エコカー、エアコンと冷蔵庫及び地上デジタル放送対応のテレビといった耐久消費財需要が急増し、家計消費支出を押し上げたことである。

以上から分かるように、二〇一〇年の高い成長率をもたらした要因は、世界経済の急回復による輸出の急増という海外要因と、エコカー補助金・家電エコポイント政策による家計消費支出の増加である。したがって、二〇一〇年の高い成長率を、二〇〇九年九月から政権の座についた民主党政権の独自の経済政策がもたらしたものと見ることは、適切ではない。

以上から、民主党政権下の経済政策が影響した期間を二〇一一年初から二〇一二年末ととらえるのが、妥当であると考える。

さて、ある期間の年平均実質成長率をより正確にみるためには、各年の成長率を単純平均するのではなく、期間のはじめから年平均何%で成長すれば、期間の終わりの実質国内総生産になるかを計算することが適切である。

この計算方法によると、民主党の経済政策が影響したと考えられる二〇一一年から二〇一二年の平均実質成長率は〇・七%になる。もっとも、二〇一一年と二〇一二年の実質成長率を単純平均しても、小数点第一位まで取ると、同じであるから、計算方法をより適切なものにしてもほとんど変わらない。これは、期間が二年と短いためである。

一方、いま述べた方法で、年平均実質成長率をアベノミクスの四年間について計算すると、一・二%である。

以上から、アベノミクスの四年間の年平均実質成長率のほうが民主党政権下よりも〇・五%ポイント高かったことがわかる。すなわち、エビデンスに基づいて計算すれば、魔笛氏や原氏と全く逆の結果が判明するのである。

現在は、二〇一七年までのGDPデータが得られる。そこで、二〇一三年一月から二〇一七年一二月までの五年間のアベノミクスの年平均実質成長率をもとめると、一・三％になり、民主党政権下よりも〇・六％ポイント高くなる。

最後に、海江田氏のいう「民主党政権の三年三ヵ月の間にGDPの実額は五％以上伸びている」という点についても触れておこう。これは、民主党政権の最後の二〇一二年一〇‐一二月期の対二〇〇九年七‐九月期比で計算したものである。しかし、すでに述べたように、二〇一〇年のGDPは民主党政権の独自の政策効果を示していないから、同政権のGDP実績を見るのであれば、二〇一二年一〇‐一二月期の対二〇一〇年一〇‐一二月期で計算すべきであろう。この計算では、GDPの実額は〇・五％しか増えていない。百歩譲って、対二〇〇九年一〇‐一二月で見ると、三・八％になる。

一方、アベノミクスの四年間、すなわち、二〇一六年一〇‐一二月の対二〇一二年一〇‐一二月比は五・三％、同五年間、すなわち、二〇一七年一〇‐一二月期の対二〇一二年一〇‐一二月比は七・五％である。ちなみに、二〇一七年のGDP実額の対二〇一二年比は六・五％である。

どの指標で実質GDPを比較しても、アベノミクスの方が成績ははるかによい。

アベノミクスで雇用はどう変化したか

二〇一八年三月一六日

昨日の日記で、「民主党政権時代の方がアベノミクスの四年間よりも、実質成長率は高かった」という魔笛氏（二〇一七年一〇月一七日の日本経済新聞の「大機小機」）や原氏の認識は誤りであることを示した。

今日は、魔笛氏が、「GDPがあまり変わらないのに（二〇一六年までのアベノミクスの四年間で――岩田注）雇用が大幅増なのは、雇用が劣化している証拠だ。本当に労働環境が改善していれば賃金も上がるはずだが、所定内給与額の上昇率は、前政権下（民主党政権下――岩田注）の年平均〇・四％に対し〇・五％で、ほとんど同じだ」と述べている点を考えてみる。

二〇〇九年九月に成立した鳩山政権は一年も持たず、鳩山氏は二〇一〇年六月初めに、普天間基地問題の迷走と自身の政治とカネの問題を主たる理由に首相と民主党代表を辞任した。その後に実施された民主党代表選挙で、菅直人氏は街頭演説で「一に雇用、二に雇用、三にも雇用」と叫び続けて、もっぱら雇用者数の増加を公約に代表選を争って、代表の座に就いた。

失業率は民主党政権が誕生した二〇〇九年九月の五・四％からいったんは低下したが、この民主党代表選の頃は再び上昇傾向にあり、代表選が争われた前月の二〇一〇年五月は五・一％であった。二〇一〇年五月の雇用者数は民主党政権が誕生した二〇〇九年九月よりも、八ヵ月間で一七万人も減少していた。このように雇用が悪化していたからこそ、菅氏は「雇用、雇用」と叫んで代表になったのである。

菅政権もわずか一年三ヵ月しか持たず、二〇一一年八月に終わった。菅政権の期間の雇用状況は二〇一一年三月に起きた東日本大震災のため、東北地方の雇用データが正確に取れないため、公表された数値は暫定的な数値であることを考慮しなければならないが、菅氏が首相を辞任した二〇一一年八月の失業率は四・五％まで下がり、雇用者数も三万人増えた。しかし、これでは、雇用が改善したといえるほどの状況ではない。

現在は、二〇一七年末までの雇用統計が得られるので、アベノミクスの五年間（二〇一三年一月から二〇一七年一二月）で雇用状況がどのように変化したか（二〇一七年を二〇一二年と比べる）を見ておこう。

まず、就業者数（雇用者数）は民主党政権（すでに述べた理由で、同政権の経済政策が及ぼした期間である二〇一一‐一二年の期間を採用する）下では一一万人減少（一二万人増加）したが、アベノミクスの五年間では二五一万人（二八〇万人）増加した。年平均でみると、民主党政権下では五・五万人減少（一一万人増加）したが、安倍政権下では、五〇・二万人（五六万人）増加した。

マスメディアや少なからずのエコノミストや経済学者などは、「アベノミクスで雇用者が増えたといってもほとんどが非正規だ」といって、まるで、雇用環境が悪化しているかのように喧伝している。しかし、職がなく、失業者で、賃金所得がないよりも、非正規でも、職があり、賃金所得が得られる方が良いに決まっている。失業の恐れがなく、また、失業の経験もないマスメディアで働く人たちや少なからずのエコノミストや経済学者は、「失業者であることが、どれほど人を不安な状況に陥れるものか」を全く分かっていない。アベノミクスの四年間で、あたかも雇用環境が悪化しているかのように喧伝するのは、アベノミクスの経済成果をまともに評価しようとせずに、どんなに良い成果があっても、それを無視して、はじめから「反安倍政権」であったり、「反リフレ派」であったりするためである、としか言いようがない。

そもそも、GDPデフレーターでみれば、一九九五年から始まり、アベノミクスが始まるまで、一八年も続いたデフレの後で、アベノミクスが開始されたため、企業の将来予想が明るくなって、雇用を増やそうとするとき、いったん雇ったら、よほどのことがない限り、解雇できない正規雇用から増やし始めると期待する方が間違っている。そうした期待は日本的雇用慣行に対する無知をさらけ出している。

企業はまず、パートなどの非正規を増やし、次に、学卒新入社員を増やし、アベノミクスで企業環境がよくなり、かつその状況が持続すると予想するようになって初めて、正規社員を増やすようになる。これが、日本的雇用慣行の下での企業の雇用政策である。

二〇一六年になって、それまでの正規社員が減少から増加に転じたのは、アベノミクスがようやく右に述べた最後の段階に達したことを示している。正規社員数は、民主党政権下では、二九万人減少したが、五年間の安倍政権下では、七八万人増加した。

失業率は民主党政権の終わりの二〇一二年一二月は四・三％であったが、二〇一八年二月は二・五％とほぼ完全雇用状態である。有効求人倍率は二〇一二年一二月の〇・八三倍に対して、二〇一八年二月は一・五八倍にまで上昇している。正規社員の有効求人倍率も、民主党政権下の〇・五倍（二〇一二年一二月）から、安倍政権下では一・〇七倍へと上昇している（二〇一八年二月）。

雇用者の所得をGDP統計の実質雇用者報酬で見ると、民主党政権下では一・三％（二〇一二年の対二〇一〇年比）の増加に留まったが、安倍政権下では、四・二％（二〇一七年対二〇一二年比）増加した。

それでは、実質賃金はどうだったろうか。魔笛氏もそうだが、マスメディアも厚生労働省の『毎月勤労統計調査』の「現金給与総額」やその一部である「所定内給与」を実質化（消費税増税による物価上昇分を調整しない、帰属家賃を除く総合物価指数で実質化）した数値を、そのまま引用して、「実質賃金は減少した」と述べている。

これは全くミスリーディングである。『毎月勤労統計調査』の「現金給与総額」や「所定内給与」

は一人当たり給与である。正規よりも賃金の低い非正規を中心に雇用者数が増えれば、「一人あたりの現金給与総額」や「一人当たり所定内給与」が減少するのは当たり前である。

より正確に給与が増えたかどうかをとらえるためには、正規と非正規を区別して、年齢構成の変化も考慮すべきである。さらに、そもそも、アベノミクスにはない消費税増税による二%程度の物価上昇分を除去した物価指数で、名目賃金を実質化すべきである。

『毎月勤労統計調査』には正規と非正規に分けた給与が示されていないが、労働者を「一般労働者」と「パートタイム労働者」に分けた給与は示されている。「一般労働者」はすべて正規社員ではない点で、物足りないが、それでも、「一般労働者」と「パートタイム労働者」を区別せずに、「給与が上がった」とか「下がった」とかいうよりもはるかに現実の雇用環境をとらえることができる。

まず、「一般労働者」（五人以上の事業所。以下同じ）の「現金給与総額（名目の賃金）」を、消費者物価指数総合（一四年四月の消費税増税による物価上昇分を除去した、持ち家の帰属家賃を除く総合）で実質化して、一般労働者の実質賃金を求めてみよう。民主党政権下の当初実質賃金を二〇〇九年の実質賃金にとると、民主党政権が終わる二〇一二年のそれは、対二〇〇九年比二・一%上昇している。しかし、この計算方法は適切ではない。というのは、二〇〇九年の実質賃金はリーマン・ショック後で、前年の二〇〇八年よりも二・三%と大きく低下しているからである。すなわち、民主党政権下の実質賃金の出発時点を二〇〇九年にとると、リーマン・ショック後に大きく落ち込んだところからの上昇をとらえることになってしまうため（二〇一〇年の前年比は一・二%になる）、同政権下でいかにも実質賃金が大きく上昇したかのように見えるのである。

この不適切さを除去するためには、民主党政権下の実質賃金の出発点を二〇一〇年にとるべきである。すると、民主党政権が終わる二〇一二年の実質賃金の対二〇一〇年比は〇・一％にすぎない。その要因を、名目賃金要因と消費者物価指数要因に分けると、前者はマイナス〇・二％、後者は〇・三％になる。これは、名目賃金が〇・二％低下する一方で、デフレのために、二〇一二年の消費者物価指数（除く持ち家の帰属家賃）が二〇一〇年よりも〇・三％低下したために、実質賃金が〇・一％上昇したことを示している。つまり、民主党政権下では、実質賃金はデフレによって上昇したのである。こうしたデフレによる実質賃金の上昇が起きると、企業の雇用需要が減少するため、失業者が増加する一方、有効求人数が減少するため、雇用は悪化する。

次にアベノミクスで、「一般労働者」の実質賃金はどれだけ上昇したかを見てみよう。二〇一七年の「一般労働者」の実質賃金はアベノミクスが始まる前の年である二〇一二年に比べて、〇・一％上昇した。安倍政権下で、実質賃金は低下はしなかったものの、確かに、人手不足の割には、上昇率は極めて低い。

次に、民主党政権下とアベノミクスの五年間の「パートタイム労働者」の実質賃金上昇率を比べてみよう。「パートタイム」の実質賃金上昇率の比較においては、「時間当たりの実質賃金」、すなわち、「パート実質時給」の上昇率を比較するのが適切である。

「パートの実質時給」は、民主党政権下（二〇一〇年を出発点にする）では、一・一％（二〇一二年の対二〇一〇年比）上昇したのに対して、アベノミクスでは、五％（二〇一六年の二〇一二年比）上昇している。民主党政権下のパートの実質時給上昇率一・一％のうち、消費者物価指数要因は〇・三％である。つまり、デフレで物価が下がったために、実質賃金が押し上げられたということで、雇用の増加（二〇一〇年からの二年間で二二万人しか増えなかった）を抑制する要因になった。

一方、安倍政権下では、パートの実質時給は五％上昇した。そのうち、名目賃金上昇による分は七・八％であるが、消費者物価指数要因はマイナス二・八％である。つまり、安倍政権下では、デフレ脱却の過程にあるため、インフレ率の上昇が実質賃金押し下げ要因として働いたということである。このような緩やかなインフレの下での実質賃金の上昇は、企業の収益改善（二〇一六年度の全産業の売上高経常利益率は二〇一二年度の三・五％から五・二％に上昇）を伴うため、雇用は大きく改善（二〇一三年からの五年間で二八〇万人増加）する。

なお、一般労働者の中にも正規社員と非正規社員がいる。厚生労働省「賃金構造基本統計調査」には正規社員と非正規社員とを分けたデータがあるので、それを用いて計算すると次のようになる。ちなみに、この統計を用いるときには、ボーナス等（特別手当を含む）の扱いに注意が必要である。同統計では、昨年一年間のボーナス等を今年のボーナス等に計上している。したがって、今年の真のボーナス等を求めるためには、翌年の統計を待って、そのときのボーナス等を今年のボーナスとして月々の賃金と合算して、今年の賃金を求める必要がある。

こうした調整をすると、五年間の安倍政権で、正規一般労働者の実質賃金は一・六％（名目賃金要因三・八％、消費者物価指数要因マイナス二・二％）増加したのに対して、非正規一般労働者の実質賃金は五・五％（名目賃金要因七・七％、消費者物価指数要因マイナス二・二％）と大きく増加している。

以上から、魔笛氏の主張と違って、安倍政権下の（実質）賃金上昇率は民主党政権下のそれよりも高い。しかし、人手不足の割には、正規社員の実質賃金の伸びは小さく、非正規社員の伸びは比較的大きかった、というこれまでの結論と変わりはない。

アメリカでも、リーマン・ショック後、失業率が大きく低下したにもかかわらず、実質賃金があまり上昇しないことが、FRBや経済学研究者の間で「パズル」として取り上げられている。このパズルは、今後、主要国・地域の中央銀行や経済学研究者によって明らかにされると期待されるが、さしあたり、私はこう考えている。

日本の一九八〇年代後半やリーマン・ショック前の欧米諸国では、企業や家計や機関投資家などは、大量に借金して、不動産（土地と住宅や住宅ローン担保証券など）、株式（株式を組み込んだ投資信託も含む）、設備（住宅や事務所建設も含む）などに積極的に投資していた。その結果、不動産価格や株価がファンダメンタルズを超えて高騰するというバブルが発生した。日本の一九八〇年代後半に起きたバブルは一九九〇年代に入ると破裂し、リーマン・ショック前に起きたバブルは二〇〇八年九月半ばに起きた、投資銀行リーマン・ブラザーズの破綻とともに崩壊した。リーマン・ショックは一〇〇年に一度起きるかどうかといった世界的な大金融危機に発展した。

こうしたバブルの崩壊が起きると、バブルの前には家計も企業も機関投資家も大量の借金をしているから、借金を返済するために、不動産や株式を一斉に売却して、借金を返そうとする。こうした不動産や株式の売却はさらなる不動産価格と株価の低下を招く。家計も企業も株価や不動産価格の大幅下落により、莫大な規模で資産を失い、不良債権が大量に発生し、企業倒産も急増する。その結果、失業者も街にあふれるようになり、物やサービスに対する需要が大幅に減少する。そうなれば、バブル前に投資した設備や事務所などは利益を生まない不良資産になってしまう。

バブルの崩壊は以上のような状況をもたらすため、経営者も労働者も賃金よりも、企業存続と雇用の安定を重視するようになる。企業はリーマン・ショックのような大きな負のショックが起きても、倒産しないで済むように、増えた収益のかなりの部分を現金・預金として貯め込む。労働者も増えた企業収益を現金や預金で貯め込むことを支持するようになる。なぜならば、次に大きな負のショックが起きても、企業が現金・預金を大量に保有していれば、金融機関から資金を借りなくても、倒産せずに、生き延びることができ、その結果、雇用が守られるからである。

以上のように、労使ともに、企業の存続と雇用の安定を最重要視するようになることが、大きなバブル崩壊後の特徴で、普通の過剰設備投資や過剰在庫投資によるストック調整型不況後の企業と労働者の対応と異なる点である。ストック調整型不況であれば、過剰設備や過剰在庫の廃棄や安売りによる在庫整理が終われば、景気は回復する。

しかし、バブル崩壊後の金融危機は、資本主義経済の根幹である「信用の危機」であるため、長い時間をかけた信用の大収縮（負債の大圧縮＝借金の返済、新たな借金の抑制）という調整を経なければ、回復は難しい。この回復を早めようとすると、政府支出の大幅増加や大減税が必要になり、今度は、ユーロ圏で典型的に起きたように、政府が債務危機に陥る。そのため、残された景気回復手段は、金融政策が中心になる。

しかし、政府債務の増加を危険視するあまり、財政緊縮政策を採用すれば、金融緩和政策の効果が削がれ、名目成長率が低下するため、かえって、税収は減少し、政府債務残高の名目GDP比が上昇して、財政再建が遅れるという矛盾に陥る。

この矛盾を避けるためには、財政緊縮政策をとるべきでなく、バーナンキ元FRB議長が、長年にわたって主張してきたように、むしろ、減税（あるいは、財政支出の増加）と量的・質的金融緩和のような超金融緩和政策を組み合わせるべきである。その方が、名目成長率が高くなり、税収も増えるため、政府債務残高の名目GDP比は低下し、財政再建が進むのである。

この日記で再三述べてきたように、日本銀行が現在採用している「長短金利操作付き量的・質的金融緩和」政策は、その政策枠組み自体が予想インフレ率を引き上げる、という力を持っていない。この政策は、予想インフレ率を所与として、名目金利を低位に維持することによって、（予想）実質金利を低位に維持し、それによって、需給ギャップを拡大し、足元のインフレ率を引き上げ、そのようにして上昇したインフレ率が適合型予想形成を通じて、予想インフレ率を引き上げるという、迂回経路を経て予想インフレ率を引き上げる政策である。そのため、この枠組みでは、二％の物価安定目標を達成するのに時間がかかるとともに、物価も経済も負のショックに対して脆弱である。

したがって、政策の枠組み自体が予想インフレ率を引き上げるという、「リフレ・レジームの再構築」が必要である。その再構築には、財政政策の協力が必要である。すなわち、減税（あるいは、財政支出の増加）と「長短金利操作付き量的・質的金融緩和」政策の組み合わせである。

日銀エコノミストの英文論文Sohei Kaihatsu, Koichiro Kamada, and Mitsuru Katagiri（2016）"Theoretical Foundations for Quantitative Easing"（IMES DISCUSSION PAPER SERIES Discussion Paper No.2016-E-4）も、減税または財政支出拡大と量的緩和政策の組み合わせにより、デフレからの脱却が可能であることを理論的に示している。なお、この論文を日銀のホームページから探し出すことは難しいので、興味のある読者のために、今日の日記の最後に発見方法を示しておく。

日本では、政府債務の名目ＧＤＰ比が大きすぎるため、減税といった政策をとるのはリスクが大きすぎて、採用できないというのであれば、少なくとも、財政緊縮の程度とスピードを日付ベースで決めるのではなく、経済・物価の情勢に合わせて調整すべきである。また、デフレを脱却する前に、どうしても、消費税再増税を実施するならば、増税分（五・六兆円）のうち一・七兆円（増税分の三割を保育や教育などの子育て・教育支援に回すといった小さな政策ではなく、全額を子育て・教育支援に当てる方が、消費が活発になり、名目成長率が上がって、財政再建も早まる。増税分を全額子育て・教育支援に当てると、財政赤字が増えて、財政再建が遅れると主張されるが、すでに述べたように、デフレ脱却前に財政赤字を減らそうとして、消費税増税すれば、かえって、財政は悪化する。

そもそも、子育て・教育支援は人的投資であるから、将来の日本の生産性向上に資するという意味で、公共投資と同じで、本来、その財源は国債発行でまかなうべきものである。

こうした財政政策を現在の日銀の金融政策と組み合わせれば、所得再分配政策効果から消費が増加して、需給ギャップが拡大し、人手不足がさらに進み、実質賃金の本格的上昇が起きる。企業はそうした賃金費用の本格的上昇に直面すると、生産性向上に向けたソフト（情報通信など）を含めた設備投資やイノベーションを積極的に進めるようになると期待できる。そうなれば、家計や企業の成長期待も高まり、消費と設備投資がともに増え続けるという好循環が生まれる。

以上に加えて、「岩盤規制」改革による成長戦略を進めれば、潜在成長率を引き上げることができる。日銀が現在のような超金融緩和政策を二％の物価安定が持続的になるまで維持し続ければ、この規制改革によって上昇した潜在成長率を実際のものとして実現することができる。すなわち、二〜三％程度の実質成長率と二％の物価安定とを両立させつつ、税収を増やすこともできるであろう。

これが、五年間で二％の物価安定目標を達成できなかった日銀副総裁としての私の最終的に辿り着いた結論である。

（今日の日記で言及した論文を日銀ホームページで探す方法。ホームページの調査・研究をクリック→右上の検索にKaihatsuと入力して、検索をクリック→検索画面の一番上にKaihatsuが入力されている→andの下に、Kamada と入力→次の and の下に Katagiri と入力して、検索をクリック→いくつかの候補論文が現れるので、IMES Discussion Paper Series（2016）を選択する→下の表の中から2016-E-4/Economics を選ぶ。なお、日銀論文のうち英語版しかないもので、著者名も論文名も分からないが、どんな論文があるかを知りたいときには、ホームページの右上の English をクリックして、ホームページを英語バージョンにする必要がある）

任期を終えて――「リフレ・レジームの再構築」が不可欠

二〇一八年七月一〇日

私は、去る三月一九日をもって、日本銀行副総裁を退任した。その後も、三月二四日まで国会議員などへの退任の挨拶回りが続いた。挨拶回りを終えて、時間ができたので、その後、日記の出版に備えて、日銀時代に書き留めた日記を整理してきたが、二〇一八年三月一六日の日記に書いた「リフレ・レジームの再構築」の考え方について補足しておこう。

「リフレ・レジームの再構築」のためには、二〇一九年一〇月に予定されている消費税増税について、日銀が政府と「二%の物価安定が持続的になるまでは、消費税率の一〇%への引き上げは凍結する」という協定を結ぶことが望ましい、と考える。

消費税率一〇%への引き上げを二%の物価安定が持続的になるまで凍結することに対しては、ある著名なアメリカの経済学者から「その案は、二〇一八年の日銀主催の国際カンファレンスでのバーナンキの提言（「財政政策との協調」を勧める発言）のより緩やかな形態といえるが、そもそも、二〇一五年一〇月に予定されていた消費税率引き上げの延期は最終需要にプラスの効果があったといえるのか」と質問されたことがある。そのとき、私は次のように答えた。

「次の消費税率引き上げが二〇一九年一〇月に予定されていればそれに備えて人々は消費するよりも貯蓄してしまう。したがって、延期が経済に与えるプラスの効果はそれだけで減殺されてしまう。私の提案は、一〇%への消費税率引き上げをカレンダー・ベース（日付）で決めるのではなく、二%の物価安定目標の安定的達成という結果をベース（これを、アウトカム・ベースという）にして決めるという提案である。二%の物価安定が持続的になっていれば、経済はかなり良くなっており、実質賃金も十分に上がっているはずなので、家計は二%の消費税増税に耐えられるようになっていると思う」と回答した。この回答に対して、その経済学者は、「なるほど。それはその通りだ。あなたの提案は、経済学的に確かな裏付けのある正しい方向性の提案だ」と賛意を示された。

私が日銀副総裁だった頃は、上記のような提案は機が熟しておらず、無理だと思われたが、私の副総裁退任後、消費者物価前年比は鈍化し続けており、上記の案を政府に対して提起する機は熟しつつあると思われる。すなわち、消費者物価（生鮮食品を除く総合）の前年同月比は一八年二月は一%だったが、その後、低下傾向が続き、この四月と五月は〇・七%まで低下した。「物価の基調」を示す日銀版コア（生鮮食品とエネルギーを除く総合）も、一八年二月の〇・五%から、五月には〇・三%へとゼロ%に近づきつつある。

報道によると、こうした物価動向を踏まえて、日銀は「物価が上がらない要因」を検証するという。報道などでは、アマゾン効果といわれるネット販売の増加が、物価が上がらない構造的要因として取り上げられている。

しかし、アマゾン効果説は、いろいろな財サービスの価格を足していけば、物価になるという「足し算のエコノミスト」の物価理論（原田泰日銀審議委員の命名による）である。アマゾン効果で安い買い物ができれば、短期的には、価格には粘着性があるので、物価を下げる要因になる。しかし、価格を調整できる長期で考えると、アマゾン効果で安い買い物ができれば、家計の予算に余裕が出て来るから、他の事情（金融政策など）を一定とすると、他の相対的に価格の高い財・サービスに対する需要が増えて、それらの価格が上がるため、アマゾン効果は長期的には物価に対して中立的になるはずである（場合によっては、引き上げる可能性もある）。アマゾン効果で、長期的にも物価が下がるならば、中国からの安い輸入品の増加で、物価が下がったという、旧日銀の物価理論に戻ることになる。いくつかの実証研究は、アマゾン効果による物価引き下げは最大でも〇・二％程度であることを示している。

さて、実際は、アマゾン効果で余裕ができた予算は貯蓄（主として、安全資産の現金・預金保有増。つまり、予備的動機による貨幣需要増）に回されていると考えられる。その最大の理由は、現役世代、特に、二〇歳から四〇歳代くらいの世代の社会保障不安であると思われる。これを解消しない限り、アマゾン効果で浮いた予算は貯蓄に回ってしまう可能性がある。そこで、社会保障について、現役、特に若い世代の利益対負担比率を引き上げ、年金世代のうち、高所得・高資産家の利益対負担比率を引き下げる一方、定年制を廃止しつつ、健康な人は七〇歳くらいまで働けるようにし、年金支給開始年齢を数年かけて七〇歳まで引き上げるなどの改革を実施する。このような社会保障制度改革によって、現役世代、特に若い世代の社会保障不安を解消することが、現在、日銀が採用している金融政策の下で、二％の物価安定目標をできるだけ早く達成するためのキーポイントになると考える。

一方、財源を国債発行で調達して、子育て・教育を支援することは、自分たちの将来の社会保障に不安を持つ世代の予算制約を緩めることによって、上記の社会保障制度の改革と相まって、彼らの消費を刺激する。その際、日銀はイールドカーブを低位に維持するために、増発された国債の相当部分を買い入れることになるであろう。

デフレを完全に脱却する前に、どうしても消費税率を一〇％に引き上げる選択をしなければならないならば、少なくとも、増税分のすべてを子育て・教育支援に回しつつ、低所得者に増税の全部または一部を払い戻す消費税額控除制度を導入すべきであろう。

（日記後記）

右で述べた「リフレ・レジームの再構築」については、詳しくは、岩田「現役世代の将来不安を払拭せよ」（雑誌『ＶＯＩＣＥ』二〇一八年一〇月号）を参照されたい。

おわりに

私の二〇一八年三月一九日の日本銀行副総裁退任後、消費者物価（生鮮食品を除いた総合）の上昇率は低下し始めた。日本銀行が金融政策運営上、「物価の基調」として重視している「生鮮食品とエネルギーを除く総合」物価の上昇率は二〇一七年七月から緩やかな上昇基調にあったが、一〇一八年四月から低下に転じ、六月には〇・二％とゼロ％に近づいた（七月の上昇率は〇・三％へとわずかに高まった）。

こうした物価情勢を背景に、日本銀行は二〇一八年七月三一日の政策委員会政策決定会合で、「経済・物価情勢の展望─賃金・物価に関する分析資料─」を公表した。この分析の目的は「物価が二％の物価安定目標」に向かって、なかなか上がらない要因を探ることであるが、改めて、そうした分析をすること自体、日本銀行の危機感の大きさを表している。

私は、現在、日本銀行が実施しているイールドカーブ・コントロールは、デフレ脱却のための金融政策に関する、日本銀行を含めた主要先進国の中央銀行の研究・経験や経済学会における諸研究などの蓄積に照らして、「二％の物価安定目標」を達成するための最善の政策である、と考えている。言い換えれば、日本銀行は「二％の物価安定目標」に向けて、これまで得られた知見を最大限生かして、精一杯の政策を実施している、ということである。それにもかかわらず、実際の物価上昇率が「二％

の物価安定目標」から遠い状況にあるのは、財政政策、社会保障政策、及び成長戦略が需要を喚起する「リフレ・レジーム」になっていないからである、と考える。この観点からは、「二％の物価安定目標」をできるだけ早く達成するとともに、日本の成長率を引き上げることによって、財政と社会保障制度を再建するためには、この日記で述べたような「リフレ・レジームの再構築」が不可欠である。

以上の点を再度強調した上で、ここで、改めて、日本銀行在任中にお世話になった方々に、厚く感謝の意を表しておきたい。金融政策と金融システム安定化のための政策を運営する上では、様々な知見に精通することが重要であるが、日本銀行の役・職員の皆様の日々の調査・研究の成果は、これらの政策を運営する上で大変有益だった。さらに、日本銀行は、発券、情報システムの開発と維持管理、情報サービスの提供、役・職員を最適に配置する人事、その他の様々な事務によって支えられている組織である。私は五年間の在任期間中、これらの業務に携わる日本銀行の役・職員の方々の能力の高さと仕事に対する情熱と誠実さのおかげで、曲がりなりにも無事に仕事を全うすることができた。

また、本書の初稿に対して数々の有益なコメントをいただくとともに、校正を手伝っていただいた柿埜真吾氏（学習院大学大学院経済学研究科博士課程在籍）と本書を企画された山野浩一氏（元筑摩書房代表取締役社長）及び本書の編集を担当していただいた橋本陽介氏（ちくま新書編集部副編集長）と初稿における数々のミスを訂正してくださった校正部の方にも、厚くお礼申し上げたい。

最後に、私的な事柄で恐縮であるが、日本銀行在任期間の後半に体調を崩して、弱気になった私を激励、ときには叱咤し、私を支え続けてくれた妻裕子の献身に対して、厚く感謝の意を表しておきたい。

二〇一八年九月一日

著者

岩田規久男（いわた・きくお）

一九四二生まれ。東京大学経済学部卒業、同大学院単位取得満期退学。学習院大学経済学部教授など経て、二〇一三年四月から五年間、日銀副総裁を務める。学習院大学名誉教授。専門は、金融論・都市経済学。深く確かな理論に裏づけられた、幅ひろく鋭い現状分析と政策提言はつねに各界の注目を集めている。著書に『経済学を学ぶ』『日本経済を学ぶ』（ちくま新書）、『景気ってなんだろう』（ちくまプリマー新書）、『デフレの経済学』（東洋経済新報社）、『日本銀行は信用できるか』（講談社現代新書）など、多数。

日銀日記《にちぎんにっき》
——五年間《ごねんかん》のデフレとの闘《たたか》い

二〇一八年一〇月三〇日　初版第一刷発行

著　者　岩田規久男
装　幀　重原隆
発行者　喜入冬子
発行所　株式会社筑摩書房
東京都台東区蔵前二―五―三　〒一一一―八七五五
電話番号　〇三―五六八七―二六〇一（代表）
印　刷　三松堂印刷株式会社
製　本　株式会社積信堂

ISBN978-4-480-86459-8 C0033

◉筑摩書房の本◉

〈筑摩選書〉
経済学的思考のすすめ
岩田規久男

世の中には、「将来日本は破産する」といったインチキ経済論がまかり通っている。ホンモノの経済学の思考法を用いてさまざまな実例をあげ、トンデモ本を駆逐する！

〈ちくまプリマー新書〉
景気ってなんだろう
岩田規久男

景気はなぜ良くなったり悪くなったりするのだろう？　アメリカのサブプライムローン問題が、なぜ世界金融危機につながるのか？　景気変動の疑問をわかりやすく解説。

〈ちくま新書〉
経済学を学ぶ
岩田規久男

交換と市場、需要と供給などミクロ経済学の基本問題から財政金融政策などマクロ経済学の基礎までを、現実の経済問題に即した豊富な事例で説く明快な入門書。